광야의 소리

광야의 소리

광야의 소리

저자 손창건

초판 1쇄 발행 2026. 1. 9.

발행처 도서출판 브니엘
발행인 권혁선

책임교정 조은경
책임영업 기태훈
책임편집 브니엘 디자인실

등록번호 서울 제2006-50호
등록일자 2006. 9. 11.

서울특별시 송파구 백제고분로28길 25 B101호 (05590)
마케팅부 02)421-3436
편 집 부 02)421-3487
팩시밀리 02)421-3438

ISBN 979-11-93092-55-2 03230

독자의견 02)421-3487
이 메 일 editorkhs@empal.com

북카페주소 cafe.naver.com/penielpub.cafe
인스타그램 @peniel_books

도서출판 브니엘은 독자들의 원고를 설레는 마음으로 기다리고 있습니다.
위의 이메일로 간단한 기획 내용 및 원고, 연락처 등을 보내주십시오.

도서출판 브니엘은 갓구운 빵처럼 항상 신선한 책만을 고집합니다.

[성령 체험 후 암 투병 광야에서 찾은 소망의 신앙 메시지]

광야의 소리

손창건 | 지음

우리가 역경에 처했을지라도 하나님을 믿고
소망 중에 순종하는 것이 인생 문제의 궁극적인 해결책이며
영원히 은혜 받는 단 하나의 방법이다.

브니엘

고난을 통해 얻은 유익

시편 기자는 "고난 당한 것이 내게 유익이라"(시 119:71)라고 고백하고 있습니다. 고난 당하기 전에는 세상일에 쫓기며 분주하게 살았지만, 고난을 당하며 자신과 하나님에게 집중할 수 있었기 때문입니다.

손창건 전도자님도 고난 속에서 하나님과 더욱 친밀한 교제를 나누는 중 가족과 가까운 이들을 향한 관심과 기도에 집중하며 신앙생활의 중심이 되는 문제에 대해 깊이 있는 묵상을 하게 되었다고 합니다. 혼자만 간직하기 아까운 내용을 주간 신문인 〈크리스천 라이프〉에 기고했는데, 이 글들을 다듬어 다시 책으로 출판하게 되었으니 감사한 일입니다.

손창건 전도자님은 구세군에서 신앙생활을 하며 일반 교회의 장로직에 해당하는 정교(正敎)로 봉사하던 중 하나님의 소명에 응답하여 성결교신학교 호주 분교에서 신학석사(M.Div.) 과정을 이수하고 전도사 임직을 받았습니다. 그리고 '가족공동체교회'를 창립하여 가족의 중요성을 강조하며 복음을 전하는 중 뜻하지 않은 어려움을 겪게 되었습니다.

직장암 말기 판정을 받고 수술과 항암 치료를 받는 고난의 시간을 더욱 깊은 기도와 말씀 묵상의 기회로 삼았다고 합니다. 절망할 수 있고 원망할 수 있는 환경임에도 오히려 자신을 살피고 하나님께 집중하는 유익함을 체험하게 되었습니다. 누가 대신 아파줄 수 없고 인간의 의지로는 피할 수 없는 절체절명의 순간, 광야에 홀로 선 자신이 하나님의 음성을 듣는 기회로 삼았고, 그 결과물이 바로 이번에 출판된 『광야의 소리』입니다.

광야는 외로운 곳이며 괴로운 곳입니다. 그러나 인생은 누구나 광야 같은 길을 지나 종말을 맞게 됩니다. 그리고 영생 아니면 영벌을 받게 될 것이니 어머니에게서 난 사람은 누구나 거듭나 새사람이 되고 구원의 확신을 가져야 할 것입니다. 그래서 광야에서 세미한 하나님의 음성을 들은 손 전도자님은 영혼 구원의 확신에 대해서 강조하고, 중생뿐 아니라 성결에 이르러야 할 신자의 의무를 깊이 있게 통찰하고 있습니다.

손 전도자님의 글을 통해 광야 길을 가는 많은 이들이 하나님의 사랑을 체험하고, 예수 그리스도를 통해 주시는 구원의 기쁨을 소유하며, 우리를 거듭나게 하신 성령님과 동행하는 복을 누리시기를 축원합니다. 이 광야 길을 함께 걷고 계신 사랑하는 성도 여러분들도 이 책 『광야의 소리』를 통해 권면과 위로의 메시지를 접하고 우리의 본향인 영원한 천국에 이르는 믿음의 사람들이 되기를 기원하며 기쁨으로 『광야의 소리』를 추천합니다.

성기호 박사

전 성결대학교 총장 / 현, 월간 「한국인선교사」 발행인

하나님을 향한 절대 신뢰의 고백

제가 사랑하는 동기이자 오래된 친구인 손창건 전도자는 중·고등학교 시절부터 변함없는 성실함과 진중함으로 살아온 사람이었습니다. 전문 기업인으로서 열정적으로 활동하던 그는 호주로 이민한 뒤, 호주 구세군교회에서 선교정교(수석장로)로 오랫동안 충성스럽게 섬기며 신앙의 뿌리를 더욱 깊게 내려갔습니다.

그러나 그의 삶은 어느 날 예상치 못한 질병이라는 깊은 골짜기를 지나게 되었습니다. 육체의 고통과 영적 시련의 시기를 지나며 그는 오히려 성령 치유의 역사를 삶으로 체험하는 은혜를 받았고, 그 체험은 그를 새로운 사명으로 이끄는 전환점이 되었습니다. 그 후 그는 고난 속에서 주시는 하나님의 음성에 순종하여 말씀을 전하는 설교가이자 복음을 전하는 전도자로 남은 생을 헌신해 오고 있습니다.

이번에 출판되는 이 책은 그러한 그의 삶의 고백과 신앙의 통찰, 그리고 성령이 이끄신 은혜의 기록이 담긴 귀한 작품입니다. 이미 그는 『성령 체험 새벽예배 9일 예배서』라는 첫 책을 통해 많은 이에게 영적 감동을 전한 바 있으며, 이번 두 번째 책은 암 투병 시절 호주 〈크리스천 라이프〉 주간지에 연재했던 신앙 칼럼과 설교문 약 40편을 묶어 출판하게 된 것입니다.

그의 글 한 편 한 편에는 깊은 고난을 지나며 체득한 믿음의 진리가 담겨 있습니다. 예컨대, 그는 이렇게 고백합니다.

"우리들이 역경에 처했을지라도 하나님을 믿고 소망 중에 순종하는 것이 인생 문제의 궁극적 해결책이며 영원히 해결 받는 단 하나의 방법입니다."

그의 설교는 단순한 지식이 아니라 눈물로 드린 기도이자 고난 속에서 발견한 은혜이며, 하나님을 향한 절대 신뢰의 고백입니다.

그 삶의 기록들이 이제 한 권의 책이 되어 더 많은 이에게 위로가 되고, 하나님의 길로 다시 일어서도록 힘을 주는 도구가 되리라 믿습니다.

질병의 시간을 지나며 정련된 그의 믿음은 한 사람의 고백을 넘어, 오늘도 고난 앞에서 흔들리는 많은 성도에게 하나님의 신실하신 손길을 전하고 있습니다. 그는 삶으로 설교하는 사람이고, 고난을 지나 더 깊은 은혜로 나아간 참된 복음의 증인입니다.

이 귀한 책을 통해 많은 사람이 다시 한번 믿음의 용기를 얻고, 인생의 어떤 시기에도 하나님은 결코 우리를 버리지 않으신다는 진리를 깊이 깨닫는 계기가 되기를 소망합니다.

손창건 전도자의 두 번째 저서를 기쁜 마음으로 추천하며, 그의 사명 위에 하나님의 크신 은총과 지속적 인도하심이 늘 함께하시기를 축복합니다.

황선엽 사관

구세군 역사박물관 관장 / 구세군사관대학원대학교 21대 총장

한없는 하나님의 은혜를 경험하라

이 책은 2013년 9월부터 2015년 5월까지 시드니 〈크리스천 라이프〉 주간 신문에 기고했던 원고를 정리해서 발간한 것입니다.

모든 글이 그렇듯이 그 시대의 환경에서 작성한 것이다 보니, 현재 상황과는 맞지 않는 부분도 없지 않습니다. 공교롭게도 그 기간은 제가 직장암 말기 진단을 받고 방사선 치료와 키모테라피(항암치료)로 투병하던 시기였습니다. 당시 약 1년간의 항암 치료기간을 늘 감사하는 마음으로 기쁘게 지냈음을 고백합니다. 그 이유는 이 암 투병의 고난으로 "하나님께서 은혜를 주셔서 내가 지은 죄를 예수님 앞에 가기 전에 정산해 주시는구나"라고 생각했기 때문입니다.

지나고 보니 그 치료기간의 시간을 하나님께서는 이렇게 나름 성경 말씀을 정리할 시간으로 저에게 주셨다는 것을 알게 되었습니다. 아마 그런 시련의 시간이 아니었다면, 글 쓰는 것을 차일피일 미루면서 변변한 원고조차 남기지 못했을 것입니다.

이렇듯 분명한 sign으로 소명하신 뜻에 따라 성경 말씀과 저 자신의 삶을 조명해 보는 귀한 시간이었음을 이 책을 통해 고백하며 하나님께 감사드립니다. 투병기간 동안 제 옆을 지켜준 가족들과 새로 태어난 손주들을 보게 하심으로 삶의 의지를 북돋아 주신 하나님의 은총에 또한 감사드립니다.

그뿐만이 아니라 이 책을 출판할 수 있도록 박성기 님과 도서출판 브니엘을 때 맞춰 보내주신 은혜에도 감사드립니다. 이 책의 성경 말씀들이 이 책을 읽는 모든 이들에게 신앙의 발돋움이 되기를 간절히 바라면서, 저의 신앙 여정을 주관하시고 모자란 이 종을 사용하여 주신 하나님께 깊은 감사를 드립니다.

2025년 12월 1일

시드니 체리부룩에서, 손창건

누가 뉘게 혐의가 있거든 서로 용납하여 피차 용서하되
주께서 너희를 용서하신 것과 같이 너희도 그러하고. 골 3:13.

영원한 언약

용납(forbearing)과 용서(forgiveness)

"누가 뉘게 혐의가 있거든 서로 용납하여 피차 용서하되 주께서 너희를 용서하신 것과 같이 너희도 그리하고"(골 3:13).

인류사에서 예수 그리스도의 부활 사건만큼 큰 사건은 없었습니다. 그것이 가장 큰 사건으로 일컬어지는 이유는 죽은 사람이 살아난 사건이기 때문만은 아닙니다. 성경에는 죽었던 사람들이 다시 살아나는 사건들이 꽤 많이 기록되어 있습니다. 예수님도 여러 번 죽은 자를 살리셨습니다(베다니의 나사로, 나인성 과부의 외아들). 베드로도 여제자 도르가를 살렸고, 사도 바울도 유두고라는 청년을 살렸던 사건이 기록되어 있습니다.

그러나 예수님의 부활 사건이 다른 사건들과는 달리 인류 역사상 가장 큰 사건으로 일컬어지는 이유는 그분의 죽음은 전 인류의 죄를 대신해 희생되었던 사건이기 때문입니다. 그것은 또한 하나님께서 그분의 영광을 위하여 인류의 죄를 용서하시겠다는 작정 (decree)에서 일어났던 사건이었기 때문이기도 합니다.

사도 바울은 골로새서 3장 13절에서 예수 그리스도의 속죄 제사를 통해 하나님께서 인간의 죄를 용서해 주신 것과 같이 우리도 서로 용납하고 용서해야 한다고 하나님의 말씀을 기록하고 있습니다.

"누가 뉘게 혐의가 있거든 서로 용납하여 피차 용서하되 주께서 너희를 용서하신 것과 같이 너희도 그리하고."

여기서 '용납한다'(forbearing)라는 말과 '용서한다'(forgiveness)라는 말의 의미는 누군가와 의견이 상충하는 일이 있다면, 또는 금전적이나 심적으로 피해를 본 일이 있다면 그것을 참을 줄 알아야 하고 더 나아가서는 용서해야 한다는 뜻입니다.

용서하는 방법이 하나님께서 예수 그리스도를 보내시어 우리를 용서하신 것같이 예수님께서 자신의 몸을 희생하여 속죄 제사를 지내신 것같이 희생과 고통을 감수하면서 적극적으로 용서해야 한다는 것입니다.

이 내용의 이해를 돕기 위하여 조금 더 구체적으로 설명하면 용납은 용서하는 과정에서 겪게 될 희생과 고통을 감수하는 것입니다. 용납은 우리 의지를 발휘하여서 할 수 있는 일입니다. 용납해야 하는 것은 원어의 의미로 보면 하나님의 명령입니다(forbearing en-joined).

이 용납을 조금 실감 나게 표현하면, 우리 몸에 가시가 들었을 때를 상상해 보시면 됩니다. 조그만 가시가 살 속에 파고들었을 때 우리는 고통과 불편함을 느끼게 되고 가시를 빼내려고 노력하게 됩니다.

그런데 하나님께서는 우리와 의견이 상충하고 대립되어 불편한 관계에 있는 사람이나 물질적인 손해를 끼친 사람을 용납하라고 하십니다. 그것은 마치 우리 몸에 박힌 가시를 빼내지 않고 견디는 것으로 비유될 수 있습니다. 내가 그 가시로 인해 환부가 화끈거리더라도 참아내야 한다는 말입니다. 즉 불편한 관계에 있는 사람을 멀리하고 배제하는 것이 아니라 품어 안으라는 말씀입니다.

나무로 비유하면 예수님께서는 죄 없고 흠 없는 참 포도나무로서 기꺼이 죄로 병든 가지였던 우리를 접붙여 주셨습니다. 그렇게 은혜로 새로운 생명수를 공급받게 된 우리 서로는 누가 누구를 판단할 것이 아니라 서로 부둥켜안으라는 말씀입니다. 그것은 사랑의 구체적인 실천입니다.

"(사랑은) 모든 것을 참으며 모든 것을 믿으며 모든 것을 바라며 모든 것을 견디느니라"(고전 13:7).

희생과 고통이 따르더라도 하나님의 뜻에 순종하여 힘든 부분을 참고 부둥켜 안아야 합니다. 그것이 성경이 전하는 용납의 의미입니다.

성경은 하나님께서 용서해 주시는 방법이 피차가 서로 용서하는 그것과 같다고 말씀하십니다. "우리가 우리에게 죄지은 자를 사하여 준 것 같이 우리의 죄를 사하여 주옵시고"(주기도문 중)

용서하는 것은 희생과 고통의 과정을 지나서 어떤 원인으로든 사람들 사이에 생긴 금전적 손해, 아픈 과거의 상처 등으로 마음속에 뿌리내린 분노가 사라지는 것을 의미합니다.

즉 "마음의 적들을 용서했습니다. 하나님!"이라는 고백은 하나님께서 꼭 듣고 싶어 하시는 내용이며 예배자로서 꼭 해결해야 할 핵심적인 선결 과제입니다. 하나님과 대화를 원한다면 이 용서의 문제만큼은 꼭 해결하라는 주문이기도 합니다. 그 뜻은 기도로 하나님과 대화하려고 할 때 그 대화 창구의 열쇠가 사람 사이의 용서라는 말도 됩니다. 그만큼 용서는 우리가 구원을 향해 갈 때 꼭 선결해야 할 사랑의 실천입니다.

용납과 용서의 차이는 이렇게 비유될 수 있습니다. 한솥밥을 먹는 사람으로 인정하고 한 지붕 밑에서 같이 살고 있더라도 마음에 그 사람에 대한 불만과 분노를 품고 있다면, 그것은 용납했지만 용서하지는 않았다고 말할 수 있습니다.

우리는 살면서 이런저런 일로 용서해야 할 일이 많은데 실제로 용서가 그리 쉽지 않다는 것을 잘 알고 있습니다. 용서에 대한 어떤 사람의 실화를 감동적으로 듣게 되더라도 그 용서의 사건에 대하여 우리는 각각 다르게 반응하고 있음을 부인할 수 없습니다. 우리가 그 사건의 실제 인물이 아닌 이상 우리의 불만과 분노는 여전히 우리 마음속에 웅크리고 있는 것을 느낌으로 알 수 있습니다.

용서라는 문제의 해결은 구원 열차의 티켓이라고 할 수 있는 믿음에서 그 해답을 찾아야 합니다.

만일 우리가 금은방에 보석을 가지고 가서 그것을 팔려고 한다고 가정합시다. 그때 우리는 보석을 금은방 주인에게 넘겨주고 값이 얼마인지를 기대하면서 기다립니다. 우리는 금은방 주인을 믿기 때문에 보석을 넘겨줍니다. 금은방 주인이 보석을 칸막이 뒤로 가져가서 감정하고 나올 때까지 우리는 보석과 금은방 주인이 보이지 않아도 믿고 기다립니다.

또한 거래가 성립되면 금은방 주인이 책정한 보석의 가치만큼 돈을 받아 금은방을 나옵니다. 이럴 때 우리는 금은방 주인을 믿고 기다리고 돈은 다른 물건을 살 수 있는 가치가 있다고 믿기 때문에 보석을 넘겨주는 것입니다.

이 과정에는 필수적으로 금은방 주인과 돈의 가치를 믿는 믿음이 있어야 애지중지하던 보석을 넘겨주고 잊어버리는 일이 가능한 것입니다.

이와 비슷하게 용서라는 행위가 하나님께서 보상해 줄 상급을 믿는 믿음과 연결되어 있다는 사실을 성경은 말씀하십니다.

"오직 너희는 원수를 사랑하고 선대하며 아무것도 바라지 말고 빌리라(lend) 그리하면 너희 상이 클 것이요 또 지극히 높으신 이의 아들이 되리니 그는 은혜를 모르는 자와 악한 자에게도 인자로우시니라"(눅 6:35).

원수를 사랑한다는 말이 용서 아닙니까? 아무것도 바라지 말고 빌려주라는 말은 용납하기 위한 희생 아닌가요? 그렇게 용납하고 용서하면 하나님께서 상급으로 보상해 주시겠다는 말씀입니다. 그 상급은 하나님의 양자로 인정받는 것입니다. 하나님을 믿으신다면 이 말씀도 믿어야 합니다. 용서는 우리가 손해 보는 것이 아니라 세상에 어떤 것과도 견줄 수 없는 득이 된다는 사실을 믿어야 합니다.

역설적으로 이야기하면 하나님을 믿는다면 어떤 희생과 고통이 따를지라도 용서하게 되어 있습니다. 하나님께서 약속하신 상급을 믿기 때문입니다. 용서는 믿음의 증거입니다. 이 용서도 하나님께서 우리가 의지를 사용해 꼭 해야 한다고 명령하십니다(enjoined).

어떤 책에서 한 신부의 이야기를 재미있게 읽은 적이 있습니다. 신부가 자기 교구의 한 교인이 특별한 하나님의 은사를 받아서 과거, 현재, 미래를 다 알 수 있게 되었다는 소문을 들었습니다. 그가 정말 그런 은사를 받았는지를 알고 싶어서 신부가 교인을 만났습니다. 신부는 과거에 신학교 시절에 저지른 어떤 죄로 늘 고민하고 있었습니다.

신부: 하나님이 당신에게 정말 그런 은사를 주셨습니까?
교인: 물론입니다.
신부: 내가 젊은 날에 죄지은 일로 늘 마음이 괴롭습니다. 내가 무슨 죄를 범했는지 하나님께 물어볼 수 있겠습니까?
교인: 기도해 보겠습니다.

얼마 후 신부가 다시 그를 만났습니다.

신부: 기도해 보셨습니까?
교인: 기도해 보았습니다.
신부: 하나님께서 내가 옛날에 어떤 죄를 범했다고 말씀하십니까?
이 교인이 대답합니다.
"하나님께서 잊어버리셨답니다. 신부님."

이 이야기는 하나님께서 우리 죄를 얼마나 완벽하게 용서하시는가를 비유적으로 보여주는 예화입니다. 진정한 용서는 잊을 수 있어야 합니다. 하나님께서 벌하실 것이라는 기대를 하고 원수를 용서하는 것은 완전한 용서가 아닙니다. 하나님은 그런 분이 아니시기 때문입니다.

십자가에 매달리신 예수님께서 자신을 죽이려 하는 군병들을 향해 그들을 용서해 달라고 기도하셨던 것을 기억하시기 바랍니다.

원수를 무조건 용서하고 하나님께서도 그 원수에게 용서를 베풀어 주시기를 기도하는 사람만이 진정한 자유와 평강을 누릴 수 있습니다. 만일 당신의 마음속에 분노를 일으키는 적들이 있다면, 그 적들을 조그만 유보도 없이 하나님께서 주실 상급에 대한 믿음을 가지고 전적으로 용서하시기 바랍니다. 그동안 그 적들에게 품었던 적개심의 죄까지도 용서를 구해야 합니다. 이것이야말로 하나님께서 원하시는 진정한 용서입니다.

"누가 뉘게 혐의가 있거든 서로 용납하여 피차 용서하되 주께서 너희를 용서하신 것과 같이 너희도 그리하고"(골 3:13).

경계의 목적은 사랑이거늘

"경계의 목적은 청결한 마음과 선한 양심과 거짓이 없는 믿음으로 나는 사랑이거늘"(딤전 1:5).

오늘 하나님의 말씀은 사도 바울이 1차 로마 감옥에서 풀려나와 에베소 교회에 남아있던 젊은 목회자 디모데에게 보낸 목회 서신 중 일부입니다. 그 당시는 예수님이 태어나신 지 약 60년 정도가 지난 시대였기 때문에 복음이 주로 전도 여행을 하는 사도들과 사도를 돕던 제자들에 의해 국지적으로 전파되고 있었습니다.

예수님의 부활 사건은 입에서 입으로 소문처럼 전해졌을 겁니다. 그러다 보니 예수의 제자들이 아닌 사람들이 그리스도의 복음을 전해 듣고 나름대로 그 복음을 해석하고 다른 사람들에게 가르치곤 했습니다. 그것은 '이단'이었습니다.

에베소에도 이런 '이단'이 들어와 교회의 존립을 위협하고 있었습니다. 그래서 바울은 이 서신을 통해 이단에 대한 경계와 복음의 진리를 수호해야 할 목회자의 자세, 더 나아가서는 교회의 자세 또는 성도의 자세에 대하여 교훈하게 되었습니다.

이런 이단으로 야기될 수 있는 문제점은 본문 바로 앞 절인 디모데전서 1장 3~4절에서 다음과 같이 지적하고 있습니다.

"내가 마게도냐로 갈 때에 너(디모데)를 권하여 에베소에 머물라 한 것은 어떤 사람들을 명하여 다른 교훈을 가르치지 말며 신화와 끝없는 족보에 착념치 말게 하려 함이라 이런 것은 믿음 안에 있는 하나님의 경륜을 이룸보다 도리어 변론을 내는 것이라."

즉 바울은 디모데에게 그곳에 이미 성행하고 있는 이단들이 변질된 복음을 전하고 있으니, 그것을 전하지 못하게 하고 그 지역에 만연된 전통적인 그리스 신화를 예수 그리스도의 부활 사건과 결부시키지 말 것을 당부하고 있습니다.

또한 기독교로 개종한 유대인들이 그들의 족보를 들먹이며 아브라함의 후손이라는 것이 구원에 절대적인 조건인 양 생각하는 것은 잘못된 생각임을 알려주어야 한다고 이야기하고 있습니다. 그런 변질된 복음들은 하나님께서 이루시고자 하는 구원의 사역을 방해할 뿐이라는 것을 가르쳐 알게 하라는 이야기입니다.

현시대에도 이런 변질된 이단 종교와 기독교 이단 종파들이 세상의 많은 사람을 유혹하며 존재하고 있습니다. 우리는 이런 변질된 복음에 물들지 않도록 주의해야 합니다. 구원의 자격은 모든 민족에게 동등하게 주어졌다는 것이 진리임을 알아야 하며, 정통 교리를 벗어난 신비주의를 앞세워 사람들을 현혹하는 이단자들에게 마음을 빼앗겨서도 안 됩니다.

바울은 이러한 이단들의 활동을 저지할 것을 당부하면서 그렇게 하는 목적(goal/purpose)은 '사랑(love/charity)' 이라고 밝히고 있습니다.

> "경계의 목적은 청결한 마음과 선한 양심과 거짓이 없는 믿음으로 나는 사랑이거늘."

이단들을 활동하지 못하도록 막아야 하는 이유는 '사랑' 이라는 말씀입니다.

오늘 말씀의 주제어는 '사랑' 입니다. 이단들이 복음을 왜곡하는 것을 저지하라고 당부하는 이유는 "사랑을 이루기 위함"이라는 것입니다. 바꾸어 말하면 올바른 복음을 전해야 하는 이유는 "'하나님의 사랑' 을 완성하기 위한 것"이라는 말씀입니다.

여기서 우리는 '사랑' 을 깨닫는 것이 이단을 저지하는 것은 물론이고 바른 신앙관을 확립하는 데 절대적으로 필요한 전제 조건이라는 것을 알게 됩니다. '사랑' 에 대하여 확실히 이해하는 것으로써 복음이 목적하는 바, 하나님의 뜻을 정확히 이해하게 될 것입니다.

그리스어(헬라어)로 '사랑'은 네 가지로 구분됩니다.
첫째는 남녀 간의 사랑으로 에로스((Eros),
둘째는 가족 혈연적 사랑으로 스토르게(Storge),
셋째는 친구에 대한 우정의 사랑인 필리아(Philia),
그리고 성경에서 주로 이야기하는 하나님의 절대적인 사랑인
아가페(Agape)가 있습니다.

오늘 본문에서는 바로 아가페라는 단어를 사용하고 있습니다. 이것은 극한 희생을 요구하는 무조건적 사랑입니다. 예수 그리스도께서 보여주신 아가페적인 '사랑'은 아래 성경 말씀에 잘 표현되어 있습니다.

"그가 우리를 위하여 목숨을 버리셨으니 우리가 이로써 사랑을 알고 우리도 형제들을 위하여 목숨을 버리는 것이 마땅하니라"(요일 3:16).

그 알아야 할 '사랑'은 바로 예수님께서 목숨을 버리시면서까지 증거해야 했던 하나님의 '사랑'입니다. 우리도 그 '사랑'을 안다면 형제들을 위하여 목숨을 버려서라도 하나님의 사랑을 증거해야 한다는 말씀입니다. 여기서 우리는 사랑의 관계성을 보게 됩니다. 그것은 사랑에 관한 하나님과 우리 사이의 관계성이며 사람 사이의 관계성입니다.

하나님께서는 우리를 향한 사랑을 예수님을 대속제물로 희생시키는 사랑으로 우리에게 실제로 보여주셨습니다. 그럼으로써 우리에게 하나님을 사랑해야 할 당위성을 깨닫게 하셨습니다. 우리 피차간의 사랑에 대해서도 예수님의 희생을 통해 그 본을 보여주셨습니다.

(하나님의 사랑)
"사랑은 여기 있으니 우리가 하나님을 사랑한 것이 아니요 오직 하나님이 우리를 사랑하사 우리 죄를 위하여 화목제로 그 아들을 보내셨음이니라"(요일 4:10).

(사람 사이의 사랑)
"사랑하는 자들아 하나님이 이같이 우리를 사랑하셨은즉 우리도 서로 사랑하는 것이 마땅하도다"(요일 4:11).

* 하나님의 우리를 향한 사랑

하나님께서는 우리를 향한 사랑을 예수 그리스도가 겪은 고난의 과정을 통해 인내를 온전히 이루는 실제 사건으로 보여주셨습니다. 성육신한 예수 그리스도는 채찍에 맞아 피를 흘리고 십자가를 지고 갈 때는 힘에 겨워 넘어지고 결국은 자신의 힘으로 십자가를 지고 가지 못할 정도로 힘겨워했습니다. 십자가에서는 목이 말라 하셨으며 "하나님 왜 나를 버리셨나이까?" 하며 인간으로서 극한의 힘든 상황을 절규로 표현하셨습니다. 그러나 끝까지 인내하시고 순종하셔서 결국은 하나님의 사랑을 역사적인 사건으로 이루어 내셨습니다.

하나님의 사랑은 예수님에게 채찍과 조롱과 멸시, 육체적 한계로 느껴지는 고통, 목마름, 고독, 죽음을 요구했습니다. 그러나 하나님의 사랑은 그 대가로 부활과 승천하는 것으로 사망을 이기고 세상을 이기게 하셨으며 예수님을 죄의 심판관, 생명의 주로 그리스도의 왕국에 영원한 왕이 되게 했습니다.

하나님의 사랑은 우주에 생명력을 지닌 교회를 탄생시켰으며 교회는 지금도 살아 움직이며 이 세상에서 죄로 죽을 영혼들을 구원하고 있습니다. 하나님의 사랑이 복음이며, 또한 우리에게는 믿음으로 완성해야 할 궁극적 사명입니다.

＊ 인간의 하나님에 대한 사랑

인간의 하나님에 대한 사랑은 죄를 사하여 주신 사랑(은혜)에 대한 응답입니다.

"이러므로 내가 네게 말하노니 저의 많은 죄가 사하여졌도다 이는 저의 사랑함이 많음이라 사함을 받은 일이 적은 자는 적게 사랑하느니라"(눅 7:47).

이 뜻은 마음속에 죄가 많음을 인식하는 사람은 죄 사함을 받을 때 많은 죄를 사함 받는 것을 느끼기 때문에 큰 사랑을 느끼게 되나, 마음이 교만하여 자각하는 죄가 적은 사람은 죄 사함을 받을 때 사랑을 적게 느끼게 된다는 뜻입니다. 극단적으로 이야기하면 죄를 자각하지 못하는 사람은 사랑을 품을 수 없다는 것입니다.

다시 이야기하면 자신이 정직하고 의로운 사람이라고 자칭하는 사람은 자각하는 죄가 적어서 죄 사함의 사랑을 받아도 감격이 크지 않을 것입니다. 그러나 스스로 죄인임을 깨닫고 겸손히 주를 섬길 때 그는 자신이 깨달은 죄로 인하여 죽을 수밖에 없던 처지에서 하나님의 은혜로 죄 사함을 받았으므로 그 사랑의 감격은 대단히 크다는 것입니다. 그것은 큰 사랑을 품게 된다는 것을 뜻합니다.

그렇게 심령이 가난하고 죄로 인하여 회개를 갈망하며 애통하는 심령을 소유한 사람은 하나님을 사랑하는 마음이 갈급하고 죽도록 사랑하게 된다는 뜻이기도 합니다. 그것은 하나님께서 가장 중요하게 여기시는 계명입니다.

"예수께서 가라사대 네 마음을 다하고 목숨을 다하고 뜻을 다하여 주 너의 하나님을 사랑하라 하셨으니 이것이 크고 첫째 되는 계명이요"(마 22:37~8).

하나님께서 바라시는 하나님을 사랑하는 우리의 자세는 자신의 죄를 많이 깨닫고 하나님의 자비와 사랑을 간절히 구하는 자세입니다. 그것은 우리가 죄인임을 인식하고 하나님께로 돌이키는 회개를 뜻합니다. 하나님께서는 우리가 회개하여 하나님을 향한 사랑을 회복하기를 바라십니다.

✻ 사람 간의 사랑

예수님은 실제로 인간 예수로서 하나님의 명에 순종하는 의지를 보여주셨습니다. 옛 아담이 하지 못했던 순종을 실천하셨습니다. 채찍에 맞고 조롱을 당하고 십자가를 직접 질 수 없을 정도로 체력이 저하되었지만, 육신의 요구에 지지 않으시고 의지를 살려 하나님의 뜻을 이루어 내셨습니다.

그것은 자신을 산 제물로 드리라는 하나님의 명령에 순종하는 일이었습니다. 무슨 일이 있더라도 하나님께 자신을 드리는 제사를 드리고야 말겠다는 의지를 잃지 않으셨습니다. 이렇게 인간 예수께서는 하나님의 뜻에 순종함으로 받게 될 고난을 끝까지 참을 때 하나님의 사랑을 이루어 낼 수 있다는 것을 우리에게 보여주셨습니다. 부활하고 승천하시는 모습을 직접 보여주심으로 예수의 이름으로 받을 고난을 이긴 상급으로 부활과 영생이 주어질 것을 보증하셨습니다. 그래서 죽기까지 서로 사랑하는 것이 가능하다는 것입니다.

결론적으로 예수 그리스도께서 속죄 제사를 통해 온 인류를 향한 사랑을 보여주시고 부활, 승천하심으로써 우리의 부활과 영생을 보증하셨기 때문에 우리도 예수님과 같이 하나님의 뜻에 순종하여 죽기까지 하나님을 사랑하고 형제를 사랑할 수 있다는 것입니다. 그것이 하나님의 첫째 계명인 하나님을 사랑하고 형제, 이웃을 사랑한다는 진정한 의미이며, 믿음의 실체인 것입니다. 죽기까지 순종하신 인간 예수의 만민을 향한 사랑, 그 사랑을 실천하려는 사람을 우리는 크리스천이라고 부릅니다.

사도 바울은 그 당시 이단들을 저지하는 것이 사랑의 목적이라고 강조했습니다. 이 말씀은 이 시대를 사는 우리에게도 똑같이 적용되는 하나님의 말씀입니다. 하나님의 사랑을 바로 이해하는 것이 크리스천이 복음을 올바르게 전하고 들을 수 있는 선결해야 할 과제라고 하나님께서는 이 시대를 향해 말씀하십니다.

경계해야 할 거짓 사랑

"경계의 목적은 청결한 마음과 선한 양심과 거짓이 없는 믿음으로 나는 사랑이거늘"(딤전 1:5).

오늘 본문은 '경계의 목적은 사랑이니라' 라는 제목의 말씀과 같은 본문입니다. 앞서 전한 말씀의 골자는 "이단을 교훈하고 경계해야 하는 이유는 '사랑' 을 이루려 한다는 것이며 그 이루어야 할 '사랑' 은 하나님께서 주신 사랑, 하나님께 드려야 하는 사랑 그리고 사람과 사람 사이에 나누어야 하는 사랑으로 올바로 이해되어야 한다."라는 말씀이었습니다. 그렇게 기독교적인 사랑을 올바로 이해해야 복음의 진리를 벗어난 자들의 거짓 교훈, 즉 이단(heresy)의 영향력을 봉쇄하고 바른 복음이 전해질 수 있다는 내용의 말씀이었습니다.

오늘은 이렇게 하나님과 인간 그리고 인간들 사이에 있어야 할 참사랑을 분별할 수 있는 기준에 대하여 본문을 중심으로 말씀을 전하겠습니다. 본문에서 '경계'라고 해석된 단어는 '명령' 또는 '강조된 지침'의 뜻을 지니고 있습니다.

즉 이단들이 왜곡된 복음을 전하지 못하게 막아야 하는 일은 목회자는 물론이고 크리스천이라면 꼭 해야 할 의무인 것입니다. 본문에는 이런 이단에 대한 경계의 목적은 사랑이라는 뜻이 담겨 있고 또한 '그리스도인의 사랑'의 출처(come from), 풀어서 이야기하면 그리스도인으로서 나타내야 하는 사랑은 무엇에 원천을 두어야 하는가에 대하여 말씀하고 있습니다.

첫 번째로 사랑은 청결한 마음(pure heart)에서 나온다고 말씀하고 계십니다. 일반적으로 헬라어에서 마음(카르디아)은 '감정이나 사고의 중심지'란 의미가 있으며 지(知), 정(情), 의(意)의 근원으로서 인간을 인간답게 하는 역할을 하는 것이라고 정의합니다. 마음이 청결하다는 것, 즉 '청결한 마음'이라는 것은 영어로 'pure heart'인데, 물로 비유하면 순수한 물 외에 다른 것이 들어가 있지 않은 깨끗하고 투명한 상태를 표현한다고 말할 수 있습니다.

성경적으로 '청결한 마음'이란 두 마음을 품지 않고 오직 하나님만 바라보는 마음의 상태를 뜻합니다. 예수님께서도 "마음이 청결한 자는 복이 있나니 저희가 하나님을 볼 것임이요(마 5:8)"라고 말씀하셨습니다. 마음에 헛된 욕심이 없어 악의가 없는 사람은 마음이 정하기 때문에 하나님을 만나게 될 것이라는 뜻입니다. 하나님을 우

리는 직접 볼 수 없다고 생각하지만, 성경은 예수 그리스도를 통해
하나님을 볼 수 있다고 말씀하고 계십니다.

"본래 하나님을 본 사람이 없으되 아버지 품속에 있는 독생하신
하나님(예수님)이 나타내셨느니라"(요 1:18).

즉 예수님께로 나아가는 자는 하나님께 가까이 갈 수 있고 예수
님과 연합되는 자는 궁극적으로 하나님을 볼 수 있다는 것입니다.
하나님을 볼 수 있는 '마음이 청결한 자' 란 예수님께로 점점 더 가
까이 가서 결국 예수님과 연합되는 데까지 장성할 수 있는 터를 닦
은 사람임을 우리는 위의 성경 구절로 알 수 있습니다.

'사랑' 의 원천인 '청결한 마음' 을 소유하고 유지하는 것은 우리
의지로 예수님께로 향하고 예수님을 좇아 더 가까이 가는 것으로 가
능합니다. 그것은 예수 그리스도께 돌이키는 회개를 의미하며 성결
해지도록 힘써야 함을 알 수 있습니다.

이렇게 예수님을 통해 하나님을 보고자 하는 '도덕적, 영적 청
결' 의 마음 상태에서 우러나오는 사랑이 이단들이 보이는 '거짓 사
랑' 과 구별되는 '참사랑' 입니다.

이어서 본문 중 "참사랑은 선한 양심(good conscience)으로부터
나온다."라는 말씀으로 함께 은혜를 나누고자 합니다.

여기서 사용된 '양심' 이라는 단어는 일반적으로 '지각을 통해

공통의 사실을 인식하는 것'이라고 정의합니다. 양심은 우리가 보거나, 듣거나 해서 알게 된 어떤 내용을 분석하여 선악을 분별하는 능력(faculty)이며 동시에 감정을 표현하는 정서(sentiment)입니다. 이것은 간단히 말해서 외부 정보를 자유의지로 판단하는 원초적 기능을 의미합니다.

어떤 판단이 올바르지 않게 된다는 것은 양심에 결함이 있다는 것을 의미하며, 이렇게 결함이 생긴 양심을 성경에서는 더러운 양심으로 표현합니다. 만일 양심이 오염되었다면 그로 인해 표출되는 언행은 삐뚤어질 수밖에 없습니다. 마치 깨끗하지 않은 거울이 사물을 올바로 보여주지 못하는 것처럼 선하지 않은 양심은 외부의 자극에 대하여 왜곡된 반응을 하게 된다는 뜻입니다.

그와는 반대로 깨끗한 거울은 사물을 정확히 보여줍니다. 이와 마찬가지로 선한 양심은 외부로부터 들어오는 정보들을 하나님 말씀을 기준으로 '옳은 것'은 '옳은 것'으로, '잘못된 것'은 '잘못된 것'으로 언제나 동일하게 인식하고 반응합니다. 곧 하나님의 말씀에 반응하여 겉으로 나타나는 언행을 보면 선한 양심과 오염된 양심은 분명히 가려질 수 있습니다.

"오직 너희 말은 옳다 옳다 아니라 아니라 하라 이에서 지나는 것은 악으로 좇아 나느니라"(마 5:37).

선한 양심, 즉 씻기어 깨끗해진 양심은 옳은 것은 늘 옳은 것으로, 그릇된 것은 늘 그릇된 것으로 판단합니다. 씻어지지 않은 오염된 양심은 옳고 그름에 판단이 모호하고 언행에 거짓이 섞여 죄를 짓게 마련입니다.

예수 그리스도께서는 우리에게 이런 선한 양심으로 회복시켜 주시기 위하여 이 세상에 오셨고, 십자가에서 피를 흘리셨습니다. 그리스도의 피로 우리의 오염된 양심이 깨끗해지면 선한 양심을 가질 수 있게 된다는 것이 성경의 진리입니다.

"염소와 황소의 피와 및 암송아지의 재를 부정한 자에게 뿌려 그 육체를 정결하게 하여 거룩하게 하거든 하물며 영원하신 성령으로 말미암아 흠 없는 자기를 하나님께 드린 그리스도의 피가 어찌 너희 *양심을 죽은 행실에서 깨끗하게 하고 살아계신 하나님을 섬기게 하지 못하겠느냐"(히 9:13~14).
*cleanse (our) conscience

양심을 죽은 행실에서 깨끗하게 하신다는 말씀으로 미루어 우리의 양심은 더러워져 있다는 것을 알 수 있습니다. 오염된 양심은 원죄를 지닌 우리의 본성을 의미하는 것이며 성경에서는 우리가 지니고 태어나는 오염된 양심은 실제로 더 더러워질 수도 있다고 기록하고 있습니다.

"그러나 이 지식(복음의 진리에 대한 믿음)은 모든 사람에게 있는 것은 아니므로 어떤 이들은 지금까지 우상에 대한 습관이 있어 우상의 제물로 알고 먹는 고로 그들의 양심이 약하여지고 더러워지느니라"(고전 8:7).

복음의 진리를 믿는 사람, 즉 다른 말로 표현하면 속죄받아 선한 양심을 지닌 사람은 우상의 제물을 먹어도 하나님께서 주시는 것으로 믿기 때문에 관계없으나, 우상을 모시던 습관이 있어 우상을 의식하는 사람이 우상의 제물을 먹게 되면 그 양심은 더 더러워지고 의심이 더해집니다.

이 말씀은 지금 시대로 보면 세상에 만연한 우상들(게임, 오락, 연예인, 명품, 각종 비성경적 미디어 또는 이단 종교나 종파, 돈 등)에 믿음이 없이 가까이하게 되면 탐심을 갖게 됨으로써 양심은 더 더러워지고 의심하는 마음이 싹터 그나마 있던 믿음도 더 약해지게 된다는 것을 뜻합니다.

즉 복음의 진리에 대한 믿음이 없으면, 그 깨끗해지지 않은 양심은 점점 더 더러워지고 복음의 진리에 대한 의심이 더 생긴다는 말씀입니다. 이렇게 변질될 수 있는 것이 양심의 속성입니다.

그러나 이렇게 의심 많고 더러워진 양심도 그리스도의 은혜로 사랑을 나타내는 '선한 양심'으로 변화될 수 있다고 성경은 말씀하십니다. 참사랑을 나타내는 선한 양심을 갖게 되는 사건은 하나님께로 돌이키고(회개하고), 예수님께서 우리 죄를 위하여 죽으셨다는 사랑을 믿게 되었을 때 일어나며, 선한 양심으로 변화되는 이 중대한 사건은 우리 자신이 실제로 인식할 수 있게 일어나는 것입니다.

다시 말하면 하나님의 사랑 안에서 흘리신 그리스도의 피가 우리의 불순종으로 오염된 양심을 '선한 양심'으로 회복시킬 수 있으며 그렇게 선한 양심으로 회복되었을 때 우리 내면에 충만해진 '하나님의 사랑'은 '선한 양심'으로 인하여 세상의 빛이 되어 퍼져(radiating) 나오는 것을 우리 자신이 느끼게 되어 있다는 것입니다.

본문이 증거하는 세 번째 말씀으로 "참사랑은 거짓이 없는 믿음(sincere faith)에서 비롯된다."라는 말씀으로 함께 은혜를 나눕니다.

가룟 유다는 예수님을 판 사람입니다. 그는 실제로 예수님을 은 30개를 받고 팔았습니다. 그는 성경에 기록된 대표적인 거짓 믿음의 소유자였습니다. 그의 믿음이 거짓이었다는 것을 알 수 있는 사건이 성경에 기록되어 있습니다.

어느 날, 마리아가 장정의 일 년 품삯에 해당하는 비싼 향유를 예수님의 발에 붓고 그의 머리카락으로 닦고 있었습니다. 그때 가룟 유다가 이런 말을 합니다.

"이 향유를 어찌하여 삼백 데나리온에 팔아 가난한 자들에게 주지 아니하였느냐 하니"(요 12:5).

그러나 그가 이런 말을 하는 이유를 성경은 다음과 같이 설명하고 있습니다.

"이렇게 말함은 가난한 자들을 생각함이 아니요 저는 도적이라 돈궤를 맡고 거기 넣는 것을 훔쳐 감이러라"(요 12:6).

가룟 유다는 예수님과 동행하고 공동체의 자금을 관리하는, 겉으로 보기에는 그 공동체에서 돈에 대하여 가장 정직하고 사람들이 신뢰하는 사람이었습니다. 마리아에게 "이 향유를 어찌하여 삼백 데나리온에 팔아 가난한 자들에게 주지 아니하였느냐"라고 말함으로 가난한 사람을 불쌍히 여기고 구제하는 경건이 있는 듯이 보였습니다.

그러나 그는 그 돈이 생기면, 그 돈을 횡령하려고 그런 말을 했던 것입니다. 즉 그는 공적 자금을 훔칠 정도로 하나님의 도를 따르지 않는 거짓 믿음의 소유자였습니다. 그것은 하나님의 계명을 어기는 불순종이었으므로 사탄은 그를 손쉽게 이용했습니다. 사탄은 가룟 유다를 손아귀에 쥐게 되자 그를 예수님을 파는 배교자로 타락시킴으로써 하나님의 계획에 흠집을 내었다고 생각했습니다. 하나님의 뜻을 이 땅에서 증거하고 이루어 나갈 예수님의 직계 제자 중에서 배신자를 만들어 예수님의 공동체에 금이 가게 했습니다. 이런 사탄의 계략이 가룟 유다를 통해 실제 사건으로 일어나게 된 것은 가룟 유다의 거짓 믿음에 그 원인이 있었습니다.

이와 같이 거짓 믿음은 하나님의 계명을 어기는 불순종으로 나타나며 사탄은 아담과 하와를 타락시켰던 것처럼 손쉽게 가룟 유다를 타락시킬 수 있었습니다. 즉 거짓 믿음은 불순종으로 나타나며 사탄은 불순종하는 자들을 꼭두각시로 삼았습니다. 가룟 유다는 예수님의 공생애 기간 줄곧 예수님을 좇았던 사람이었기 때문에 예수님으로부터 직접 하나님의 말씀을 생생하게 들었던 사람이었습니다.

그러나 그에게는 탐심이 있어 참믿음을 가질 수 없었습니다. 그 거짓 믿음에서 발로한 불순종은 결국 사탄이 지시하는 대로 예수님께서 발언한 내용, '살아 계신 하나님의 아들'이라는 진리의 말씀을 신성모독의 발언으로 그 자신이 판단하고 제사장들에게 고발하였습니다. 지금 시대로 치면 녹취록을 팔아넘긴 것입니다. 예수님께서 어디 계신 것을 제공한 대가가 아니라 신성모독에 대한 증언을 제공한 대가로 그는 돈을 받았습니다. 즉 예수님께서 이 땅에 전하신 진리의 말씀을 돈을 받고 팔았습니다.

사도 바울이 오늘 본문의 서신을 작성할 그 당시에도 가룟 유다가 예수님의 가르침, 진리의 말씀을 팔았던 것처럼 성경을 지식적으로 배우고 그 지식을 팔아 밥벌이를 했던 거짓 교사들이 있었습니다. 그 이후 그런 거짓 교사들은 꾸준히 있었고 지금 이 시대에도 하나님 말씀을 팔고 예수님을 팔아 생활 방편으로 삼는 거짓 믿음의 소유자들이 있습니다.

그러므로 우리 믿는 성도들은 그런 거짓 믿음의 교사, 신자, 기관, 공동체들과 지도자들을 분별할 수 있도록 늘 깨어 기도하며 성령님의 도움을 청해야 합니다. 이렇게 하나님께서 보여주신 사랑, 우리가 하나님께 드려야 하는 사랑, 그리고 사람 간에 나누어야 하는 참사랑은 하나님의 말씀을 팔아 생활 방편으로 삼으려는 거짓 믿음에서는 나올 수 없다는 것을 본문은 밝히고 있습니다.

말씀을 정리합니다.

우리가 이 세상을 살면서 이단들을 분별하고 그들을 교훈하거나 멀리해야 하는 이유는 '사랑'을 이루기 위한 것입니다. 그런데 그 '사랑'이라는 것은 첫 번째 청결한 마음(pure heart)에서 나오는 것이고, 두 번째 선한 양심(good conscience)에서 나올 수 있는 것이며, 세 번째로 거짓이 없는 믿음(sincere faith)에서 나온다는 것입니다.

우리는 그리스도 공동체에서 '사랑'이라는 말을 많이 하고 또 많이 듣습니다. 예수님의 속죄 제사를 하나님의 사랑으로 믿는 순수한 믿음에서 그 사랑은 시작되는 것입니다. 오늘 하나님의 말씀을 들은 저와 여러분은 그 사랑의 하나님만을 섬기지 않고 세상과 벗하는 청결하지 않은 마음에서 나오는 '거짓 사랑'을 경계해야 합니다.

예수 그리스도의 피로 변화된 '선한 양심'에서 비쳐 나오는 '참사랑'이 아닌, 아직 그리스도의 피로 깨끗함을 받지 않은 물과 성령으로 거듭 태어나지 않은 더러운 양심에서 나오는 '거짓 사랑'을 분별하여, 속지 않도록 주의해야 합니다.

부디 청결한 마음과 선한 양심 그리고 거짓이 없는 믿음으로 무장하시어 복음의 진리 안에 거하고 복음의 진리를 수호하며 하나님의 참사랑을 전하는 믿음의 성도들이 되어서 이 타락한 세상을 이기고 승리하는 복된 삶이 되시기를 기원합니다.

예수님을 좇는 무리

"그러므로 예수도 자기 피로써 백성을 거룩케 하려고 성문 밖에서 고난을 받으셨느니라 그런즉 우리는 그 능욕을 지고 영문 밖으로 그에게 나아가자"(히 13:12~13).

이번 주일은 우리의 소망되시는 예수님께서 부활하신 사건을 기념하는 주일입니다. 부활절이 매년 바뀌는 이유가 궁금하신 분들이 꽤 있을 것입니다. 그 이유는 태음력을 쓰는 이스라엘의 유월절 절기와 관계가 있기 때문입니다. 원래 유대인들은 유월절(춘분 즈음) 이후 보름달이 뜨고 난 뒤 첫 안식일을 부활절로 기념하였는데, 서기 325년 니케아 공의회에서 춘분 이후 첫 보름 다음 주일에 지키기로 정해졌고 이에 따라 양력 3월 22일부터 4월 25일까지 사이에 위치하게 되었습니다.

부활절은 크리스마스와 함께 전 세계가 기억하고 또 기념하는 중요한 절기입니다. 부활절은 왜 옛날부터 전 세계가 중요한 절기로 지켜 왔을까요?

✱ 부활절에는 무엇을 기념하는가?

성경을 보면 예수님의 복음 사역 전에 세례 요한이 등장합니다. 세례 요한은 예수님의 길을 준비하러 이 세상에 온 사람이었습니다. 그 당시 유대인들은 그들의 메시아가 오실 것을 선지자들의 예언을 통해 이미 알고 있었기 때문에 물로 세례를 주는 요한을 그들이 기다리던 구세주 그리스도라고 생각했습니다.

그렇지만 세례 요한은 자신이 그리스도가 아니고 그리스도의 길을 예비하러 왔으며, 예언서에 기록된 예언대로 광야에서 외치는 소리일 뿐이라고 본인의 역할을 밝힙니다.

이렇게 세례 요한이 예비한 길을 따라 시작된 예수님의 대중적 복음 사역은 십자가에서 돌아가심으로 마치게 됩니다.

달리기로 비유하면 세례 요한의 "회개하라."고 외친 소리는 경기의 개회를 알리는 소리였습니다. 예수님의 "회개하라."고 외친 소리는 세상을 이기기 위한 달리기의 출발 신호였으며 성 밖 언덕에 세워진 예수님의 십자가는 세상을 이긴 결승선이었다고 할 수 있습니다.

실제로 예수님께서는 십자가에서 돌아가시기 전에 "다 이루었다"(요 19:30)고 말씀하셨습니다. 십자가 위의 죽음은 예수님께서 이 땅에서 인간의 육신을 지닌 채 행하신 복음 사역의 승리를 결정

지은 결승선이었습니다. 결승선을 통과한 결과로 승리자가 가려지
는 것처럼 예수님께서는 그 결승선을 통과하셨고, 세상을 이기고 승
리하셨습니다. 결승선을 통과해 승리가 확정된 선수는 환호하며 승
리의 기쁨을 관중들과 나누는 것처럼 결승선을 통과하신 예수님께
서는 부활하셨고 그 기쁜 소식을 모든 사람에게 소망으로 안겨주셨
습니다.

> "아버지여 아버지의 이름을 영광스럽게 하옵소서 하시니 이에 하
> 늘에서 소리가 나서 가로되 내가 이미 영광스럽게 하였고 또 다
> 시 영광스럽게 하리라 하신대"(요 12:28).

이 말씀대로 하나님의 영광은 생명의 면류관으로, 부활의 소망
으로 예수님을 통해 나타났습니다.

달리기 선수가 결승선을 통과해 기록을 경신할 때마다 관중들은
환호성을 올리며 그 선수를 축하합니다. 마음속으로 '인간 승리'를
만끽합니다. 즉 "우리와 같은 인간도 훈련만 하면 저렇게 빨리 뛸 수
도 있구나." 하면서 대리만족에 젖게 됩니다.

예수님께서는 죽음이라는 결승선을 통과하시고 부활하심으로
우리에게 죽음 후에 부활이 있음을 밝히 보여주셨습니다. 죽음이라
는 각 개인의 결승선을 통과하게 되면 다시 돌아올 수 없는 길에 들
어섭니다. 이러한 사실은 예수님 시대와 초대 교회 시대를 제외하고

는 우리 주변에 죽었다가 이 땅에 다시 돌아온 사람이 없다는 사실이 증명하고 있습니다.

그러나 예수님께서는 죽은 자를 살리시기도 하셨지만, 당신 자신이 죽음을 넘어서 다시 이 땅에 나타나셨고, 역사적으로 기록되었습니다. 우리에게 우리도 부활할 수 있다는 소망을 심어주셨던 것입니다. 만일 역사상 아무도 부활한 역사적 사실이 없었다면, 우리에게는 이 부활이라는 말조차 허망하게 들렸을 것이지만 예수님은 역사적 사실로 부활을 보여주셨기 때문에 우리는 부활한다는 소망을 갖게 된 것입니다.

이 사실을 기념하는 절기가 부활절입니다. 우리는 부활절을 맞이할 때마다 예수님께서 외치셨던 것처럼 회개하였는지를 점검하여 부활을 향한 달리기에 동참해야 합니다. 즉 세상에서 돌아서서 예수님을 잘 좇고 있는지 점검해 보는 것이 부활절에 꼭 해야 할 일입니다.

예수님께서는 십자가를 지고 골고다 언덕을 오르실 때 가슴을 치며 슬피 울며 따르는 많은 여인을 향해 "네 자신과 네 자녀를 위하여 울라."라고 말씀하셨습니다. 예수님의 부활이 이루어진 지금 시대에 전하는 메시지로 재해석하면 "예수님의 부활에 취해 있지 말고 네 자신과 네 자녀의 구원을 위하여 염려하라."고 해석할 수 있습니다.

즉 예수님을 잘 좇고 있는지 돌아보는 것이 부활절을 기리는 큰 의미라고 할 수 있습니다. 그렇게 우리가 좇아야 할 예수님은 어떤 분이실까요?

✻ 성도의 롤모델이신 예수님

부활하신 예수님은 우리가 닮아야 할 완전한 인간의 모델입니다. 달리기 선수로 비유하면 선수들이 더 빠른 선수를 따라잡기 위해서, 또는 대등한 속도로 달리기 위해서 그 선수의 체격과 체질을 파악하고 훈련 일정과 먹는 음식, 또 훈련 방법 등을 연구하여 따라 하는 것으로 비유될 수 있습니다.

즉 예수님을 닮아가려면 예수님에 대하여 알고 좋아야 합니다. 그러므로 예수님께서 체험하신 희생과 부활이 어떤 의미였는지 근본적인 이해를 할 필요가 있습니다.

✻ 속죄 제물이신 예수님

하나님께서 정하신 제사법이 기록된 레위기에 보면 속죄 제물은 옛날 이스라엘 백성들이 지은 죄를 용서받기 위하여 드려졌던 산 동물들이었습니다(레 4장). 이 속죄 제물이 다른 제사(번제, 소제, 화목제)의 제물과 다른 점은 속죄 제물로 드려진 동물은 먹지 못한다는 것이며, 그 동물을 나무로 태워 없애는 곳이 성문 밖 재를 버리는 정결한 곳이었다는 것입니다.

예수님도 우리의 죄를 대신하여 돌아가셔야 했기 때문에, 즉 속죄 제물로 드려져야 했기 때문에 성 밖의 골고다 언덕에서 희생되어야 했던 것입니다. 다시 말하면 모든 인류를 위한 속죄 제물이 되신 예수님께서는 하나님의 규례대로 성 밖에서 죽음을 맞아야 하셨습니다.
그런 사실을 오늘 본문 12절에서 아래와 같이 기술하고 있습니다.

"그러므로 예수도 자기 피로써 백성을 거룩케 하려고 성문 밖에
서 고난을 받으셨느니라."

속죄 제물로 바쳐진 예수님께서는 나무 십자가를 지고 성 밖으
로 나가서 희생당하셔야 했습니다. 이러한 사실은 모세의 율법이 예
수 그리스도의 복음 사역에서도 지켜지고 있음을 보여주는 한 예인
데, 이러한 사실로 우리는 하나님의 공의는 어떤 상황에서도 절대로
변개되지 않는 것임을 깨닫게 됩니다.

이렇게 한 치의 오차도 없이 적용되는 하나님의 공의를 깨달은
성도들은 우리의 일상에서 하나님을 경외하는 마음으로 성경에 기
록된 하나님의 명령이나 규례를 잘 지키고 살아야겠습니다.

✳ 예수를 좇는 무리

예수를 좇아 부활하여 영생에 이르려는 우리로서는 예수님께서
보여주신 고난과 희생의 본을 따르려는 결단이 있어야 함을 본문 13
절에서는 밝히고 있습니다.

"그런즉 우리는 그 능욕을 지고 영문 밖으로 그에게 나아가자."

예수님께서는 속죄 제물로 돌아가심으로 세상을 이기고 죄의 삯인 사망으로부터 성도들을 구원해 내셨으니 우리도 예수님께서 당하신 것과 같이 고난을 겪더라도 세상과 타협하지 말고, 핍박을 견디며 끝까지 예수님만 믿고 좇아 속죄받고 구원에 이르자는 결단을 촉구하는 말씀입니다.

세상에는 하나님에 대한 적개심과 복수심에 사로잡혀 광분하는 악한 세력들이 예수님을 좇는 성도들과 대적하고 있습니다. 그들은 성안에 머물 것을 제안합니다. 곧 세상과 타협하고 지낼 것을 권유합니다. 그러나 이런 사탄의 시험을 뿌리치고 성 밖으로 나갈 때, 즉 세상을 등지려 할 때, 성도들은 그들이 뿌려 놓은 가라지와 그들이 부리는 불순종의 자녀들로부터 방해와 핍박을 받기 마련입니다.

그러나 믿음과 소망을 가지고 예수님을 좇기로 결단한 성도는 예수님께서 세상을 끝내 이기고 승리하신 것처럼 이 세상의 어떠한 핍박과 조롱에도 끝까지 인내하는 믿음으로 세상을 이겨야 합니다.

"대저 하나님께로서 난 자마다 세상을 이기느니라 세상을 이긴 이김은 이것이니 우리의 믿음이니라"(요일 5:4).

✱ 성도의 결단

부활주일을 맞아 하나님의 말씀을 들은 저와 여러분은 부활하신 예수님을 좇을 때 세상으로부터 받게 되는 핍박에 굴하지 말고 세상을 이기고 얻게 될 영생의 부활에 대한 소망으로 끝까지 예수 그리스도의 십자가를 증거함으로써 믿음의 결국인 영생을 보장받는 복된 성도들이 되시기를 간절히 축원 드립니다.

"좁은 문으로 들어가라 멸망으로 인도하는 문은 크고 그 길이 넓어 그리로 들어가는 자가 많고 생명으로 인도하는 문은 좁고 길이 협착하여 찾는 이가 적음이니라"(마 7:13~14).

구세주이신 예수님께서는 이 세상에 오셔서 한 번도 전쟁을 일으키지 않으셨습니다. 사람들을 모으되 칼을 들고 모이라고 하지 않으셨으며, 재물을 들고 모이라고도 하지 않으셨습니다. 그렇게 예수님께서 시작하신 공동체는 세상적으로 판단할 때는 나약한 공동체였습니다.

그 후에 예수님께서 전하시는 천국 복음을 듣고 행하신 이적을 보고 예수님을 좇았던 무리로 형성된 공동체도 칼과 방패, 투구와 갑옷으로 무장하지 않았으며, 터를 잡고 위세를 자랑하지 않았고 그저 유랑하는 가난한 공동체였습니다. 예수님 자신은 어린이들과 억압받는 자, 병들고 약한 자를 사랑하셨습니다. 세상을 향해 정치적 큰 목소리를 내지 않으셨으며 오히려 로마에 세금을 내시고 묵묵히 하나님의 뜻을 이루는 일에 모든 희생을 아끼지 않으셨습니다.

세상과 대적하지 않으시고, 물질에 의지하지 않으셨던 예수님께

서는 제자들에게도 전도 훈련을 내보내시면서 하나님의 사역에 물
질적 수단에 의지하지 말 것을 강조하셨습니다.

"명하시되 여행을 위하여 지팡이 외에는 양식이나 주머니나 전대
의 돈이나 아무것도 가지지 말며 신만 신고 두 벌 옷도 입지 말라
하시고"(막 6:8~9, 참고 마 10:9~10, 눅 10:4).

우리의 생각과는 매우 다르다고 생각하지 않으십니까?
대체로 현대 사회에서 큰 교회가 존재해야 하는 이유 중 가장 설
득력이 있는 이유는 재력과 인력이 있어야 큰 일을 할 수 있다는 것
입니다. 그런데 예수님의 말씀으로 보면 별로 맞지 않습니다. 하나
님의 일을 하는 데 세상의 재물을 이용해야 하는 것은 하나님의 뜻
과는 맞지 않는 것이고, 곧 불법의 일종입니다.

세상의 재물과 힘에 의존하는 것이 불법이라는 것을 증거하는
말씀이 누가복음 22장 35~37절에 나옵니다.

"저희에게 이르시되 내가 너희를 전대와 주머니와 신도 없이 보
내었을 때에 부족한 것이 있더냐 가로되 없었나이다 이르시되
이제는 전대 있는 자는 가질 것이요 주머니도 그리하고 검 없는
자는 겉옷을 팔아 살찌어다 내가 너희에게 말하노니 기록된 바
저는 불법자의 동류로 여김을 받았다 한 말이 내게 이루어져야

즉 예수님의 입장에서는 자금과 물자, 무기를 가지거나 모으는 일은 하나님의 뜻에 어긋난 불법이라는 말씀입니다. 하나님의 일을 하는데 무력적인 것, 물질적인 것에 의존하는 것은 하나님의 뜻에 맞지 않는 일임을 강조하셨습니다.

실제로 예수님을 잡으러 군병들이 왔을 때 베드로가 검을 빼서 '말고'라고 하는 제사장의 종의 귀를 내리쳐 자른 사건이 있었는데, 예수님께서는 "네 검을 도로 집에 꽂으라 검을 가지는 자는 다 검으로 망하느니라"(마 26:52)라고 말리십니다. 그 말씀으로 예수님께서는 무력 사용, 즉 물리적인 힘의 행사는 절대로 하나님의 뜻이 아님을 천명하셨습니다.

여러 성도님이 예수님의 이 가르치심(물질적인 것, 무력적인 것을 배제하는 것)을 따르기가 쉽지 않다는 것을 아실 것입니다. 특히 현대 경제사회에 익숙한 우리로서는 좀처럼 이해하기도 힘들뿐더러 실천에 옮기는 것은 더 어렵다는 것을 느끼게 됩니다. 세상을 살아가되 세상의 물질과 물리적인 힘에 의지하지 말고 살라는 말씀인데, 그것은 오래 참아야 함을 의미하는 것이며 심적인 고통을 수반한 성도가 받을 핍박을 예고하는 것입니다.

그래서 예수님께서는 그 길, 즉 예수님을 좇는 길은 좁고 어려운 길이라고 말씀하셨습니다. 오늘 본문을 한목소리로 다시 읽읍시다.

"좁은 문으로 들어가라 멸망으로 인도하는 문은 크고 그 길이 넓어 그리로 들어가는 자가 많고 생명으로 인도하는 문은 좁고 길이 협착하여 찾는 이가 적음이니라"(마 7:13~14).

과연 이 세상에 사는 사람으로서 재물을 갖지 않고 살아갈 수 있다고 생각하는 사람이 얼마나 될까요? 우리 자신을 돌아보아도 우리는 일상이 재물을 위한, 돈을 벌기 위한 일로 채워지고 있다는 것을 알게 됩니다. 하나님의 말씀대로 돈과 하나님을 함께 섬길 수 없다는 것과 우리의 현실을 대조해 보면 우리가 가고 있는 길이 어떤 길인지는 우리 자신이 판단할 수 있습니다.

우리가 사는 겉모습은 그렇고 우리의 내면은 어떻습니까? 우리는 하나님의 진리에 양심을 사용하여 반응하고 있는지? 하나님과 화목한 관계로 영생하는 것을 우리 인생의 최고 목표로 마음으로 작정하였는지? 우리 자신에게 반문해 보아야 합니다.

"길이요 진리요 생명이신 예수님"(요 14:6)을 좇는 열심은 우리가 부활과 영생을 믿는 것으로 시작되어야 합니다. 우리의 시간 시간이 만일 예수님을 좇는 일에 열심을 내지 않고 있다면 우리는 우리의 믿음을 회복하는 데 힘써야 합니다. 예수님을 좇고 있는가의 기준은 하나님의 일을 하고 있는가? 이고, 그것은 예수님을 믿는 믿음이며 구원과 직결된 중대한 일입니다.

오늘 본문은 이렇게 우리에게 중대한 일인 예수님을 좇는 길이 좁고 협착하다고 말씀하고 계십니다. 위에서 알아본 것과 같이 그 길은 이 세상의 무력적인 것과 재물에서 벗어나야 한다고 말씀하신 것입니다. 실제로 우리가 모두 재물에 대한 욕심을 버린다면, 그곳이 천국입니다.

"바리새인들이 하나님의 나라가 어느 때에 임하나이까 묻거늘 예수께서 대답하여 가라사대 하나님의 나라는 볼 수 있게 임하는 것이 아니요 또 여기 있다 저기 있다고도 못하리니 하나님의 나라는 너희 안에 있느니라"(눅 17:20~21).

이 세상에 불행하다는 사건과 각종 끔찍한 사건의 배경은 모두 돈이 원인임을 우리는 알고 있습니다. 이렇게 현실을 통해 돈이라는 것이 악의 뿌리라는 사실을 분명히 알면서도 우리는 여전히 상대적인 물질적 부요함을 위하여 끊임없이 욕심을 내며 사는 것을 부인할 수 없습니다. 그 상대적 부요함이란 다른 사람과의 비교 우위일 수도 있지만, 사실은 자기 내면에서 일어나는 현재보다 더 부요함을 향한 끝없는 탐심에 더 큰 문제가 있는 것입니다.

이렇게 사는 우리에게 성경은 우리가 사는 모습이 잘못되어 있다는 것을 말씀하십니다. 즉 세상에 쌓은 재물은 전혀 우리 것이 될 수 없으며 세상을 살면서 다른 사람에게 나누어 준 재물이 실제로 우리의 소유권이 보장되는 재물로 하늘에 저축이 된다는 사실을 일깨워 줍니다.

하늘의 보물은 하나님께서 보관하고 계시는데, 그것은 변질되지도 않으며 줄지도 않는 보물이라는 말씀입니다. (하늘나라를 보고 오신 예수님의 말씀입니다.)

그 보물은 다름 아닌 우리의 새 생명입니다. 이 새 생명은 하나님과의 화목으로 예수님과 연합된 영생하는 생명입니다. 이 영생의 보물을 쟁취하기를 원하신다면 이 세상의 권세를 잡은 악한 세력의 시험에 지지 않도록 힘쓰시기 바랍니다. 그것은 이 세상에 돈 중심의 시스템에서 벗어나는 노력을 의미합니다. 우리의 생각과 뜻, 마음이 돈을 추구하는 것에서 벗어나야 합니다. 그것은 회개를 의미하며 편해 보이는 멸망의 길에서 돌아서서 어려워 보이지만 생명을 보장받는 길로 들어서는 것을 의미합니다.

성경은 세상의 악을 육신의 정욕, 안목의 정욕, 세상의 자랑 이 세 가지로 정의하고 있습니다(요일 2:16). 이 악들은 하나님으로부터가 아니라 세상으로부터 온 것이라고 성경은 말씀하십니다. 세상은 사람들에게 육신적인 쾌락과 보는 즐거움, 세상에 자랑하고자 하는 인간의 허영심, 교만함을 자극하는 방법으로 사람들을 타락시키고 있습니다. 그 모든 타락의 저변에는 돈을 미끼로 하는 사탄의 계략이 깔려 있습니다.

우리는 우리가 사는 주거지를 위하여 은행의 대출 상환금이나 렌트비를 내야 합니다. 자기 집이라 할지라도 전기세, 수도세, 전화, 인터넷 사용료 등 무슨 명목이든 돈을 누군가에게 내야 한다는 것을 당연하게 받아들이고 있습니다.

하지만 우리는 돈을 계속 벌어서 누군가에게 바쳐야 잘 곳이 제공된다고 표현하면 받는 느낌이 무척 다를 것입니다.

그렇습니다. 우리는 우리가 잘 인식하지 못하는 동안에 누군가에게 돈을 벌어 바쳐야 하는 신세가 되었습니다. 그것은 조금씩 노동의 수준이 다를 뿐, 노예와 다를 바 없는 것이고 실제로 돈의 노예가 되어 있는 것입니다. 돈을 지배하는 악한 세력의 노예가 되어 있다고도 표현할 수 있습니다.

이렇게 우리는 이미 예수님께서 말씀하신 소유에 대한 개념에서 벗어나 아주 많이 세상의 노예로 전락하여 살고 있습니다. 무엇보다 중요한 것은 우리가 좇아야 할 예수님의 길에서 벗어나서 살고 있다는 것입니다. 예수님을 좇고 있지는 않다는 말이기도 합니다.

예수님께서 부자 청년에게 그가 가진 재산을 팔아 가난한 자에게 나누어 주라고 했을 때, 부자 청년은 곤란해하며 돌아갔다고 성경은 기록하고 있습니다. 그러나 예수님 당시로부터 약 2000년이 지난 지금 이 시대에는 자신의 소유를 팔아 가난한 사람에게 나누어 주라는 말조차 비현실적인 말로 여겨지게 되었습니다.

이렇게 보면 우리가 좇고 있는 길이 예수님 당시에 예수님께서 보여주신 길로부터 얼마나 많이 벗어난 것인지 알 수 있습니다. 이 세상일은 이 세상의 방식으로, 천국 가는 일은 천국 가는 방식으로 따로따로 마음을 바꾸어가며 좇으려 하는 것이 우리의 모습입니다. 그렇게 하는 것이 과연 예수님을 좇는 길일까요? 심각히 생각해 보아야 합니다.

곰곰이 생각해 보면 볼수록, 우리는 두 주인을 섬기고 있는 우리 자신을 발견하게 됩니다. 성경은 이렇게 세상과 하나님 사이를 오락가락하는 우리에게 절대로 두 주인을 섬길 수 없다고 분명히 말씀하십니다.

"한 사람이 두 주인을 섬기지 못할 것이니 혹 이를 미워하며 저를 사랑하거나 혹 이를 중히 여기며 저를 경히 여김이라 너희가 하나님과 재물을 겸하여 섬기지 못하느니라"(마 6:24).

이어 말씀하신 내용이 "목숨을 위하여 무엇을 먹을까 무엇을 마실까 몸을 위하여 무엇을 입을까 염려하지 말라"(마 6:25)입니다.

우리의 목숨은 부활할 생명으로 이어져 있음을 믿으시기 바랍니다. 우리 목숨에 대하여 근심하여 이 세상의 재물을 좇는 것은 예수 그리스도께서 십자가에서 돌아가신 것을 욕되게 하는 일입니다. 이미 모든 생명의 근원인 하나님의 은혜로 예수님의 구속 사역을 믿는 우리는 예수님과 같이 부활하고 영생하게 될 것이 보증되었습니다.

그러나 우리 자신이 이 세상의 물질적 유혹과 위협으로 다가오는 마귀의 시험을 이겨내지 못한다면 그 보증된 영생을 포기하게 된다는 것을 알아야 합니다. 영생을 보증하는 백지 수표를 찢는 것으로 비유될 수 있습니다.

예수님을 시험한 마귀도 세상의 부귀영화와 먹을 것을 동원하여 자기를 섬기라고 시험했습니다. 그 마귀는 지금도 우리에게 세상 물질을 동원하여 똑같은 시험을 하고 있으며 많은 사람이 이 시험을 이기지 못해 그에게 속박되어 죄를 용서받은 신분, 하나님 자녀의 신분으로 회복하지 못하고 살고 있습니다.

예수님께서 부활 승천하시고 나서 제자들을 중심으로 개인적인 무소유, 공동소유의 공동체가 생겼습니다. 그것이 초대 교회이자 예수님의 가르침을 생생하게 기억하고 실제로 실천하려던 사람들의 모습이었습니다. 그러나 그 공동체는 곧 무너졌습니다. 세상의 시험을 이겨내지 못했습니다.

그 당시 개인 재산을 모두 공동체에 내놓고 공동생활을 하자고 결단하고 초대 교회가 출범했지만, 아나니아와 삽비라 부부는 자신들의 소유를 판 돈 중 얼마를 감추었습니다. 그것이 우리 인간의 심리입니다.

그 후 이 공동체가 지속되지 않았음을 우리는 역사를 통해 알고 있습니다. 그것이 이 땅에서 사는 우리 인간의 한계입니다. 인간이 지닌 개인 소유의 욕구는 세상의 부추김 속에 되살아나고 성장하여 초대 교회의 모습은 사라지고 점점 사유재산에 대한 욕심이 팽배해져서 지금과 같은 세상이 되었습니다.

과연 우리는 예수님을 잘 좇고 있는 것일까요? 과연 우리는 교회 공동체라는 이름으로 세워진 예수님의 지체들로 사는 것일까요?

정말로 예수님을 좇는 길은 좁아서 들어서기가 힘들고 협착하여 목자 예수님의 음성을 잘 듣지 않고서는 길을 잃거나 사고를 당해 낙오할 수도 있는 길입니다.

지금 이 세상은 어두움이 지배하는 세상입니다. 그 어두움의 자녀들이 아직도 활개를 치고 있는 것처럼 보이는 이유는 성도들이 예수님의 길을 제대로 좇지 않고 넓고 쉬운 멸망의 길로 가고 있기 때문일 수도 있습니다. 그 멸망의 길은 어두움의 자녀들과 동행하는 길이기 때문에 불법과 악이 성행하고 타락한 모습과 거짓이 만연한 길입니다. 그들이 휘두르는 돈이라는 채찍에 맞으며 가는 고단한 길인 것입니다.

우리는 예수님께서 말씀하신 좁고 어려운 길을 올바로 찾아 따라가야 합니다. 그런 발걸음은 우선 이 세상에 만연한 돈의 세력에 굴복하는 것에서 벗어나는 것으로 시작해야 합니다. 하나님께서 주신 땅을 얼굴에 땀을 내며 일구고, 하나님께서 주관하시는 햇빛과 비에 의지하며 사는 삶을 추구해야 합니다. 그 길이 어려워 보일지라도 그 길을 선택하여 갈 때 우리의 무거운 짐은 어느새 내려놓게 될 것이며 세상에서 우리에게 지운 멍에는 꺾이게 될 것입니다.

이 세상을 살아가는 것이 어렵습니까? 그렇다면 세상에서 하나님의 뜻을 따르는 길로 예수님께서 일러주신 좁고 협착한 길을 찾으시기 바랍니다. 그 길은 예수님을 좇는 길이며, 그 길이 진리요 생명의 길입니다.

오늘 하나님의 말씀을 들은 저와 여러분은 세상의 길에서 돌아서서 좁고 어렵지만 예수님께서 보여주신 부활과 생명의 길을 따라 영생의 소망을 품고 하나님의 도우심을 간구하며 예수님을 좇는 복된 성도님들이 되시기를 간절히 축원 드립니다.

믿음 소망 사랑

"그런 즉 믿음 소망 사랑 이 세 가지는 항상 있을 것인데 그 중의 제일은 사랑이라"(고전 13:13).

성경을 보면 하나님께서는 일찍이 아브라함과 약속하시기를 천하 만민에게 복을 주시겠다고 약속하였습니다. 결국 예수 그리스도를 보내시어 복음을 전하고 천하 만민의 죄를 사하여 주심으로 약속을 지키셨습니다. 그 약속은 하나님께서 보증하셨고 성경 전체를 통해 계속 확인하고 계십니다. 특히 우리에게 큰 소망이 되는 말씀으로는 선지자 이사야를 통해 하나님께서 우리 죄를 위하여 변론해 주시겠다는 말씀을 들 수 있습니다.

"여호와께서 말씀하시되 오라 우리가 서로 변론하자 너희 죄가 주홍 같을지라도 눈과 같이 희어질 것이요 진홍같이 붉을지라도 양털같이 되리라"(사 1:18).

이 말씀은 우리에게 큰 소망을 줍니다. 즉 변론해 주기까지 하시겠다는 하나님의 크신 사랑으로 우리는 소망 중에 살게 됩니다.

오늘 본문은 "믿음과 소망 그리고 사랑이 항상 있을 것인데, 그 중의 제일은 사랑"이라고 전하고 있습니다. 오늘은 이 말씀을 중심으로 믿음과 소망 그리고 믿음과 사랑의 관계에 대해 말씀을 전합니다.

✱ 믿음과 소망

성경은 믿음으로 구원을 얻게 된다고 분명히 말씀하십니다. 그러면 그 믿음이라는 것은 무엇입니까? 그것은 예수 그리스도가 우리의 죄를 위하여 죽으셨다는 것과 죽은 예수 그리스도를 다시 살린 하나님을 믿는 것입니다. 이 사실이 진정으로 믿어질 때, 우리는 구원의 여정을 시작할 수 있다고 말할 수 있는 것입니다. 그 사실, 즉 예수 그리스도는 성령으로 잉태되어 이 땅에 오셨다는 사실과 우리의 죄를 대신하여 죽으셨고 부활하셨다는 사실, 그리고 하나님께서 우리를 사랑하시기 때문에 그 일을 계획하시고 이루셨다는 사실을 믿게 되면, 우리는 우리가 믿는 그 죄사함을 받았다는 사실로 인하여 소망을 가지게 됩니다.

비유를 들어 이야기하면 우리가 보물섬의 위치가 표시된 지도를 손에 넣게 되었다고 가정합시다. 그 보물 지도를 보니 우리가 있는 위치는 물론 보물이 있는 섬까지 이르는 길까지 자세히 그려져 있다는 것을 알게 되었습니다. 이제 남은 일은 보물 지도에 그려져 있는 보물섬을 믿을 것인가 아닌가가 문제일 것입니다.

만일 그 보물섬에서 온 사람이 있어서 보물섬의 존재를 증언하고 가져온 보물도 일부 보여준다면 확실히 믿게 될 것입니다. 그 순간부터 보물섬을 향한 희망에 부풀어 보물섬을 찾아가는 일에 몰두하게 될 것입니다.

이와 마찬가지로 하늘나라에서 오신 성자 예수께서 우리가 구원되어 이르게 될 천국이 있다는 것을 알려주시고 부활하심으로 새 생명에 대하여 증명하셨기 때문에 우리는 그분의 말씀을 믿고 구원의 소망을 갖고 온전한 구원을 향한 여정을 시작하게 된다는 것입니다.

즉 누구나 예수 그리스도를 알게 되면 그분께서 보고 오셔서 증언하신 천국을 소망하며 구원의 여정을 시작하게 됩니다. 구원의 여정에 몰두하게 됩니다. 구원은 부활과 영생이 보장되는, 이 세상의 어느 것과도 바꿀 수 없는 값진 보물이라는 것을 우리는 잘 알기 때문입니다.

성경은 그 보물이 있는 곳을 천국이라고 일반적으로 표현합니다. 즉 우리가 구원받아 영원히 살 수 있는 천국이 있다는 예수님의 말씀을 믿을 때 소망이 생기게 된다는 것입니다.

그렇습니다. 믿을 때 우리는 소망을 가지게 됩니다. 그렇게 믿음으로 품게 되는 천국에 대한 소망의 실상에 대하여 증거하신 분이 바로 예수님이십니다.

예수님은 이 땅에서 가르치시는 동안에 줄곧 천국에 대하여 말씀하셨습니다. 그 천국은 이미 존재하는 곳이고, 우리 마음속에도 존재한다고 말씀하셨습니다. 물론 하나님의 보좌가 있는 곳은 온 우주를 넘어선 어딘가에 존재한다고 상상할 수 있지만, 하나님의 통치로 지배되는 하나님의 나라, 천국은 만유에 미치고 있으며 결국 우리의 내면에까지 그 천국은 존재한다는 것입니다.

단지 우리는 이 땅에 사는 동안 구원의 여정을 통해 그 천국에서 살기에 합당한 영혼을 지닌 존재로 바뀌는 단계가 필요합니다. 그것은 더러워진 양심이 깨끗해지는 단계, 즉 성령으로 거듭 태어나고 충만하게 되는 단계가 필요한 것을 의미합니다. 우리가 잊지 말아야 할 것은 천국의 일부인 우리의 마음을 포함해 하늘과 땅을 예수님께서 위임받아 통치하고 계신다는 사실입니다.

"예수께서 나아와 일러 가라사대 하늘과 땅의 모든 권세를 내게 주셨으니"(마 28:18).

이 사실이 우리의 소망이 되는 것입니다. 하나님의 통치가 미치는 곳, 즉 하나님 나라의 한 부분인 지구 위에 사는 우리는 사탄이 일시적으로 지배하고 있는 어두움의 세상을 선택하지 않는 한, 사랑의 하나님께서는 우리를 천국에서 살게 하십니다. 하나님의 뜻에 순종함으로써 우리는 천국 시민의 자격으로 그 천국에서 현재는 물론

이 땅을 떠난 후에도 영원히 살 수 있는 것입니다. 하늘과 땅의 통치를 위임받으신 예수 그리스도를 믿는 것으로써 천국에서 살 수 있는 자격을 갖게 된다고 말할 수 있습니다. 그것은 구원을 의미합니다.

마치 애굽에서 탈출한 이스라엘 백성들이 하나님과 모세를 믿었기 때문에 젖과 꿀이 흐르는 가나안을 소망하며 광야의 힘든 여정을 따라갔던 것처럼, 우리 성도들도 우리가 속한 땅과 하늘의 통치자이신 예수 그리스도를 믿고 따라가면 천국에 이르게 된다는 소망을 품고 광야 같은 인생길을 소망 중에 살게 된다는 것입니다.

즉 하나님께서 마련하시고 예수님께서 드리신 화목제를 믿음으로써 현재와 미래에 천국의 평안함을 누리게 된다는 것입니다. 이것이 믿음으로 소망을 가지게 되는 원리입니다.

✳ 믿음과 사랑

앞에서 살펴본 바와 같이 믿음이 구원의 절대적인 조건인 것은 분명하지만, 믿음을 가졌다는 것만으로 궁극적 구원에 이르렀다고 말할 수는 없습니다. 믿음을 가져 구원의 대열에 합류했으면 구원의 종착지인 천국에 도착할 때까지 낙오하지 않도록 믿음을 잃지 말아야 합니다. 예수님을 누구보다 잘 알고 전도하였던 사도 바울도 이런 고백을 합니다.

"내가 이미 얻었다 함도 아니요 온전히 이루었다 함도 아니라 오직 내가 그리스도 예수께 잡힌 바 된 그것을 잡으려고 좇아가노라"(빌 3:12).

사도 바울은 예수님의 영광을 보고 예수님을 영접하고 예수님께서 택하여 보내신 제자(아니니아)로부터 세례를 받은 사람이었습니다. 그가 성령으로 거듭 태어나고 믿음이 있었다는 것은 의심할 여지가 없는데, 그런 사도 바울도 믿음을 가지고 소망 중에 온전한 구원을 이루기 위하여 정진하고 있다고 고백하고 있습니다.

이와 같이 우리도 믿음으로 구원의 대열에 합류했더라도 구원을 온전히 이루려면 그 구원의 여정 중에 더 갖추어야 할 것들이 있다고 성경은 말씀하십니다. 그것은 덕과 지식, 절제, 인내, 경건, 형제 우애이며 그 모든 것을 하나로 연합시키는(bonding) 사랑이 있어야 한다고 성경은 말씀하십니다. 이런 것들은 모두 믿음이 행함으로 나타난 성령 충만한 성도의 열매입니다.

이렇게 성도가 행함으로 맺게 되는 열매는 세상의 정욕에서 벗어나서 하나님의 사랑을 알게 된 자로 역사에 참예하게 하기 위하여 꼭 필요한 것입니다. 만일 그런 것들이 믿음 위에 더해지지 않아 믿음의 열매를 맺지 못한다면 하나님으로부터 받은 속죄의 사랑을 잊어버리게 됩니다.

즉 믿음으로 시작했지만 덕과 지식, 절제, 인내, 경건, 형제 우애와 사랑이 없이는 실족하게 된다는 뜻입니다. 실족한다는 뜻은 믿음을 잃었기 때문에 구원의 대열에서 이탈하거나 낙오되어 하나님 나라에 이르지 못하게 되는 것을 뜻합니다.

처음 믿음을 가졌더라도 믿음으로 행하는 구체적인 증거들이 없이는 그 처음 믿음이 소멸해 실족하게 되고 결국은 하나님 나라에 이르지 못하게 됩니다.

이렇게 믿음 위에 더해야 할 것 중 마지막으로 꼭 필요한 것, 즉 모든 것을 완성하는 것은 사랑입니다. 간단히 축약해 말씀드리면 성도의 삶에서 사랑의 행함이 일상생활 속에 나타나는 것으로써 믿음이 완성되어 간다는 것을 확인할 수 있다는 것입니다.

즉 성경은 "행함이 없는 믿음은 그 자체가 죽은 것이라"(약 2:17)라고 말씀하시는데, 그 믿음이 자라고 있는 증거는 사랑의 행함으로 나타난다는 것입니다. 그 사랑은 여러분도 잘 아시다시피 하나님의 가장 큰 계명입니다. '하나님을 사랑하고, 네 이웃을 사랑하라.' 즉 믿음으로 계명을 지킨다는 것은 현실적으로 하나님과 이웃을 사랑하는 것으로 나타난다는 것입니다.

이렇게 사랑을 행함으로 완성되어야 하는 믿음은 우리 마음 밭에 뿌려진 씨앗과도 같습니다. 그 믿음의 씨앗은 하나님의 말씀입니다. 누구나 복음을 듣게 되면 믿음의 씨앗은 우리 마음 밭에 이미 뿌려진 것입니다. 그런데 그 믿음의 씨앗은 마음 밭의 상태에 따라서 잘 자랄 수도 있고, 더디 자랄 수도 있으며, 아예 말라 죽거나 바람에 날려가 없어질 수도 있습니다. 즉 믿음은 복음을 듣는 순간 씨앗과 같이 우리 마음 밭에 뿌려집니다.

그러면 그 믿음의 씨앗은 우리 마음 밭에서 자라게 되는데 우리는 그 씨앗이 잘 뿌려졌는지, 잘 자라고 있는지 늘 관심을 가져야 합니다. 땅에서 자라는 모든 농작물이 그런 것처럼 우리 마음 밭에 뿌려진 믿음의 씨앗도 우리가 가꾸기에 따라서 결실은 사뭇 달라집니다. 잡초를 뽑고 물을 주는 일은 우리가 해야 할 일입니다. 그것은 믿음의 씨앗 위에 덕을, 지식을, 절제를, 인내를, 경건을, 형제 우애를 그리고 사랑을 더해가는 것입니다.

농작물을 키우듯이 믿음의 씨앗을 하나님으로부터 받아 좋은 땅에 잘 심고 그 믿음의 씨앗이 잘 자라도록 정성과 노력을 들여야 합니다. 우리가 할 일은 씨앗이 마음 밭에 뿌려졌으면 그 씨앗이 잘 자라는지 관심을 가지고 자꾸 들여다보아야 합니다.

농작물을 키우는 농부가 좋은 수확을 바라며 적당한 비와 햇빛을 간절히 바라는 심정으로 하늘을 우러러보는 것과 같이 우리도 성령의 단비와 성령의 비추임을 받기 위하여 하나님께 간구해야 합니다. 즉 깨어 있는 믿음은 해바라기가 해만 바라보고 좇는 것처럼 하나님의 은혜를 간절히 바라며 하나님께서 예수님을 통하여 시범 보이신 사랑을 본받아 행함으로 나타나게 됩니다.

✳ 은혜로 완성되는 믿음

이상의 말씀에서 살펴본 바와 같이 믿음은 구원의 소망을 가지게 하며, 믿음은 하나님의 은혜로 성장하여 사랑이라는 열매로 완성됩니다. 우리는 우리의 노력으로 믿음의 씨앗에 물을 주고 돌볼 수 있습니다.

그러나 결정적으로 비와 햇빛을 받아야 농작물이 자라서 열매를 맺는 것처럼, 우리의 믿음도 생명수인 성령의 단비와 성령의 비추임을 받지 않고서는 자랄 수 없습니다. 그러므로 하나님의 섭리와 은혜 속에서 믿음의 씨앗으로 시작된 구원의 여정이 온전한 구원으로 결실을 보려면 성령의 이른 비와 늦은 비를 때에 따라 내려주시기를 간절히 구해야 합니다.

오늘 하나님의 말씀을 들은 저와 여러분은 우리 마음 밭에 믿음의 씨앗이 잘 자라고 있는지 돌아보시기 바랍니다. 내 마음은 하나님의 영광을 바라보는 해바라기와 같은 마음을 가졌는지를 돌아보시고, 성령 즉 생명수를 간절히 사모하고 있는지도 돌아보시기 바랍니다. 그렇게 하나님의 은혜 속에서 처음 믿음을 잃지 말고 키워나가 구원의 대열에서 낙오하지 않고 구원의 종착지인 천국에서 영생을 누리는 우리 모두가 되기를 간절히 축원 드립니다.

온전히 이루어진 사랑

"이로써 사랑이 우리에게 온전히 이룬 것은 우리로 심판 날에 담대함을 가지게 하려 함이니 주의 어떠하심과 같이 우리도 세상에서 그러하니라 사랑 안에 두려움이 없고 온전한 사랑이 두려움을 내어쫓나니 두려움에는 형벌이 있음이라 두려워하는 자는 사랑 안에서 온전히 이루지 못하였느니라"(요일 4:17~18).

지난주에는 '믿음 소망 사랑'이라는 제목으로 믿음과 소망 그리고 믿음과 사랑의 관계에 대해 하나님의 말씀을 들었습니다. 오늘은 그 중의 제일인 사랑에 대한 말씀을 나눕니다.

＊ 사랑

성경에서 말씀하시는 사랑은 우리를 향한 사랑이며, 또한 우리의 하나님을 향한 사랑, 그리고 우리 사이에 나누어야 하는 사랑입니다. 그 사랑은 우리가 하나님을 먼저 사랑한 것이 아니고 하나님께서 우리를 먼저 사랑하신 사랑입니다. 즉 우리는 하나님의 사랑을 받고 있다는 그 사실을 믿게 되면 하나님을 사랑하게 되고 이웃을 사랑하게도 되는 것입니다.

> "사랑은 여기 있으니 우리가 하나님을 사랑한 것이 아니요 오직 하나님이 우리를 사랑하사 우리 죄를 위하여 화목제로 그 아들을 보내셨음이니라"(요일 4:10).

하나님의 사랑은 구체적으로 예수님을 화목제로 희생시켜 속죄 제물로 받으시고 우리의 죄를 용서해 주신 그 사랑입니다. 성경을 읽다 보면, 이 말씀과 동일한 내용의 말씀이 마치 하늘에서 내리쏟는 비와 같이 우리를 흠뻑 적시려 하고 있다는 것을 알게 됩니다.

예수 그리스도를 통한 구원에 대한 말씀은 성경 전체를 통해 우리로 하여금 꼭 깨닫고 믿게 하시려고 강조하고 또 강조하시는 말씀입니다. 창세전에 이미 우리를 택하사 사랑 안에서 거룩하고 흠이 없게 하실 것을 작정하셨던 하나님께서는 원죄를 지닌 우리를 위하여 원대한 구원의 길을 계획하셨습니다.

하나님께서는 수천 년에 걸쳐 이루실 완벽한 구원의 역사를 준비하셨습니다. 노아의 홍수를 준비하셨고, 아브라함을 부르셨으며,

이스라엘 백성을 선택해 하나님께서 장차 이루실 구원의 역사가 그들의 역사 속에 나타나게 하셨습니다. 독생자 예수 그리스도를 이 땅에 보내시고, 성자 예수를 화목제물로 희생시키셨습니다.

그 화목제가 지금 우리가 사는 이 시대에 이르기까지 인류가 멸망되지 않고 존속하게 하는 약속의 증거가 되게 하시고, 지금도 그 화목제를 기반으로 구원의 역사는 계속 진행 중입니다. 그 구원의 역사는 예수님의 재림으로 그 절정을 이룰 것인데, 재림의 날은 복음이 모든 민족에게 전해진 후에야 있을 것입니다(참조 마 24:14).

그것은 하나님의 사랑입니다. 모든 민족이 복음을 전해 듣고 회개하고 구원의 길을 선택할 기회를 공평하게 주시려는 하나님의 사랑입니다. 이것이 하나님의 구원에 대한 완벽하고도 원대한 계획인데, 이런 계획을 이미 창세전에 우리를 위하여 준비하셨습니다.

얼마나 놀라운 하나님의 사랑입니까? 죄로 물든 인류를 다 진멸하지 않으시고 천하만국을 위하여 독생자 예수를 속죄 제사의 제물로 희생시키시고, 오래 참으시는 그 사랑이 얼마나 놀랍습니까?

✴ 사랑과 심판

이렇게 놀라운 하나님의 완벽한 사랑으로 우리에게 이루어지는 것이 있다고 본문은 전합니다.

"이로써 사랑이 우리에게 온전히 이룬 것은: 우리로 심판 날에 담대함을 가지게 하려 함이니 주의 어떠하심과 같이 우리도 세상에서 그러하니라"(요일 4:17).

그 하나님의 사랑이 우리에게 이루어 주는 것은 심판 날에 담대함을 가지게 하려 한다는 것입니다. 심판 날에 대하여 이사야서에 나온 내용을 인용하면;

"땅이 또한 그 거민 아래서 더럽게 되었으니 이는 그들이 율법을 범하며 율례를 어기며 영원한 언약을 파하였음이라 그러므로 저주가 땅을 삼켰고 그 중에 거하는 자들이 정죄함을 당하였고 땅의 거민이 불타서 남은 자가 적으며"(사 24:5~6).

이런 심판이 세계 민족 중에 일어난다는 것입니다. (사 24:13) 최후 심판 날은 누구나 맞게 되어 있습니다. 죽은 자는 부활로 심판에 임하게 될 것이고, 산 자는 산 채로 심판에 이르게 될 것입니다. 그 최후 심판에서 영생과 영벌의 형이 정해질 텐데 그 심판대에 서게 됐을 때를 상상해 보시기 바랍니다. 그 심판대에 서게 되면 이미 때는 늦은 겁니다. 역사의 수레바퀴를 거꾸로 돌릴 수는 없기 때문입니다. "다시 잘해 볼게요!"라는 말이 통하지 않는다는 말씀입니다. 죽으면 그만이 아니라 죽은 자는 부활로 살아나 심판을 받아야 하고, 그때까지 살아있는 사람은 살아있는 그 상태로 심판을 받게 됩니다.

이 땅에 살아있는 동안, 또는 예수님께서 재림하시기 전에 하나님의 사랑이 우리 안에서 믿음을 온전히 이루어 주시기를 간절히 사모해야 합니다. 오늘 본문은 그 말씀을 하고 있습니다.

"이로써 사랑이 우리에게 온전히 이룬 것은 우리로 심판 날에 담대함을 가지게 하려 함이니 주의 어떠하심과 같이 우리도 세상에서 그러하니라"(요일 4:17).

하나님의 사랑으로 우리 믿음이 온전하게 되면 우리는 심판 날에 담대함을 가지게 된다는 말씀입니다. 범사에 우리와 같은 몸과 성정을 가지신 분이셨기에 예수님께서도 자기를 능히 죽음에서 건지실 분에게 통곡하며 기도하셨습니다.

그러나 구속 사역의 완성을 위해 자기 뜻이 아니라 하나님 뜻에 복종하심으로 죽음의 자리에 나가실 수 있었습니다. 우리의 대속물이 되신 예수님께서 죽음의 자리에 나가셨고 또 죽음을 이기고 부활하셨기에 예수님을 구주로 믿고 영접한 신자는 죽음 앞에서도 담대함을 가질 수 있게 되었습니다. 오히려 "사망아 너의 이기는 것이 어디 있느냐?" 하면서 사망을 호령하며 당당해질 수 있게 되었습니다.

✳ 사랑과 두려움

예수님께서 빌라도 법정에서 불의한 재판을 받으시던 날에 같이 있었던 유대인들은 그 심판이 정당한 재판이었다고 생각했을 것입니다. 그 재판으로 한때 그들이 왕으로 모시려 했던 예수라는 대단한 사람을 율법으로 정죄하고 처벌하는 것으로 생각했습니다.

사실 예수님의 공생애 3년간 유대 땅에는 소망과 절망이 심하게 소용돌이쳤습니다. 예수님 공생애의 초기에는 예수님의 출현으로 유대인들은 로마의 압제에서 그들을 구해줄 메시아께서 오셨다는 소식을 접하고 큰 소망을 가졌습니다. 그러나 3년이 지나자, 그 메시아는 신성 모독죄로 처형당하게 되었고 그들은 처절한 절망감에 사로잡히게 되었습니다.

그렇게 절망에 빠진 사람은 유대인뿐만 아니라 예수님의 제자들도 마찬가지였습니다. 예수님의 수석 제자였던 베드로는 예수님과 같은 패로 몰려 죽는 것이 두려워 예수님을 저주하며 맹세하면서까지 부인했습니다. 그는 자신도 인식하지 못하는 사이에 두려움으로 믿음을 잃고 예수님을 부인하는 엄청난 죄를 지었습니다. 그는 그 당시 다른 유대인들과 마찬가지로 예수님이 하나님의 아들이라는 사실을 마음속으로 부인하는 죄를 저지르고 말았습니다. 그 죄는 그에게 두려움을 갖게 했습니다.

베드로처럼 사람은 누구나 하나님의 사랑이 믿음을 온전하게 하지 않으면 악이 침투하여 죄를 유발합니다. 그러면 그 죄로 인한 두려움에 떨게 되며 또 옳은 길을 잃고 방황하게 됩니다. 그런 파행은 곧 올바르지 않은 행동으로 나타납니다.

그런 예를 요셉이 형들을 만나는 장면에서도 찾아볼 수 있습니다. 당시 애굽의 총리가 된 요셉이 자신의 정체를 밝히고 "아버지가 아직 살아 계십니까?" 하고 형들에게 묻습니다.

그들은 놀라서 대답하지 못합니다. 그들이 대답을 못 할 정도로 놀란 이유는 요셉을 너무 오랜만에 만나서 그랬던 것도 아니고, 요셉이 애굽의 총리가 되어서 그랬던 것도 아니었습니다. 그들은 요셉을 죽이려고 하다가 노예 상인에게 판 죄 때문에 죄에 눌려 그렇게 놀랐던 것입니다.

그것은 하나님 앞에 저지른 죄로 인한 두려움이었습니다. 죄로 인하여 믿음이 약해졌기 때문에 하나님의 징계에 대한 두려움으로 인하여 형들은 하나같이 아버지의 안부를 묻는 요셉의 간단한 질문에 대답하지 못했습니다.

이와 같이 두려움은 우리로 하여금 마음의 평정을 잃게 합니다. 그 두려움은 하나님의 사랑을 믿는 믿음이 온전하지 않음으로써 생겨난다고 오늘 본문은 말씀하십니다. 하나님의 사랑으로 온전한 믿음을 지키고 있는 사람에게는 두려움이 깃들 수가 없습니다. 마치 어두움 속에서 불을 켜면 어두움이 사라지는 것처럼 우리 마음에 하나님의 사랑으로 완성된 믿음이 자리하고 있는 한, 빛과 어두움이 섞여 공존할 수 없듯이 두려움이라는 것은 우리 마음에 있을 수 없습니다.

위에서 예를 든 요셉의 형들은 실제로 요셉을 죽이려 하고 아버지 야곱에게 거짓말을 한 죄를 지었던 사람들입니다. 그들은 그들 안에 있어야 할 하나님의 사랑(빛)을 무시하고(가리고) 죄(어두움)가 들어오도록 허용한 사람들이었습니다. 그렇게 어두움, 즉 악이 그들에게 접근해 오고 믿음을 훼손하는 것을 허용했기 때문에, 그들은 그들이 하나님 앞에 지은 죄로 인하여 두려움에 싸여 평소와는 다른 행동을 하게 되었습니다.

하나님께서는 우리에게 사랑을 주시기 원하시고 그 사랑이 우리 안에서 온전히 이루어지기를 바라십니다. 이와는 반대로 사탄은 사람들에게 악으로 유혹하여 하나님의 사랑을 잊게 함으로써 믿음을 약화 또는 훼손시키고 죄를 저지르게 합니다.

이 말씀이 오늘 본문의 18절 말씀입니다.

"사랑 안에 두려움이 없고 온전한 사랑이 두려움을 내어 쫓나니 두려움에는 형벌이 있음이라 두려워하는 자는 사랑 안에서 온전히 이루지 못하였느니라"(요일 4:18).

두려움이 있다는 말은 죄를 지어 형벌을 무서워한다는 말입니다. 죄를 저지르게 되는 원인은 죄를 사하여 주신 하나님의 사랑을 진심으로 받아들이지 않았기 때문입니다.

이와는 반대로 하나님의 사랑이 온전히 우리 안에 이루어진다는 것은 하나님께서 우리를 구원하시기 위하여 예수 그리스도를 속죄 제물로 희생시키셨다는 그 하나님의 사랑을 믿고 그 사랑이 우리 안에서 어두움이 깃들지 못하도록 항상 빛으로 존재한다는 것을 의미합니다.

이런 하나님의 사랑을 우리가 믿으면 하나님의 사랑이 우리와 함께하시며 보호해 주시므로 절대로 세상을 두려워하지 않게 됩니다. 우리가 통상 두려워하는 것은 결국 죽음이라는 것인데, 이 죽음이라는 것이 믿는 자에게는 절대로 두려움이 아니라 구원으로 이어지는 기쁨이 됩니다. 환란을 겪지 않고 부활을 통해 영생으로 이어질 것이기 때문입니다.

그러나 죄에서 돌아서지 못하고 예수를 생명의 주로 영접하지 못한 채 죽음을 맞이한다면 그것은 형벌을 기다리는 것이기 때문에 그처럼 두려운 일은 없을 것입니다.

✻ 성도의 결단

우리는 하나님께서 우리에게 이루시고자 하는 온전한 사랑이 우리 안에 늘 있어 그 사랑이 행함으로 나타나도록 말씀으로 영적인 에너지를 공급받고 사랑의 빛 가운데로 행할 수 있도록 하나님의 은혜를 구해야 합니다.

하나님의 사랑이 우리에게 있어 온전히 이루신 것은 믿음을 온전하게 하여 최후 심판에 대한 두려움이 없게 하신 것입니다. 그 장구한 역사를 통해 인류를 위하여 일하시는 하나님의 역사는 결론적으로 우리를 구원해 주시려는 하나님의 무궁한 사랑입니다. 그 사랑으로 온전한 믿음을 가지게 되어 최후 심판에 대한 두려움이 없어지는 느낌은 성령으로 거듭 태어난 사람은 느낄 수 있습니다.

그것은 예수님께서 십자가에서 돌아가시면서 다 이루었다고 말씀하시던 그 상태의 평강이라고 말할 수 있습니다. 보통 사람들의 생각으로는 어떻게 십자가에 못 박혀 피투성이가 되어 죽으면서 다 이루었다고 만족해할 수 있을까 매우 의아해하겠지만 그것은 하나님의 뜻에 순종함으로 하나님의 사랑이 믿음을 온전하게 함을 마음으로 느끼게 되는 완전한 평강인 것입니다.

오늘 본문은 하나님의 사랑이 우리에게도 이런 예수님의 평강을 누릴 수 있게 해 주실 것임을 말씀하고 계십니다.

"이로써 사랑이 우리에게 온전히 이룬 것은 우리로 심판 날에 담대함을 가지게 하려 함이니 주의 어떠하심과 같이(주님께서 하나님의 사랑을 완성하고 평강을 누리심과 같이) 우리도 세상에서 그러하니라"(요일 4:17).

예수님께서 하나님의 뜻에 순종함으로 하나님의 사랑을 완성하신 것처럼 우리도 하나님의 뜻에 순종하고 맡기신 사명에 충성하면 하나님의 사랑이 우리 믿음을 온전하게 해 주실 것입니다. 예수님께서 십자가에서 다 이루었다고 평강을 느끼셨던 것처럼 우리도 죽음 앞에서 예수님과 같은 평강을 느끼게 될 것입니다.

오늘 하나님의 말씀을 들은 저와 여러분은 오늘 하나님의 말씀처럼 예수님께서 그러셨던 것처럼 하나님의 뜻에 순종함으로써 하나님의 사랑이 우리의 믿음을 온전케 하여 주님이 주시는 평강을 누리고, 최후 심판 때도 담대함을 가지게 되시기를 간절히 축원 드립니다.

© Karen Baik

성탄으로 나타난 영원한 언약
(Everlasting Covenant)

"내가 영을 전하노라 여호와께서 내게 이르시되 너는 내 아들이라 오늘날 내가 너를 낳았도다"(I will proclaim the decree of the LORD: He said to me, "You are my Son: today I have become your Father")(시 2:7).

매년 성탄절을 맞이하는 지구촌은 언제나 축제 분위기로 떠들썩합니다. 그러나 화려한 상업적인 행사들로 참다운 성탄의 의미가 희석되기도 합니다. 오늘은 성탄을 하나님의 영원한 약속이라는 관점에서 되새겨 보는 시간을 가져볼까 합니다.

예수님께서 하나님의 뜻을 이루기 위하여 순종의 제사를 드렸다는 것은 모두 잘 아실 것입니다. 최초의 인간 아담은 하나님께 불순종하는 죄를 지었기 때문에 우리 인류에게 지울 수 없는 원죄를 물려주었다는 것도 잘 아실 것입니다.

만일 이 사실, 아담의 원죄가 유전되고 있다는 사실이 믿어지지 않으신다면 죄송한 말씀이지만 하나님의 계명을 어겼던 적이 있었던 우리의 과거를 돌아보면 바로 인정하시게 될 것입니다. 그래서 하나님께서는 새로운 아담이 필요하셨습니다.

인간이 저지르는 죄가 이 땅에서 사라지지 않는 것 때문에 하나님께서는 혈통적으로 완전한 새로운 아담을 재창조하시려는 것이 아니었습니다. 어떤 방법이었는가 하면 구약시대에 흠 없는 동물에게 안수하여 사람들이 지은 죄를 전가하고 그 동물을 죽이던 제사와 같이 흠 없고 죄 없는 새로운 아담을 준비하셔서 모든 인간의 죄를 대신하여 바쳐지도록 계획하셨습니다.

우리 생각으로는 우리에게 유전된 그 불순종의 성품을 마치 컴퓨터에 저장된 어떤 데이터를 지우는 것처럼 없애 버리면 된다고 생각하기 쉽습니다. 그렇지만 언제나 공의가 변함이 없으신 하나님께서는 당신이 작정하신 대속의 방법대로 죄를 짓지 않은 대속제물, 즉 죄를 대신하여 피 흘려야 하는 제물이 필요하셨습니다.

왜냐하면 죄의 삯은 사망이기 때문에 생명을 의미하는 피 흘림을 통해 죄 사함을 이루시기 위함이었습니다. 예수님은 아담의 혈통이 아닌 성령으로 잉태하여 태어나셔야 했습니다. 그렇게 원죄의 흔적이 없으신 예수님을 모든 인류의 죄를 대신하여 피를 흘리게 함으로써 그 피로 새로운 약속의 증표를 삼으셨습니다. 예수님을 탄생시키시고 십자가에서 돌아가시게 한 이유는 하나님의 공의로움은 변개가 없기 때문입니다.

예수님의 입장으로 보면 예수님께서는 왜? 무엇 때문에 죽음을 체험하기까지 순종하셨을까요? 하나님의 아들로 생명의 주이신 예수님께서 죽음을 체험하셔야 했던 이유는 무엇이었을까요? 그 이유는 하나님께서 작정하신 인류의 속죄를 위하여 순종하셨다고 할 수 있습니다.

즉 하나님과 인간 사이의 약속은 구원의 약속이며 순종해야 하는 하나님의 작정하심(decree)입니다. 예수님께서는 하나님의 작정하심을 잘 알고 계셨기 때문에 순종하셨던 것입니다. 예수님께서는 자신의 주권 하에 있는 육신적인 생명이지만 순종으로 죽음을 체험하셨던 것입니다.

예수님께서는 하나님의 작정하심에 순종하셨습니다. 그것은 약속을 지키기 위한 인내라고도 표현할 수 있습니다. 그 약속은 이미 하나님께서 아브라함을 통해 공표하셨던 내용이며 성경 전체에 끊임없이 나타나는 구원의 약속입니다. 그 구원의 약속은 하나님께서 친히 그의 아들을 보내실 것을 예언하시고, 실제로 성령으로 잉태하여 동정녀 마리아에게서 태어나게 하심으로 예언은 실현되었습니다. 그 예언을 오늘 본문은 전하고 있습니다.

"내가 영을 전하노라 여호와께서 내게 이르시되 너는 내 아들이라 오늘날 내가 너를 낳았도다"(I will proclaim the decree of the LORD: He said to me, "You are my Son: today I have become your Father")(시 2:7).

하나님께서는 당신의 작정하심(decree)을 전하셨습니다. 다윗의 계보에 독생자 예수 그리스도를 태어나게 하시고 그분을 통해 하나님의 자녀들을 모으실 것을 작정하셨습니다. 하나님의 자녀가 되는 것은 구원을 의미합니다.

이 구원의 약속을 믿게 될 때 우리는 예수님께서 하나님과 동등한 주권을 내려놓고 순종하신 것처럼 우리도 하나님의 작정하신 구원의 방법대로 우리의 주관을 내려놓고 하나님의 뜻하시는 것, 하나님과 약속한 것을 지키기 위하여 순종하게 됩니다. 그렇게 순종하여 하나님과의 약속을 지키는 것이 인생의 목표가 되어야 합니다. 그것이 우리 인생에서 최상위의 목표가 되어야 하며, 그 밖에 우리가 살면서 하는 행위들은 모두 그 하나님과의 영원한 약속을 지키기 위한 수단들이 되어야 합니다.

예를 들면 먹는 것은 육신의 생명을 유지하기 위한 것인데 육신의 생명을 연장해 나가는 이유는 하나님의 뜻대로 살기 위해서 회개의 시간, 감사의 시간, 사역의 시간, 그리고 궁극적으로는 구원을 이루어 나가는 시간이 되어야 합니다.

그렇지 않다면 육신의 생명을 유지하는 시간은 참으로 허무한 시간이 될 것입니다. 비유로 이야기하면, 마라톤 선수가 결승선을 향해 달려갈 때 중간에 시원한 물을 마시거나 그 시원한 물로 몸의 열을 식히는 것은 결국 결승선에 도달하기 위한 수단인 것입니다. 숨이 차고 체력적으로 힘들어도 계속 달려야 하는 이유도 바로 결승선에 도달해야 하기 때문입니다.

이와 마찬가지로 우리가 육신의 생명을 유지하는 데 필요한 양식과 잠자리, 의복 등을 얻기 위하여 쏟는 모든 노력은 결국 우리 인생의 결승점, 하나님과의 영원한 약속, 온전한 구원을 위한 것입니다.

우리가 인식하든 안 하든, 인정하든 안 하든, 하나님께서 오늘 하루, 한때를 허락하신 이유는 우리의 온전한 구원을 이루시려는 하나님의 작정하심에 그 이유가 집약된다는 것입니다.

그 작정하심은 하나님 입장에서는 이제껏 지켜 오셨고, 우리의 입장으로는 순종으로 지켜야 할 변경할 수 없는 하나님과의 영원한 약속입니다. 바로 이 영원한 약속을 지키기 위하여, 그리고 하나님께서는 천하 만민의 구원을 보증하시기 위하여 예수님을 이 땅에 보내셨습니다.

성탄절을 맞을 때마다 우리는 예수님의 탄생으로 나타내신 하나님과 우리 사이에 세워진 영원한 약속과 변함없는 하나님의 작정하심, 사랑을 기억해야 합니다. 옛날 아브라함에게 명하시어 할례로 몸에 상처를 내고 피를 흘려 증표를 남기게 하셨던 것처럼, 지금 우리에게도 예수 그리스도가 흘리신 피가 우리 마음에 할례의 증표로 남게 되기를 바라십니다. 그것이 하나님께서 예수님을 이 땅에 보내신 뜻이며 우리가 응답하고 믿어야 할 믿음의 본질입니다.

성탄절은 축제인 것은 분명하지만 하나님과의 영원한 약속이 성탄으로 나타났다는 의미를 되새기는 것을 잊지 말아야 합니다. 그 영원한 약속으로 인해 하나님께 감사하고 기뻐하는 기념일이 되어야 합니다.

하나님의 말씀을 들은 저와 여러분은 매년 성탄절을 맞이할 때마다 하나님께서 작정하신 대로 성탄이라는 사건으로 역사 속에 나타난 구원의 영원한 약속을 기억하시고, 감사와 찬양과 함께 영적 예배를 드리는 뜻깊은 절기가 되시기를 간절히 축원 드립니다.

하나님의 생각 1
(우리를 향하신 주의 생각)

"여호와 나의 하나님이여 주께서 행하신 기적이 많고 우리를 향하신 주의 생각은 많아 누구도 주와 견줄 수가 없나이다 내가 널리 알려 말하고자 하나 너무 많아 그 수를 셀 수도 없나이다"(시 40:5).

우리는 하나님께서 천지를 만드시고 우리를 창조하셨다는 사실을 성경을 통해 알게 되었습니다. '성경이 없이는 우리 인간들의 시조는 어떻게 시작된 것인지? 지구와 우주, 또 우리가 직접 눈으로 보고 있는 지구의 동식물들은 어떻게 해서 생겨난 것인지?' 에 대한 해답을 얻을 길이 없었을 것입니다.

예로부터 철학자들, 사상가들 그리고 근대에 와서는 과학자들까지 이러한 궁금증에 대하여 깊은 생각과 탐구를 하는 가운데 여러 가지 추측된 생각들을 세상에 발표하고 기록도 남겼지만, 그들 중 누구도 분명하게 모든 만물의 시작과 끝에 대하여 알아낼 수는 없었

던 것이 사실입니다. 이와는 달리 하나님의 말씀을 기록한 성경은
만물의 시작과 끝에 대하여 명쾌하게 설명해 주고 있습니다.

우리 인류가 지난 과거의 역사를 모두 자세히 알지 못하는 이유
는 남겨진 기록이 소멸한 것도 이유가 되겠지만, 그 근본적인 이유
는 완벽한 기록의 방법이 없었기 때문입니다. 지금도 역사에 대하여
완벽한 기록을 한다는 것은 불가능한 일입니다. 요즈음은 비디오카
메라로 동영상과 함께 소리까지 기록할 방법이 있기는 하지만 흐르
는 시간과 더불어 발생하는 모든 사건과 소리를 다 담을 수는 없습
니다.

우리는 여전히 우리 주변의 모든 사건을 기록으로 후대에 모두
전달해 줄 수 없는 형편이고, 우리 후손들도 역시 우리처럼 여기저
기 끊긴 영화를 보듯이 지난 과거를 추측할 수밖에 없을 것입니다.

그러므로 지금처럼 기록 장치가 발달하지 못했던 과거의 역사들
을 하물며 우리로서는 알 도리가 없는 것입니다. 기록이 없어 알지
못하는 과거의 역사를 인간의 생각으로 마음대로 상상한다는 것은,
인간의 생각에 의한 근거들을 기초로 역사를 추측하고 가설로 기록
하려 하는 것으로 하나님의 역사를 왜곡하는 매우 심각한 잘못을 저
지르는 결과가 됩니다.

차라리 모르는 과거 역사는 억측하지 말고 모르는 대로 놔두는
것이 역사의 주권자이신 하나님의 뜻에 순종하는 기독교적 역사관
입니다. 성경에 기록된 과거의 역사들을 통해 하나님의 뜻을 발견하

고 지혜롭게 살아가는 것이 하나님께서 주관하시는 역사를 대하는 올바른 자세입니다. 아래 성경의 말씀들은 위에서 언급한 기독교적 역사관에 대한 말씀이라고 할 수 있습니다.

“누가 철학과 헛된 속임수로 너희를 노략할까 주의하라 이것이 사람의 유전과 세상의 초등 학문을 좇음이요 그리스도를 좇음이 아니니라”(골 2:8).
“내가 마게도냐로 갈 때에 너를 권하여 에베소에 머물라 한 것은 어떤 사람들을 명하여 다른 교훈을 가르치지 말며 신화와 끝없는 족보에 착념치 말게 하려 함이라 이런 것은 믿음 안에 있는 하나님의 경륜을 이룸보다 도리어 변론을 내는 것이라”(딤전 1:3~4).

역사에 대한 우리의 부정확한 기록이나 사상 또는 속단 때문에 이단 사상이 발생할 수 있다는 경계의 말씀입니다. 우리가 사는 우주에서도 우리는 하나님의 광대하심을 깨달을 수 있습니다. 밤하늘에 반짝이는 별들을 보면서 우주라는 공간을 인식할 수 있습니다. 우리의 눈으로 우주라는 공간을 실제로 바라볼 수는 있지만, 그 우주의 크기와 우주를 운행하고 있는 모든 별을 헤아리거나 그 별들을 가 본다는 것은 불가능하다는 사실을 우리는 잘 알고 있습니다.

하나님 생각과 우리 생각의 차이가 크다는 것은 하나님께서 펼쳐 가시는 역사를 우리 인간으로서는 다 전할 방법이 없다는 사실과 하나님께서 펼쳐 놓으신 우주 공간을 우리 인간으로서는 도저히 헤아릴 수 없다는 현실로 어느 정도 객관적으로 이해할 수 있습니다.

오늘 본문에서도 이런 사실을 전하고 있습니다.

"여호와 나의 하나님이여 주께서 행하신 기적이 많고 우리를 향하신 주의 생각은 많아 누구도 주와 견줄 수가 없나이다 내가 널리 알려 말하고자 하나 너무 많아 그 수를 셀 수도 없나이다"(시 40:5).

이 시편을 기록한 사람은 다윗 왕으로 알려져 있는데, 다윗 왕이 일생에 겪은 수많은 전쟁과 사건 속에서 하나님의 기적은 너무 많아서 셀 수 없을 정도라고 고백하며, 하나님께서 우리 인간들을 위해서 하시는 생각도 너무 다양하여 우리 인간들의 생각과는 비교할 수 없는 차원이라고 시편을 통해 고백하고 있습니다. 지금 우리가 흐르는 역사를 모두 기록하지 못하고, 우주를 모두 헤아릴 수 없음을 인정하듯이 말입니다.

오늘은 이렇게 우리가 감히 헤아릴 수 없는 우리를 향한 하나님의 생각을 성경의 사건들을 통해 부족하나마 깨달아 보려고 합니다.
구원에 대한 하나님의 생각은 사람들을 비교하여 잘나고 못난 것을 가리는 것(비교 우열)이 아니라 하나님의 주권적인 기준(절대성)에 기인합니다.

여러 성도께서는 예수님께서 제자들에게 천국을 설명하기 위한 비유로 이야기해 주신 포도원의 일꾼 이야기를 잘 아실 겁니다.

한 포도원 주인이 아침 일찍 아침 6시와 오전 9시, 낮 12시, 오후 3시, 그리고 오후 5시 이렇게 5번에 걸쳐 포도원에서 일할 품꾼을 계약하고 데려옵니다. 해가 저물어 하루 일이 끝나자 품꾼들에게 그날 일당을 약속한 대로 지급합니다.

그런데 이상하게도 아침 6시부터 일하기 시작해서 약 12시간을 일한 일꾼이나, 오후 5시에 들어와 1시간가량 일한 일꾼이나 똑같이 한 데나리온이라는 일당을 지급합니다. 예수님께서는 이런 것이 천국의 모습이라고 말씀하십니다.

이런 것이 하나님의 생각이라고 생각할 수 있습니다. 아침 일찍부터 포도원에서 일하기 시작한 일꾼은 사실 손해 본 것은 없었습니다. 왜냐하면 그 일꾼을 고용할 때 한 데나리온을 주겠다고 약속했기 때문에 포도원 주인은 그 일꾼에게 정상적으로 일당을 지급한 것입니다. 그러므로 이 일꾼의 입장으로는 사실 불평할 일이 없는데도 자기보다 늦게 와서 적게 일을 한 사람들이 자기와 같은 일당을 받아 가는 것에 시기하여 불평합니다.

이것이 우리 인간의 생각입니다. 가까운 주위의 다른 사람들과 비교하여 질투하고 시기하여 상대우위에 서려는 생각이 인간들이 지닌 속성임을 예수님은 지적하셨습니다.

이렇게 다른 사람보다 잘 되려 하고, 더 가지려고 경쟁하고 시기하는 생각은 하나님의 생각과는 전혀 다르다는 것을 이 예화는 보여주고 있습니다.

간단히 이야기하면 사람 사이의 우열은 하나님 입장에서는 아무런 의미도 없으며 평등한 기준으로 보신다는 것을 의미합니다. 즉 천국에서는 사람들이 생각하는 것과 같이 비교 우위 또는 비교 열등과 같은 불평등은 없다는 것입니다. 단지 하나님께서 정하신 구원의 기준, 즉 예수님을 생명의 주로 시인하고 또한 그를 보내신 하나님을 마음으로 믿으면 누구나 동등하게 구원받을 자격을 주시겠다는 것이 하나님의 생각입니다.

중세 시대 로마교회에서 판매하던 '면죄부'와 같이 이 세상에서 사람들에게 인정받기 위하여 선한 일을 많이 하거나, 헌금을 많이 하고 교회공동체에서 인정받는 실적을 남기는 것이 구원에 어떤 조건이라고 생각하는 사상은 하나님의 생각, 천국의 실제와는 전혀 맞지 않는 경계해야 할 사상입니다.

즉 구원에 대한 하나님의 생각은 인간들이 생각하는 것과 같이 비교 우월적인 것으로 결정될 일이 아니라는 것입니다. 단지 인류를 구원하시겠다는 약속에 대한 믿음만 있으면 모두 공평하게 구원해 주시겠다는 것입니다. 그것은 하나님께서 예수님을 통해 이루신 구원 사역을 믿고 세상에 물든 습관을 버리고 회개하는 것입니다. 그것만이 천국에 이르는 조건입니다. 이 세상의 것들, 물질적인 것들을 남보다 더 움켜쥐려는 욕심쟁이들은 천국에 쉽게 들어가지 못할 것입니다.

세상적인 우위는 하나님께서 계획하신 진정한 인생 승리를 의미하지는 않습니다.

　성경은 야곱의 후손인 요셉의 이야기를 자세히 전하고 있습니다. 왜 성경은 창세기 전체 50장 중 14장에 걸쳐 요셉을 중심으로 야곱의 가족에 대하여 기록하고 있을까요?

　그만큼 요셉의 일대기는 하나님의 뜻을 전하는 중요한 메시지가 있기 때문입니다. 성경은 요셉에 대한 자세한 기록을 그가 17세가 되었을 때부터 시작하고 있습니다. 요셉은 다른 형제들보다 아버지 야곱의 사랑을 더 많이 받는 아들이었지만 혈육적인 서열로는 뒤에서 두 번째 아들이었습니다.

　성경의 기록들로 보면 요셉의 아버지 야곱은 하나님께서 주신 복으로 말미암아 풍족한 삶을 살고 있었습니다. 야곱이 부자였다는 사실은 그가 외삼촌 라반의 집에서 나올 당시의 사정을 기록한 내용으로 알 수 있는데 "이에 그 사람이 심히 풍부하여 양 떼와 노비와 약대와 나귀가 많았더라"(참조, 창 30:43) 라고 기록된 것으로 보아 야곱, 즉 요셉의 집은 아주 큰 부자였습니다.

　그런데 이런 요셉이 갑자기 인생의 가파른 내리막길을 걷기 시작하는데, 형들의 질투로 인해 애굽에 팔려 가 노예가 되고, 주인인 보디발의 아내의 음모로 왕의 사면이 없이는 나올 수 없는 종신형을 받는 죄인이나 다름없는, 감옥에 갇힌 신세로까지 내려갑니다. 요셉의 이런 신세는 세상의 기준으로는 인생의 패배자로밖에 볼 수 없었습니다. 세상 사람들이 보기에 그는 망한 자였습니다.

그러나 하나님께서는 이렇게 낮아지는 요셉을 굽어살피고 계셨습니다. 그가 받는 고통은 하나님께서 준비하신 복으로 향하는 난코스들이었습니다. 그에게 가까스로 이길 만한 시련을 준비하셨던 하나님께서는 그가 믿음으로 승리할 수 있도록 중요한 고비마다 계시하시며 함께 하셨습니다. 살아있는 인간으로는 가장 낮은 곳, 죽음이 가까운 곳인 종신형을 받은 죄인이나 사형수들이 갇힌 감옥에까지 내려가도 요셉은 하나님과의 연결 끈을 포기하지 않았기 때문에 그는 소망 중에 살 수 있었습니다.

그는 하나님께서 함께하심을 믿고 있었기 때문에 그 자신을 인생의 패배자로 생각하지 않았습니다. 그것이 요셉이 여느 사람과 다른 점이며 하나님의 사람이었다는 것을 증거하는 점입니다.

세상 사람들의 기준으로는 억울하고 수치스럽고 외롭고 불편하며 살아가는 낙이 없다고 판단되는 감옥살이를 하나님의 사람 요셉은 기도하면서 소망 중에 보냈고, 그가 믿었던 소망은 현실로 이루어져 그 당시 세계에서 최강국인 애굽의 총리로 발탁되고 이스라엘 민족의 번영을 준비하는 하나님의 사역에 크게 쓰임 받았습니다. 높은 자리에 오르고 부자가 된 것이 다 이스라엘 민족을 향한 하나님의 계획이었고, 요셉은 그 역사의 주역으로 쓰임 받았던 것입니다.

요셉의 이야기를 통해 우리는 우리의 생각과는 다른 하나님의 뜻을 분명히 깨닫게 됩니다. 요셉의 형들은 작당하여 힘으로 요셉을 누르고 승리한 것처럼 보였지만, 결국 하나님 역사에 길이 기록된 인물로 승리한 사람은 요셉이었습니다. 즉 돈, 권력, 명예, 무력 등으로 평가되는 세상적인 우월함은 진정한 인생의 성공에 하등 영향을 미치지 않는다는 것입니다.

반면에 누구든 끝까지 하나님께 순종할 때 하나님의 뜻을 이루는 데 귀하게 쓰임 받음으로, 우리가 상상하지도 못하는 궁극적인 인생 승리를 이루게 된다는 것을 하나님께서는 이 요셉의 일대기를 통해 우리에게 일깨워 주고 계십니다.

그러므로 현재 우리가 처해 있는 어떠한 형편도 진정한 인생 승리를 위한 하나님의 계획 안에 있다는 말로 위안이 되는 것입니다.

성경에는 하나님께서 사람들의 생각을 역이용하여 하나님의 뜻을 이루고 계심을 증거하는 한 사건이 요한복음에 기록되어 있습니다. 이 사건의 배경은 이렇습니다.

예수님께서 죽은 나사로를 살리신 사건이 일어나자 많은 유대인이 예수님을 믿게 되었지만, 대제사장들과 바리새인들은 공회를 소집하여 죽은 나사로를 살린 예수님을 어떻게 할 것인가를 논의하게 됩니다. 이때 그들은 그들이 누리고 있던 권력을 빼앗기게 될 위협을 느끼게 되어 예수를 죽여야 한다고 주장합니다.

그러자 그 해의 대제사장인 가야바가 예수를 죽여야 한다는 이 주장에 전적으로 동의하는 지지 발언(실제로는 예수 부활 사건의 예언)을 함으로써 대제사장들과 바리새인들은 예수를 죽이기로 작정하고 작전을 짜기 시작합니다. 그 실제 상황에 대하여 성경은 아래와 같이 기록하고 있습니다.

"마리아에게 와서 예수의 하신 일을 본 많은 유대인이 저를 믿었
으나 그중에 어떤 자는 바리새인들에게 가서 예수의 하신 일을
고하니라 이에 대제사장들과 바리새인들이 공회를 모으고 가로
되 이 사람이 많은 표적을 행하니 우리가 어떻게 하겠느냐 만일
저를 이대로 두면 모든 사람이 저를 믿을 것이요 그리고 로마인
들이 와서 우리 땅과 민족을 빼앗아 가리라 하니 그중에 한 사람
그 해 대제사장인 가야바가 저희에게 말하되 너희가 아무것도
알지 못하는도다 한 사람이 백성을 위하여 죽어서 온 민족이 망
하지 않게 되는 것이 너희에게 유익한 줄을 생각지 아니 하는도
다 하였으니 이 말은 스스로 함이 아니요 그 해에 대제사장이므
로 예수께서 그 민족을 위하시고 또 그 민족만 위할 뿐 아니라 흩
어진 하나님의 자녀를 모아 하나가 되게 하기 위하여 죽으실 것
을 미리 말함이러라"(요 11:45~52).

이렇게 예수님을 죽이려는 대제사장들과 바리새인의 공모가 후
에 그들이 바라던 대로 성공적으로 진행되었다고 그들은 생각하였
지만, 사실 예수님의 죽음은 하나님께서 바라시는 바이며 예수님을
죽이려고 여러모로 애를 쓴 대제사장들과 바리새인들은 하나님의
구원 사역에 악역으로 사용되었고, 예수님의 죽음으로 하나님의 구
원 사역은 완성되었다는 것을 성경은 전하고 있습니다. 이 사건에서

인간들은 자신들의 승리, 쟁취를 위하여 예수님을 죽였지만, 하나님께서는 그들의 생각과 행동을 역이용하여 하나님의 구원 사역을 이루셨습니다.

가롯 유다도 같은 경우입니다. 세상의 성공 기준을 가지고 그의 이성으로 판단하고 그가 세상에서 부를 누리고, 의를 행하였다고 판단할 때 하나님께서는 그런 그의 욕심을 역이용하시어 예수님을 파는 역할, 최악의 배역으로 사용하셨습니다. 우리 인생에서도 세상의 성공에, 자신의 교만에 우리의 욕심이 고착될 때 우리는 사탄에게 내어준 바 되어 하나님의 사역에 악역으로 전락하고 말 것입니다.

그러나 이와는 반대로 당장은 어려움에 부닥칠지라도 하나님의 뜻에 순종할 때 하나님께서는 우리가 상상도 하지 못하는 상을 준비하고 계신다는 것을 명심하시기 바랍니다.

위에서 살펴본 성경의 이야기들을 보면 하나님께서는 어떤 기준을 정하시고 그 기준에 들면 이 땅의 복과 구원을 보장하고 계신 것을 알게 됩니다. 그것은 세상의 기준이 아닌 전적으로 하나님의 뜻에 순종하는 삶을 요구하시는 것을 알게 됩니다.

즉 하나님의 뜻에 순종하는 삶이 인생에서 궁극적으로 성공하는 열쇠라는 것입니다. 남과 비교하여 내가 남보다 더 가져야 한다고 욕심을 부린 포도원의 품꾼과 같이 되어서는 하나님의 꾸중을 듣게 될 것입니다. 요셉과 같이 세상에서 죽을 고비에 이르더라도 기도하며 하나님과 연결된 끈을 놓지 않는 것이 결국 인생에서 궁극적으로 성공하는 비결인 것입니다. 반면에 우리가 세상의 욕심을 가질 적에 하나님께서는 우리를 사탄에게 내어주시어 하나님의 사역에 악역으로 사용하실 수도 있다는 것을 성경은 교훈하고 있습니다.

오늘 하나님의 말씀을 들은 저와 성도 여러분은 부디 하나님의 생각은 우리가 감히 헤아릴 수 없으며 차원이 다르다는 것을 인정하시기 바랍니다. 그럼으로써 세상을 향한 욕심을 내려놓고 하나님께로 돌아서서 하나님의 계명을 지키며 구원에 대한 약속을 굳게 믿고 그 믿음을 지켜서 인생의 진정한 승리, 영생을 받아 누리는 복된 성도들이 되시기를 간절히 축원 드립니다.

하나님의 생각 2
(나사로를 살리신 예수님)

"돌을 옮겨 놓으니 예수께서 눈을 들어 우러러보시고 가라사대 아버지여 내 말을 들으신 것을 감사하나이다 항상 내 말을 들으시는 줄을 내가 알았나이다 그러나 이 말씀을 하옵는 것은 둘러선 무리를 위함이니 곧 아버지께서 나를 보내신 것을 저희로 믿게 하려 함이니이다"(요 11:41~42).

지난 주에는 하나님께서 우리를 향하신 생각이 우리와 얼마나 다른지에 대해 알아보았습니다. 우리가 생각하는 인간들 사이의 잘나고 못남은 하나님의 입장에서는 천국에 이르게 하는 조건과는 관계없다는 것과 이 세상에서 우위에 선 것, 또는 그 반대로 아주 열악한 상황에 지내고 있는 것이 인생의 최후 승리인 영생과는 관계없다는 것, 그리고 인간들 자신이 스스로 사탄의 꾀를 좇아 하나님을 거스르게 행동하는 것을 하나님께서는 역이용하여 악한 세력들이 예측하지 못하는 방법으로 하나님의 일을 하고 계신다는 것을 알게 되었습니다.

오늘은 이어서 예수님의 사역을 통해 보여주신 하나님의 바라시는 바에 비추어 우리의 믿음을 점검하고 나사로의 부활 사건을 통해 알리고자 하신 하나님의 생각을 알아보겠습니다. 결론부터 이야기하면 예수님의 사역을 통해 우리에게 나타내고자 하신 하나님의 생각은 예수님과 그를 보내신 하나님을 믿게 하려는 것이었습니다.

우리는 일생을 살면서 "믿어라, 믿어라."라고 수없이 듣고, 우리 자신이 "믿어야지, 믿어야지."하고 수없이 되뇌었지만, 실제로 그렇게 믿게 되는 것은 이성적으로 노력하거나 물리적인 투자와 희생으로 이루어지는 것이 아니고 하나님의 은혜로 되는 것이기 때문에, 우리는 믿음을 가진다는 것에 대하여 길을 잃고 방향조차 모르는 짙은 안개 속에서 헤매는 것과 같은 느낌이 들 때도 있음을 부인할 수 없습니다.

우리는 과연 어떤 것으로 하나님을 믿으려는 발판으로 삼아야 하는지, 또한 우리가 현재 참으로 하나님을 믿고 있는지를 성경의 사건들을 통해 우리 스스로 점검해 볼 필요가 있습니다. 오늘은 예수님의 사역 중 나사로를 살리신 이적 사건을 통해 우리는 과연 하나님의 생각을 이해하고 있으며 하나님께서 바라시는 믿음이 있는지를 점검해 보고자 합니다.

오늘 본문 말씀은 베다니에 사는 마르다와 마리아의 오라비인 나사로가 죽었을 때 예수님께서 나사로를 살려내기 위하여 하나님께 드린 기도 내용입니다. 오늘 말씀의 사건 속에 등장하는 인물들은 예수님과 예수님의 제자들 외에 나사로, 그의 누이들인 마르다와 마리아, 그리고 장례식에 조문하러 온 유대인들입니다.

예수님께서는 죽은 지 4일이 지나 썩은 냄새가 나기 시작하는 나사로의 시체가 들어있는 무덤의 입구에 돌을 "옮겨 놓으라."라고 말씀하십니다. 그리고 하늘을 우러러 하나님께 기도드리시기를, 나사로를 살리는 이적을 행함은 나사로의 장례식에 참석한 사람들에게 믿음을 주기 위해서라고 기도하십니다.

실제로 나사로를 살리신 이 사건으로 그동안 있었던 놀라운 이적으로도 예수님을 믿지 않았던 많은 유대인들이 예수님을 믿는 계기가 됩니다. 이 사건은 후에 예수님의 부활에 대한 신빙성을 뒷받침하는 역할도 하게 됩니다. 즉 죽은 나사로가 부활하는 것을 보고 들은 유대인들은 후에 일어난 예수님의 부활 사건이 전혀 허황한 일이라고 생각하지는 않게 되었습니다.

즉 나사로의 부활 사건은:

1. 그 당시 사람들의 부족한 믿음을 보여주는 사건
(우리의 믿음을 점검해 보게 하는 사건)

나사로가 아직 죽기 전, 나사로가 병으로 죽어갈 때 나사로의 누이들이 예수님께 사람을 보내어 급히 오셔서 오라비를 낫게 해 달라고 부탁을 한 적이 있었습니다. 그러나 예수님께서는 나사로의 병은 하나님의 영광을 위한 병이라고 말씀하시고, 나사로에게 바로 가지 않으시고 머무시던 곳에 이틀을 더 계신 후에 갑니다.

그렇게 나사로가 죽기를 기다리시고 죽은 후에도 시간을 두셨던 이유는 사람들이 나사로가 분명히 죽었다는 것을 인정하게 하려는 의도였다고 보는 것이 일반적인 견해입니다. 만일 죽자마자 살려내면 어떤 사람들은 사람이 가사(假死)상태, 즉 호흡정지 상태에서 다시 소생하는 경우가 아니겠느냐? 하고 반론을 제기하여 후대 사람들에게 혼란을 주게 될 것을 감안하셨을 것이라는 것입니다.

그래서 죽은 지 4일이 지나 시체에서 부패하는 냄새가 날 정도가 되어 나사로가 완전히 죽었다고 세상 사람들이 인정할 때 예수님께서는 나사로의 무덤이 있는 곳, 유대로 가자고 제자들에게 말씀하십니다.

가) 제자들의 부족한 믿음

그러자 제자들은 그렇지 않아도 돌로 쳐 죽이려 하는 유대인들을 피해 이곳까지 왔는데 다시 그 유대인들이 있는 곳으로 가자고 하시자 두려움에 휩싸이게 됩니다. 그들은 생명의 주이신 예수님을 아직도 전적으로 믿지 않고 있었음이 그들의 언사를 통하여 알 수 있습니다.

그 증거로 제자 중 도마는 "주와 함께 죽으러 가자!"라고 말을 함으로써 그들은 옥에 갇히거나 채찍에 맞는 것과 같은 일반적인 처벌이 아닌, 죽게 될 것에 대한 두려움이 있었음을 뒷받침하고 있습니다. 그들에게 유대 땅은 그들을 잡아 죽이려는 적대 세력이 지배하는 땅이었습니다.

그러나 이렇게 제자들이 그들의 생명에 대하여 전적으로 예수님께 의지하지 않고 있는 이 광경은 그렇게 놀라운 일은 아닙니다. 왜냐하면 그들은 나중에 예수님께서 부활하여 자신들의 앞에 있을 때도 믿으려 하지 않았고 "죽으러 가자!"고 한 도마는 실제로 그 손으로 예수님의 못 자국에 손가락을 넣어보고 옆구리 창 자국에 손을 넣어보지 않고서는 예수님의 부활을 믿지 않으려 했던 사람입니다.

그런 사실이 증거하듯이 이 당시 제자들은 아직은 부활하는 것을 보여주지도 않은 예수님을 진정한 생명의 주로 믿지 않았습니다. 그러자 예수님께서는 이런 말씀을 제자들에게 하십니다.

"예수께서 대답하시되 날이 열두 시가 아니냐 사람이 낮에 다니면 이 세상의 빛을 보므로 실족하지 아니하고 밤에 다니면 빛이 그 사람 안에 없는 고로 실족하느니라"(요 11:9).

즉 예수님 자신이 이 세상의 빛이시기 때문에 예수님의 입장에서는 유대 땅을 지배하는 세력은 어두움으로 빛이신 예수님을 해할 수 없음을 설명하시면서 제자들이 예수님을 마음으로 믿어 영접하여 세상의 빛을 지닌 자로 살면 그런 낙담은 하지 않을 것이라는 말씀이셨던 것입니다. 실제로 어떠한 경우든 어두움은 빛이 들어오면 순식간에 사라지는 것이 진리입니다.

우리도 마찬가지입니다. 이 세상이 아무리 타락하고 악의 세력이 지배하는 어두움의 세상이라 할지라도 우리 마음에 예수님을 영접하여 참사랑을 지닌 자가 되면 이 세상의 악의 세력, 어두움의 세력을 몰아내는 빛의 자녀가 되는 것입니다. 바로 우리는 이러한 믿음이 필요합니다.

나) 마르다의 신앙 고백

예수님께서 드디어 죽은 나사로를 살리기 위하여 나사로의 무덤이 있는 곳에 도착하셨습니다. 이때 나사로의 누이 중 언니인 마르다가 예수님께서 오신다는 전갈을 듣고는 곧바로 일어나 예수님을 맞으러 나갑니다. 마르다는 예수님 앞에서 신앙 고백을 합니다.

"마르다가 예수께 여짜오되 주께서 여기 계셨더면 내 오라비가 죽지 아니 하였겠나이다 그러나 나는 이제라도 주께서 무엇이든지 하나님께 구하시는 것을 하나님이 주실 줄을 아나이다"(요 11:21~22).

이렇게 예수님의 신성(우리가 하나님께 구하는 것은 예수님께서 모두 주실 수 있는 분)에 대한 믿음의 고백을 하는 마르다에게 예수님께서는 "네 오라비가 다시 살리라."라고 소망의 말씀으로 답변하십니다. 이어서 예수님께서는 예수님 자신이 부활이요 생명이라는 말씀을 마르다에게 들려주십니다. 그러자 마르다는 놀랍게도 베드로가 고백한 내용과 똑같은 신앙 고백을 합니다.

"가로되 주여 그러하외다 주는 그리스도시요 세상에 오시는 하나님의 아들이신 줄 내가 믿나이다"(요 11:27).

베드로는 이 고백을 하나님으로부터 받은 말로 고백하였다고 성경은 전하고 있고, 마르다가 이와 똑같은 고백을 함으로써 마르다 자신이 고백한 것으로 볼 수 없고 하나님께서 마르다의 고백을 통해 예수님께서 그동안의 이적을 뛰어넘는 놀라운 일을 행하실 것을 예표하고 계셨던 것입니다. 즉 예수님은 그리스도시요 하나님께서 보내신 아들이라는 것을 세상 사람들에게 믿게 하려고 하나님께서는 놀라운 이적을 보여주시기 전에 마르다로 하여금 예수님의 신분에 대하여 그 당시 사건 현장에 있던 유대인들뿐 아니라 이 시대를 사는 우리에게까지 알리시게 하셨다고 볼 수 있는 것입니다.

여기서 우리는 마르다가 찾아오신 예수님을 즉시 영접하고 믿음을 고백하는 장면을 통해 우리도 마르다처럼 우리 삶 속에 찾아오신 예수님을 반갑게 맞이하고 우리가 예수님께 구하는 것은 무엇이든지 얻을 수 있다는 믿음으로 우리가 신앙 고백을 할 때 예수님께서 마르다에게 "네 오라비가 다시 살리라." 하셨던 것처럼 우리에게도

"네가 다시 살리라."라고 응답하시는 역사가 일어나게 된다는 것을 믿으시기 바랍니다.

2. 마르다, 마리아 그리고 유대인의 부족한 믿음

예수님을 만난 마르다는 마리아에게 가만히 예수님을 미워하는 유대인들 때문에 예수님께서 오신 사실을 전합니다. 그러자 마리아는 예수님을 만나러 급히 나갑니다. 그런데 예수님을 미워하는 유대인들은 마리아가 예수님을 만나러 간다고는 생각하지 않고, 무덤에 가는 줄로만 생각하고 따라나섭니다.

그렇게 해서 마리아와 같이 따라나선 유대인들은 예수님께서 계신 곳에서 예수님과 마주치게 됩니다. 마리아도 언니 마르다와 똑같이 예수님께서 계셨더라면, 그의 오라비가 병이 나아 죽지 않았을 것이라고 원망하며 울음을 터뜨립니다. 동행한 유대인들도 좋은 이웃이거나 친구였을 나사로를 생각하며 안타까워 웁니다.

그들은 병자들을 낫게 하고, 장님의 눈을 뜨게 하는 능력이 예수님께 있다는 것을 이미 알고 있었기 때문에 예수님께서 만약 여기 계셨더라면 죽은 나사로의 병도 낫게 할 수 있었을 것으로 생각하며 죽은 나사로에 대한 인간적인 정을 못 이겨 울고 있었습니다.

그러자 예수님께서는 그러한 그들을 바라보시며 영적으로 불편함을 느끼셨습니다. 왜냐하면 그들이 여전히 예수님을 어떤 선지자나 주술가처럼 사람들의 병을 낫게 하는 정도의 초능력을 지닌 사람

정도로 알고 있다는 것이 무척 안타까우셨던 것입니다.

즉 하나님의 아들이라는 것을 여러 번 증거했는데도 그들이 여전히 예수님을 하나님의 아들이라고 믿지 않고 있다는 사실 때문에 심령이 아프셨던 것입니다. "하나님께서 죽은 자들을 일으켜 살리심 같이 아들도 자기의 원하는 자들을 살리느니라"(요 5:21)라고 오늘 본문의 사건이 있기 오래전에 이미 그들에게 말씀하신 적이 있는데 그들은 예수님의 말을 믿지 않고 예수님을 돌로 치려 하였고, 지금도 마찬가지로 예수님을 그 정도로 평가하고 있었기 때문에 예수님께서는 실망스러우셨던 것입니다.

예수님께서는 그렇게 잘 믿지 않는 유대인들과 그 밖의 사람들에게 믿음이 없음을 안타깝게 생각하셨던 것입니다. 나사로의 무덤에 이르러서는 결국 눈물을 흘리셨습니다. 예루살렘을 바라보시며 눈물을 흘리셨던 것처럼 말입니다. "저렇게 생명의 주로 나를 믿지 않으면 결국 하나님 나라에 이르지 못할 텐데……." 하시면서 아직은 구원받지 못한 영혼들을 바라보며 슬픔을 금치 못하셨습니다.

지금 우리의 형편도 마찬가지입니다. 만일 우리가 예수님을 하나님의 아들로 믿지 않고 있다면 예수님께서는 지금도 그때와 마찬가지로 우리를 바라보시며 하나님과 멀어진 영혼을 불쌍히 여기셔서 눈물을 흘리고 계실 것입니다.

실제로 지금도 예수님께서는 성령을 통해 이러한 우리를 다 알고 계시고 성령께서는 친히 믿음이 부족한 우리를 위하여 간구하고 계십니다. 이러한 내용을 사도 바울은 성경에 이렇게 기록하였습니다.

"이와 같이 성령도 우리의 연약함(처음 믿음을 가지고 소망을 붙잡고 끝까지 참고 기다리지 못하는)을 도우시나니 우리는 마땅히 기도할 바를 알지 못하나 오직 성령이 *말할 수 없는 탄식으로 우리를 위하여 친히 간구하시느니라"(롬 8:26).
* with groans that words cannot express.

이렇게 구원받지 못한 영혼들이 불쌍하여 눈물을 흘리신 예수께서는 죽은 나사로의 무덤을 막았던 돌을 치우라고 지시하십니다. 그러자 조금 전에 예수님이 하나님의 아들이라고 고백했던 마르다가 예수님을 말립니다. "주여 죽은 지가 나흘이 되었으매 벌써 냄새가 나나이다."라고 말입니다.

예수님께서는 이런 마르다의 부족한 믿음을 일깨워 주십니다. "내 말이 네가 믿으면 하나님의 영광을 보리라 하지 아니하였느냐?"라고 말입니다. 마치 예수님을 "주는 그리스도시요, 살아 계신 하나님의 아들이시니이다."라고 고백했던 베드로가 예수님을 세 번씩이나 부인했던 것처럼 놀라운 신앙 고백을 한 마르다도 예수님을 하나님의 아들로 믿고 있지 않았습니다.

그러나 예수님께서는 하나님 아들의 권세로 나사로를 살리심으로 하나님의 영광과 하나님의 아들로서의 영광을 사람들에게 나타내십니다. 즉 예수를 죽이려는 유대인들을 지배하고 있는 어두움의 권세 앞에서 하나님의 영광을 나타내심으로 일순간에 어두운 세력들을 무릎 꿇게 하셨습니다. 이렇게 그때까지 이적과는 비교할 수 없는 죽은 자를 살려내는 이적을 행하심으로 그들에게 하나님의 영광과 예수님이 하나님께서 보내신 아들이라는 사실을 증거하고 믿게 하셨습니다.

즉 이 사건은 그 당시 제자들과 유대인들이 믿음이 없음을 보여주는 사건인 동시에,

3. 하나님의 영광과 아들의 영광을 위하여 준비된 사건 (우리에게 믿음을 주기 위한 사건)

나사로가 병이 나서 죽게 되었다는 말을 전해 들으셨을 때 나사로의 병은 죽을병이 아니라 하나님의 영광을 위함이요, 예수님이 하나님의 아들이라는 것을 증거하기 위하여 준비된 것이라고 나사로의 죽음 전에 예수님께서 앞서 예언하심으로 이 사건이 예수님께서는 하나님의 아들임을 증거하는 사건이라는 사실을 더욱 분명히 하셨습니다. 즉 나사로는 죽을 것이나 부활의 사건이 준비되어 있고 그 이적을 통해 하나님의 영광을 나타내게 될 것을 예언하셨습니다.

이렇게 하나님께서는 하나님이 아니면 불가능한 죽은 나사로를 살리는 사건을 통해 그 당시 유대인들에게 예수님은 하나님의 아들이라는 사실을 믿게 하고자 하셨습니다. 하나님을 아는 것이 총명이라 했는데 하나님을 안다는 것은 우리를 향한 하나님의 생각을 조금이나마 이해하는 것입니다.

하나님의 생각은 우리에게 예수님을 하나님께서 보내신 아들이라는 것을 어떻게 하든 믿게 하려는 것임을 나사로의 부활 사건은 전하고 있습니다. 지금도 하나님께서는 예수님에 대한 기록을 믿고 우리의 구원을 계획하신 하나님의 사랑을 우리가 믿기를 바라십니다. 그것이 이 나사로 부활 사건을 통해 우리에게 전하고 싶으신 하나님의 생각입니다.

오늘 하나님의 말씀을 들은 저와 여러분은 성경에 나온 사건들이 우리와는 관련 없는 어떤 민족과 어떤 지역의 역사 또는 허구의 신화 정도로 보지 마시고, 성경을 읽고 들을 때 순수한 믿음의 마음으로 하나님의 말씀을 대하시기 바랍니다. 간혹 믿음이 흔들릴 때는 오늘 은혜를 나눈 나사로의 사건을 떠올리시면서 하나님께서 구원의 증표로 예수님을 보내셨다는 사실을 믿음으로 부활 영생에 이르시는 복된 인생이 되시기를 간절히 축원 드립니다.

누구든지 자기를 높이는 자는 낮아지고
누구든지 자기를 낮추는 자는 높아지리라. 마 23:12.

순종과 경외함

순종과 경외함

"사자가 가라사대 그 아이에게 네 손을 대지 말라 아무 일도 그에게 하지 말라 네가 네 아들 네 독자라도 내게 아끼지 아니하였으니 내가 이제야 네가 하나님을 경외하는 줄을 아노라"(창 22:12).

오늘 본문은 여러분도 잘 아시는 아브라함이 그의 외아들 이삭을 번제로 드릴 때 천사가 전한 하나님의 말씀입니다. 하나님께서는 아브라함을 믿음의 조상으로 세우기 위하여 아브라함을 광야로 불러내시고 25년의 오랜 역경을 하나님께서 주실 복을 기대하는 소망으로 자식도 없이 견디게 하십니다.

아브라함이 100세가 되었을 때 드디어 하나님께서는 이스라엘 민족을 이루게 될 씨인 이삭을 주십니다. 성경에 기록된 아브라함의 생애를 보면 우리 일반인들의 생애와는 비교도 되지 않는 혹독한 과정을 겪었습니다. 미래를 알 수 없는 방랑길을 나이가 지긋이 들었을 때(75세) 아브라함은 형제와 친지를 떠나야 했고, 가뭄으로 먹을 것이 없을 때는 애굽에 들어가 아내를 볼모로 잡히고 목숨을 부지하기도 했습니다. 그렇게 세상 사람들로서는 이해하기 힘들 정도로 하나님께 순종했던 그였지만, 하나님께서 원하시는 순종은 그런 수준 이상이었습니다.

어느 날 이삭이 꽤 성장했을 때, 하나님께서는 갑자기 아브라함에게 외아들 이삭을 하나님께서 지정하시는 곳에 가서 불로 태워 바치라고 하십니다. 상상컨대 아브라함과 그의 아내 사라는 한잠도 자지 못했을 것입니다. 그들은 별궁리를 다했을 것입니다.

전에 그들에게 자식이 없을 때, 하나님의 뜻이 아닌 자신들의 생각대로 여종 하갈을 통해 이스마엘을 낳아 자손을 이어가려고 했을 때, 13년간 아브라함에게 노하여 나타나지 않고 침묵하셨던 하나님을 기억하였을 것입니다. 방랑길로 나서라고 하신 하나님께서 13년간 아무 말씀도 하지 않으셨으니 타향에서 하나님으로부터 보호받지 못하고 있던 그 13년은 너무나 길고, 두려운 시간이었을 것입니다.

그러므로 이번에는 버림받지 않기 위해서는 하나님의 명령을 마음대로 해석해서는 안 된다고 하는 결론에 부부가 이견이 없었을 것입니다. 아브라함의 조카 롯의 가정이 아브라함을 떠나 세상에 휩쓸려 살다가 당한 참변을 기억하고는 하나님께서는 무서운 징계를 하신다는 것도 염려하여 하나님의 명령을 어길 생각은 상상도 하지 못했을 것입니다. 그렇게 더 이상 하나님의 명을 피할 수 있는 어떠한 변명거리도 찾지 못한 아브라함과 사라는 하나님의 명령에 따를 수밖에 없었습니다.

아브라함은 다음 날 아침 일찍 번제 드릴 때 쓸 나무를 준비해 이삭을 데리고 종들과 함께 번제를 드리러 3일 길을 나섭니다. 이삭을 번제단 나무 위에 올려놓고 막 이삭을 죽여 피를 흘리려는 순간, 천사가 나타나 오늘 본문과 같이 하나님의 말씀을 전합니다.

"사자가 가라사대 그 아이에게 네 손을 대지 말라 아무 일도 그에게 하지 말라 네가 네 아들 네 독자라도 내게 아끼지 아니하였으니 내가 이제야 네가 하나님을 경외하는 줄을 아노라"(창 22:12).

그동안 여러 사건으로 아브라함을 시험, 단련하셨던 하나님께서 드디어 아브라함이 하나님을 진심으로 경외한다는 것을 인정하십니다. 여기에서 우리는 아브라함과 하나님과의 관계를 통해 우리가 품은 숨겨진 본성을 엿볼 수 있습니다.

그것은 아담으로부터 전해지는 불순종의 본성입니다. 아브라함은 그 전에 하나님의 명령에 순응하여 방랑길을 나섰지만, 여종 하갈을 통해 이스마엘을 낳을 정도로 하나님의 약속을 전적으로 믿지 않았던 본성이 있었습니다.

우리도 우리 자신을 돌아보면 하나님의 말씀대로 정말 그대로 살고 있지 못함을 깨닫게 됩니다. 현실적으로 하나님을 믿고 전적으로 순종하지 못하는 우리의 모습이 일면 실망스러운 우리의 자아상이지만, 아브라함의 경우처럼 하나님께서 여러 과정을 통해 우리를 권고하시고 연단하셔서 하나님을 절대적으로 믿고 순종하는 사람으로 만들어 주실 것이라는 사실은 우리의 소망이 되는 것입니다.

즉 아브라함은 두 번이나 자신의 아내를 누이동생이라고 하여 애굽의 바로와 그랄의 아미멜렉에게 아내를 내주었던 사람이었습니다. 하나님께서 아브라함도 그러한 연단의 과정을 통해 그를 순종하는 사람으로 만드셨듯이 우리도 그런 하나님의 배려와 사랑을 받게 되어 있다는 것이 우리의 소망이 되는 것입니다.

우리는 인생길에서 만나는 여러 가지 실망스러운 일과 어려움을 하나님께서 연단하시는 사랑으로 이해해야 하며, 그 하나님의 사랑에 감사하고 기뻐해야 합니다.

성경은 아담의 불순종의 역사로 시작해서 하나님을 경외하는 순종의 사람으로 바뀌는 인류 역사의 과정에 대해 풀이해 놓은 하나님의 말씀이라고 해도 틀린 말은 아닙니다. 즉 성경은 예수 그리스도의 순종의 제사로 말미암아 아담과 같이 불순종의 본성을 지닌 우리 인류가 하나님을 경외하는, 그리고 경외함으로 인해 순종하는 본성을 지닌 새 사람으로 변화되는 것으로 마감되어야 하는 필연성에 대해 우리의 이해를 돕기 위하여 기록된 하나님의 말씀입니다.

✲ 순종

우리는 종종 하나님과의 관계에서 순종을 가볍게 생각하는 때도 있습니다. 아브라함의 일대기를 보면 하나님께서 우리에게 원하는 순종의 수준은 하나님을 경외하게 되는 수준이라는 것을 알 수 있습니다.

오늘 본문을 다시 읽어드리면,

"사자가 가라사대 그 아이에게 네 손을 대지 말라 아무 일도 그에게 하지 말라 네가 네 아들 네 독자라도 내게 아끼지 아니하였으니 내가 이제야 네가 하나님을 경외하는 줄을 아노라"(창 22:12).

이렇게 하나님을 경외하는 수준이 하나님께서 바라시는 순종의 수준이며, 창세기 26장 5절에서는 아브라함의 순종으로 인하여 아브라함의 아들 이삭에게도 아브라함에게 약속하신 복이 그대로 지켜질 것이라고 말씀하십니다.

"이는 아브라함이 내 말을 순종하고 내 명령과 내 계명과 내 율례와 내 법도를 지켰음이니라 하시니라"(창 26:5).

하나님께서 약속하신 복이 아브라함의 후손 이삭에게도 주어지게 될 타당성은 아브라함이 순종했기 때문입니다. 아브라함의 순종은 위에서 살펴본 바와 같이 경외하는 수준이었습니다.

즉 하나님께서는 아브라함이 착하다, 올바르다는 수준이 아니라 당신을 경외하는 수준에까지 이르게 하셨음을 성경을 통해 알게 됨니다. 이러한 사실을 우리 현실에 비추어 보면 하나님을 경외함으로 순종한다는 것은 우리의 지식과 경험으로 판단해 하나님의 말씀과 부합되었을 때, 즉 하나님께서 명하신 일이 우리가 이해가 되었을 때, 우리 사정이 허락되었을 때, 그 일을 행하는 것은 하나님께서 원하시는 순종이 아니라는 것을 뜻합니다.

우리 상식으로는 전혀 이해되지 않는 것을, 그리고 우리의 형편이 전혀 감당하지 못할 지경일 때, 하나님께서 분명한 사인(sign)을 보여주시면서 명령하셨을 때, 그것을 하나님을 경외하는 마음으로 행할 때가 진정한 순종의 의미입니다.

그것이 하나님께서 우리에게 바라시는 순종의 수준입니다. 이 말씀을 듣는 성도님들께서는 하나님을 경외하십니까? 그 뜻은 자신의 가장 소중한 것도 하나님께서 바치라고 했을 때 기꺼이 바칠 수 있는 믿음을 갖는 것입니다. 그것이 하나님께서 바라시는 하나님을 경외함으로 나타나는 순종입니다.

✱ 불순종의 예

이스라엘의 초대 왕이었던 사울 왕은 아브라함과는 달리 하나님을 경배하는 것은 같았지만, 하나님을 경외하지 않았던 인물로 꼽힙니다. 그는 하나님의 택하심으로 이스라엘의 초대 왕으로 선출된 사람이었습니다. 그는 평범한 사람이었지만, 하나님께서 같이하심으로 이스라엘 민족의 지도자로 세워졌습니다. 그러나 그는 하나님을 경외하지 않았습니다. 그가 하나님을 경외하지 않았던 증거로 성경은 다음과 같은 사건을 기록하고 있습니다.

> "사울과 백성이 아각과 그 양과 소의 가장 좋은 것 또는 기름진 것과 어린양과 모든 좋은 것을 남기고 진멸키를 즐겨 아니하고 가치 없고 낮은 것은 진멸하니라"(삼상 15:9).

이 기록의 배경은 이렇습니다. 사울 왕과 이스라엘 백성들이 아멜렉과의 전쟁에서 크게 이겼을 때, 그들은 아멜렉의 왕인 아각과 노획물 중에서 좋은 것들을 남겨두었습니다. 하나님의 명령은 전쟁에서 노획한 것은 사람이든 육축이든 모두 진멸하라는 것이었습니다.

이 명령을 사울 왕은 어겼습니다. 그것이 결정적으로 사울 왕이 하나님으로부터 버림받고 왕권이 다윗에게로 넘어가는 이유입니다. 사울은 한편 좋은 육축을 하나님께 바치려 했다는 변명을 했지만, 하나님께서는 그가 하나님을 경외하지 않는다는 것을 아셨고, 더 이상 그가 하나님께 순종하지 않는다는 것도 아셨습니다.

아브라함과는 매우 대조적인 상황입니다. 아브라함은 정말 아끼는 독자라도 하나님께서 명하셨을 때 번제로 드리려고 했지만, 사울 왕은 하나님께서 명하시는 바를 철저히 지키지 않고 자신의 욕심을 따라 행하고 변명했습니다.

우리는 이런 역사적 사실에서 깨닫는 바가 큽니다. 우리도 일상에서 하나님의 뜻을 따르려 할 때, 우리 일신에 피해가 있을 것 같고 또는 손해를 보는 것 같거나 심지어 미래의 불확실성으로 인한 두려움 때문에 하나님의 뜻에 순종하기를 주저할 때가 있습니다.

그럴 때 우리는 하나님의 뜻을 헤아려보는 지혜가 필요합니다. 우선 하나님의 계명들을 생각하고 그 계명을 어기는 쪽으로 결정해서는 안 됩니다. 물질만능주의가 팽배한 시대에 사는 우리는 금전적, 물질적인 손해가 우리의 판단을 흐리게 할 때가 많은데 그런 상황에 닥치더라도 과감하게 하나님의 뜻에 따라 우리 모든 것을 바쳐 헌신, 봉사하여 순종하는 길을 택해야 합니다.

오늘 하나님의 말씀을 들은 저와 여러분은 아브라함과 같이 하나님을 경외하는 순종에 이를 때까지 우리가 이제까지는 다소 하나님께서 바라시는 수준의 순종을 하지 못하고 살아왔더라도 낙망하지 말고, 하나님의 은혜를 구하시기 바랍니다. 이제부터라도 하나님 나라에서 쫓겨날지도 모른다는 긴박한 마음을 가지고 하나님을 경외하는 마음을 가지시기 바랍니다.

그렇게 하나님을 경외하는 마음으로 내게 맡기신 모든 것, 내게 주신 모든 재능을 투자해서 이웃 사랑을 실천함으로써 하나님의 계명을 지키는 순종의 삶을 살겠다고 결단하시기 바랍니다.

하나님을 경외하고 하나님의 명령에 순종하는 것을 인생의 목표로 삼고 변화된 삶을 사실 때, 하나님으로부터 칭찬받고 장차 도래할 새 하늘 새 땅에서 더 큰 복을 받아 누리는 복된 성도님들이 되시기를 간절히 축원 드립니다.

빛으로 나오라

"예수께서 일어나사 여자 외에 아무도 없는 것을 보시고 이르시되 여자여 너를 고소하던 그들이 어디 있느냐 너를 정죄한 자가 없느냐 대답하되 주여 없나이다 예수께서 가라사대 나도 너를 정죄하지 아니하노니 가서 다시는 죄를 범치 말라 하시니라"(요 8:10~11)

오늘 본문의 내용은 여러분도 잘 아시는 간음하다 현장에서 붙잡힌 여인을 예수님께서 용서하신 사건에 대한 것입니다. 이 사건의 배경은 이렇습니다.

예수님께서 수난을 당하시기 약 6개월을 앞둔 시기(수전절, 겨울)에 예루살렘 성전에서 백성들을 가르치시던 때였습니다. 유대인들, 특히 바리새인과 제사장, 그리고 서기관들은 예수님을 미워하고 어떻게 하든 종교재판으로 몰아 죽이려고 갖은 모략을 하고 있을 때였습니다. 이 사건이 있던 날도 예수님께서는 성전에서 많은 사람을 가르치고 계셨습니다.

그런데 갑자기 저쪽에서 시끄러운 소리와 함께 바리새인과 서기관들이 한 여인을 끌고 나타났습니다. 그 여인은 얼굴을 들지 못한 채 예수님 앞에 세워졌습니다.

바리새인과 서기관들이 예수님을 향해 이렇게 말합니다.

"이 여인은 간음하는 현장에서 붙잡힌 여인입니다. 율법에 따라 돌로 쳐 죽이려는데 예수 당신의 생각은 어떻습니까?"

이들이 예수께로 와서 이 질문을 하는 이유는 예수님으로부터 신성모독의 죄를 대중 앞에서 보여 그 증거를 확보하기 위한 것이었습니다. 즉 그 당시 유대인인 제사장, 바리새인, 서기관들은 예수님을 위험인물로 지목하고 죽이려고 애를 쓰고 있었습니다. 예수님을 사형시킬 제일 확실한 죄목은 바로 신성 모독죄였고 예수님께서 대중과 바리새인, 서기관 앞에서 본인의 입으로 "내가 하나님의 아들"이라고 말하거나, 율법을 위반한 죄에 대해 "죄를 사하여 주겠다."라는 말을 하게끔 하여 신성 모독죄를 인정하게 하려는 속셈이었습니다.

"저희가 이렇게 말함은 고소할 조건을 얻고자 하여 예수를 시험함이러라 예수께서 몸을 굽히사 손가락으로 땅에 쓰시니"(요 8:6).

그러나 모든 사람의 마음을 다 알고 계시는 예수님은 이들의 속셈을 알고 계셨습니다. 상식적으로 생각해 보아도 어떻게 그들은 간음한 여인을 찾아 그들이 원하는 시간과 장소에, 즉 예수님께서 성전에서 많은 사람들에게 가르치실 때를 맞춰 그 여인을 끌어올 수 있었을까요?

그 여인은 원래 행실이 좋지 않았기 때문에 그들이 자기들의 하수인을 시켜서 계속 감시하다가 그 여인의 간음 현장을 덮쳐서 잡아왔다고 생각할 수도 있고, 또 다르게는 어떤 남자를 내세워 그 여인을 유혹해 그 시간에 약조하고 그 여인을 몰래 만나게 한 뒤 그 현장을 지켜보다가 잡아왔다고도 볼 수 있습니다.

아니면 우연히 사건을 보게 되었다 하더라도 바리새인들과 서기관들을 어떻게 그렇게 빨리 소집하여 같이 몰려왔을까요? 상식적으로 그 여인의 간음 현장을 우연히 여러 명이 그것도 바리새인이나 서기관들이 보았다고는 여전히 이해하기 힘든 상황입니다. 즉 그들은 계획적으로 이 사건을 준비했다고 볼 수 있습니다.

그들의 이런 음모를 이미 아신 예수님은 "율법대로 하라, 마라."라는 대답은 하지 않으시고 땅에 무엇인가를 쓰셨습니다. 즉 율법을 내세워 어떻게 하는가 보려는 그들에게 "너희는 율법을 들먹여 누구를 죄가 있다 없다 판정할 자격도 없다."라는 반응을 보이셨습니다.

그 때 예수님께서 땅에 무엇을 쓰셨을까요? 아마 십계명을 쓰고 계시지 않았을까, 생각해 봅니다.

1. 너는 내 앞에서 나 외에 아무것도 신으로 섬기지 말라.

2. 너는 너를 위하여 어떤 우상이든 만들지 말라.

3. 네 하나님 여호와(야웨)의 이름을 망령되이 일컫지 말라.

4. 안식일을 기억하여 이를 거룩히 지켜라.

5. 네 부모를 공경하라.

6. 살인하지 말라.

7. 간음하지 말라.

8. 도적질하지 말라.

9. 네 이웃에 대하여 거짓 증언을 하지 말라.

10. 네 이웃의 집(소유)을 탐내지 말라.

어떤 내용이었든지 간에 그 내용은 이 사건과 밀접한 관계가 있는 내용이었을 것이고 그 쓰신 내용을 그들이 보고 깨닫고 적절한 행동을 취하기를 바라는 내용이었을 것입니다. 그러나 그들은 예수님께서 쓰신 내용에 아랑곳하지 않고 또는 자신들의 죄를 예수님께서 다 알고 계신 줄을 깨닫지 못하고 "저 죄인을 죽이자."라고 계속 아우성을 치고 있었습니다.

그러자 예수님께서 "너희 중에 죄 없는 자가 먼저 돌로 치라."라고 말씀하시고는 다시 몸을 굽히셔서 땅에 무언가를 쓰시기 시작합니다. 이때 쓰신 내용은 아마도 율법의 세부 조항 중 그 곳에 모인 그들에게 해당하는 죄목들을 자세하게 정리하여 쓰지 않았을까 생각해 봅니다.

어쨌든 예수님께서 "너희 중에 죄 없는 자가 먼저 돌로 치라."라고 하시고 다시 몸을 굽혀 무언가 땅에 쓰시기 시작하자 살기등등하여 아우성을 치던 그들은 양심의 가책을 받아 어른들부터 젊은이까지 나이순으로 슬그머니 그 자리를 떠나갔습니다. 나이가 많을수록 세상에서 지은 죄가 많은 까닭이었을 것입니다.

그들은 그들 자신의 숨겨져 있던 죄가 드러나는 것이 두려웠습니다. 율법만 내세워 예수님을 고소할 조건을 얻으려고 한 여인을 죽이자고 음모하고 선동했던 바리새인과 서기관들과 함께 그들에게 동조한 그 현장에 있었던 백성들은 타인의 죄를 정죄하려는 자신들이 율법에 비추어 죄인임을 발견했습니다.

✳ 회개하지 않는 죄인들

예수님께서는 그들이 다 떠나갈 때까지 일어나지 않으셨습니다. 자신의 죄를 잘 인식하지도 못하고 사는 그들, 멸망할 수밖에 없는 그들을 부르지도, 쳐다보지도 않으셨습니다. 안타깝게도, 그들은 예수님께 자신들의 죄를 용서해 달라고 부르짖지도 않았습니다. 여전히 그들은 그들의 죄를 숨기고 생명의 주인 예수님을 알아보지 못하고 예수님으로부터 멀어져 갔습니다.

그들을 쳐다보지 않으셨던 예수님께서는 그들 중 단 한 명이라도 "내 죄를 용서받으려면 어떻게 해야 합니까?"라고 물어 오기를 바라셨을 것입니다. 그러나 결국 여인을 정죄하려다가 그들의 죄가 드러나는 것이 두려운 바리새인들과 서기관들, 그리고 구경꾼들은 다 그들의 죄를 숨기고 예수님으로부터 돌아서서 멀어져 갔습니다.

생명의 주이신 예수님에게로 향하지 않고 빛 가운데로 나오지 않고 그들은 안타깝게도 그들이 있던 어두움 속으로 다시 돌아갔습니다. 그들은 예수님께 죄를 고백하지 않은, 회개하지 않은 어두움 속에 사는 죄인들의 모습을 보여주었습니다.

＊ 빛으로 나온 죄인

집을 나간 탕자처럼 주님의 백성들이 떠나간 것에 마음이 아픈 예수님 앞에는 이제 단 한 명, 간음하다 붙잡혀 온 여인만 남아있었습니다.

그 여인은 군중들과 함께 도망갈 수도 있었으나 예수님께서 쳐다보아 주실 때까지 부끄러움을 무릅쓰고 그 자리에 서 있었습니다. 추측건대 얼굴을 들고 살 수 없을 정도로 부끄럽고 씻을 수 없는 죄가 저주스러워 죽고 싶은 심정이었을 것입니다. 이런 여인에게 예수님께서는 "나도 너를 정죄하지 않겠다. 그러니 다시는 죄를 짓지 말라."라고 말씀하십니다.

그것은 용서였으며, 이어 사면의 선포였습니다. 용서는 죄를 사하여 주는 것과도 구별됩니다. 하나님 한 분 외에는 인간의 죄를 사해 줄 권한이 없는 데, 예수께서 사면의 권한을 행사함으로써 예수님은 삼위일체 하나님의 성자이심을 나타내셨습니다.

그들은 너를 정죄할 권한이 없다. 나는 너를 정죄할 수 있는 권한은 있지만 정죄하지 않겠다. 즉 "그들은 너를 정죄하지 못한다"와 "나는 정죄하지 않겠다"의 분명한 차이를 말씀하셨습니다. 그 뜻은 "우리 인간은 서로를 정죄할 자격이 없다." 그리고 "하나님만이 정죄할 수 있다."라는 의미입니다.

여기서 주목할 사실은 '정죄하실 수 있는 예수님' 앞에서 죄를 인정하고 떠나지 않았던 여인의 태도입니다. 그 여인은 죄를 인정하고 있었습니다. 예수님 앞을 떠나지 않았습니다. 지금 자기 앞에 계신 이분이 누구인지는 모르지만 자기를 죽음에서 건져내 주신 예수님에게 감사한 마음을 가지고 있었습니다. 예수님을 제외한 다른 모든 사람은 자기를 도와줄 수 없다는 것을 알고 있었기 때문이었을 것입니다.

그 여인에게는 이 예수라는 분이 자기 생명을 구해준 분이시며 현재로서는 어둠에 비추는 한 줄기 빛과 같은 희망이었습니다. 그 여인은 이렇게 온 세상이 캄캄하여 갈 곳이 없는 것 같은 상황에서 예수님 한 분만 의지하여 오직 예수님만 바라보며 그곳에 서 있었습니다. 그렇게 예수님 앞에 서 있던 그 여인의 모습은 죽을 수밖에 없는 죄인이었지만, 죽음에서 구원하신 예수님을 끝까지 믿고 의지하는 성도의 모습이었습니다.

* 회개하여 구원받는 성도

예수님 앞에 있는 이 여인은 죄를 지었습니다. 공의의 하나님께서는 그 죄를 묵인하지는 않으십니다. 그러나 이 여인의 경우 그 죄에 대해 영원한 멸망의 형벌은 내리지 않으셨습니다. 이 경우는 다윗의 경우와 흡사합니다. 회개하는 다윗을 하나님께서는 징계는 하셨지만, 구원해 주셨다고 성경은 기록하고 있습니다.

"다윗이 나단에게 이르되 내가 여호와께 죄를 범하였노라 하매 나단이 다윗에게 대답하되 여호와께서도 당신의 죄를 사하셨나니 당신이 죽지 아니하려니와"(삼하 12:13).

그것은 정죄를 받아 형벌로 죽임을 당하는 것이 아니라 징계를 통해 새로운 삶을 보장받는 것을 의미합니다. 죄가 있어도 죄를 하나님께 고백하지 않으면 그것은 형벌로 이어집니다. 회개하지 않으면 영원한 형벌을 면할 수 없습니다. 죄는 빛 되시는 예수님 앞으로 나와 회개함으로 용서받아야 합니다.

지금 이 여인은 예수님을 향해 회개하는 성도, 구원받는 성도의 모습을 보여줍니다. 예수님으로부터 떠나간 바리새인과 서기관들은 율법을 자신들의 기득권을 유지하는 수단으로 삼을 뿐 율법에 비추어진 자신의 죄에 대해서는 예수님께 의지하여 회개하지 않았습니다. 그들은 지금 이 시대에 넘쳐나는 회개하지 않은 성직자, 자칭 기독교인, 지식인, 세상의 권력자 등 기득권자들의 모습을 보여줍니다.

율법을 내세운 바리새인과 서기관, 군중들은 이 여인을 율법으로 정죄하여 한 사람을 죽이는 것으로 율법의 권위를 세우고, 예수의 용서와 사랑의 메시지에 올무를 씌우려 했습니다. 그러나 그것은 율법의 완성이 아닙니다. 하나님의 경륜도 아니며 하나님의 극진한 사랑도 아닙니다. 한 사람의 죽음이 율법에 대한 경고는 될 수 있겠지만, 그 죽음으로 말미암아 하나님의 사랑을 이루었다고는 말할 수 없습니다. 율법은 죄를 인식하게 하고 경고하는 역할뿐이지, 율법으로 모든 죄를 종결지으려는 것은 하나님의 경륜, 사랑을 모르기 때문입니다.

예수님은 사람들로 하여금 율법으로 죄를 깨닫게 하고, 회개하게 함으로써 그 죄를 용서해 주시는 구원 사역을 하시기 위하여 오셨습니다. 그것은 바로 율법의 연장선에서 율법을 완성하러 오셨다는 것을 의미합니다. 즉 율법의 구약시대가 죄를 깨닫게 하는 구속 사역의 전반부라면, 예수님의 구속 사역의 신약시대는 율법을 완성하는 구속 사역의 후반부 또는 종결부라고 할 수 있습니다.

하나님의 사랑은 율법을 완성하는 주체입니다. 달리 얘기하면 하나님의 사랑으로 율법을 완성하는 것이라고도 할 수 있습니다. 하나님의 극진한 사랑은 예수님을 화목제물로 쓰셔서 인간의 죄로 막

혔던 하나님과의 교제를 허락하신 것으로 나타났습니다.

"우리가 아직 죄인 되었을 때에 그리스도께서 우리를 위하여 죽
으심으로 하나님께서 우리에게 대한 자기의 사랑을 확증하셨느
니라"(롬 5:8).

오늘 본문에 등장한 죄지은 여인은 빛으로 인도하시는 예수님을
의지해 하나님께서 마련해 놓으신 회개의 다리를 건너 하나님께로
향했습니다. 그 길은 생명의 길이었습니다. 죄를 드러내지 않아 영
원한 형벌로 가는 길이 아닌, 죄를 드러내어 그 죄에 해당하는 징계
를 받게 되어 힘들더라도 영원한 생명의 길, 좁은 길, 협착한 길, 사
람들이 많이 가지 않는 길로 향했습니다. 바리새인, 서기관, 그리고
그곳에 있던 백성들도 그 여인과 마찬가지로 생명의 길로 향할 기회
가 있었지만, 그들은 모두 그 기회를 회피했던 것입니다.

자신의 죄를 예수님 앞에 내놓고 끝까지 예수님을 떠나지 않았
던 그 여인은 하나님의 극진한 사랑으로 용서받았습니다. 죄가 드러
나는 것은 누구나 두렵고, 부끄러운 일입니다. 그러나 어떠한 상황
에서도 예수님만 바라보며 예수님 앞에 죄를 숨기지 않고 고백하는
것만이 용서받고 구원에 이르는 길임을 오늘 본문은 말씀하고 계십
니다.

오늘 하나님의 말씀을 들은 저와 여러분은 자신들의 죄를 고백하지 않고 예수님을 등지고 멀어진 바리새인과 서기관, 그리고 그들에게 동조한 백성들처럼 회개의 기회를 잃지 말고 죄가 드러나 죽을 것 같은 상황에서도 끝까지 예수님만 향해 서 있던 이 여인처럼 빛으로 나와 우리의 죄를 예수님 앞에 낱낱이 고백하여 용서받고 영생의 면류관을 받아 쓰는 복된 성도들이 되시기를 간절히 축원 드립니다.

못된 나무

"이와 같이 좋은 나무마다 아름다운 열매를 맺고 못된 나무가 나쁜 열매를 맺나니 좋은 나무가 나쁜 열매를 맺을 수 없고 못된 나무가 아름다운 열매를 맺을 수 없느니라 아름다운 열매를 맺지 아니하는 나무마다 찍혀 불에 던지우느니라 이러므로 그의 열매로 그들을 알리라"(마 7:17~20).

예수님께서 승천하신 후 예수님의 제자인 사도들이 성령을 받은 지 얼마 지나지 않아서 활동할 때의 기록을 보면 대단한 이적들을 행했던 것을 알 수 있습니다.

예를 들면 예수님의 제자들을 중심으로 기독 공동체를 이루었을 때, 아나니아와 삽비라 부부의 경우 본인들의 땅을 팔아 공동체에 가져오기로 약속하고는 땅을 판 돈의 얼마를 감추었을 때, 베드로의 말 한마디로 부부가 모두 그 자리에서 죽는 사건이 있었습니다.

오해는 하지 마십시오. 그들이 벌을 받아 죽은 이유는 땅을 팔아 공동체에 모두 바치지 않아서 그런 것이 아니고 그들이 베드로가 "그 땅 판 값이 이것뿐이냐?"라고 물었을 때, "예, 이뿐입니다."라고 거짓말을 했기 때문입니다(행 5:8).

베드로가 그 이유를 분명히 말하는데 "사람에게 거짓말을 한 것이 아니요 하나님께로다"(행 5:4)라고 그들이 저지른 죄에 대하여 지적하고 있습니다. 거짓말은 십계명에도 명시되어 있는 중요한 계명입니다. 거짓말을 하는 것은 사람에게 하는 것이 아니라 하나님께 하는 것을 깨닫고 우리도 일상에서 어떤 경우에도 절대로 거짓말을 해서는 안 되겠습니다.

그것은 심각한 죄이며 공평하시고 정의로우신 하나님께서는 그런 죄에 대하여 꼭 징계하신다는 것을 명심하시기 바랍니다. 그런 죄를 저지르면 일단 바로 회개하는 것이 중요하며 다시 그런 죄를 짓지 않는 것이 용서를 구하는 최선의 해결 방법입니다.

아무튼 그렇게 예수님의 교회가 막 시작할 때 성령께서 바로 사람을 죽이기도 하고 또 병든 사람과 더러운 귀신에게 괴로움을 받는 사람들을 치료하는 등 강하게 역사하셨습니다. 그 당시 얼마나 강하게 성령께서 역사하셨는지는 사도행전 5장 15~16절에도 기록되어 있습니다.

"심지어 병든 사람을 메고 거리에 나가 침대와 요 위에 뉘이고 베드로가 지날 때에 혹 그 그림자라도 뉘게 덮일까 바라고 예루살렘 근읍 허다한 사람들도 모여 병든 사람과 더러운 귀신에게 괴로움 받는 사람을 데리고 와서 다 나음을 얻으니라"(행 5:15~16).

정말 대단하지 않습니까? 예수님의 이름으로 보내진 성령이 정말 강하게 역사했던 것입니다. 이런 이적을 보이는 성령의 역사가 지금은 왜 드물까요? 그 이유는 그 당시는 그리스도를 믿는 무리를 유대 땅에서 모아 교회의 기초를 놓아야 할 때였기 때문이지만, 지금은 이미 그런 교회의 기초는 세워졌고 또 과거의 그런 이적들로 성령의 능력을 알게 되었고, 부활 영생의 복음이 전파된 구원의 시대이기 때문입니다.

예수님께서 보여주신 엄청난 이적들과 위에서 언급한 것처럼 사도들이 행한 이적들을 돌아보는 것으로 이 시대를 사는 우리는 성령의 능력을 이해하고 복음을 믿기에 충분하지 않을까요? 최소한 인류 역사상 최대의 이적인 예수님의 부활 승천 사건만은 길이길이 잊지 말고 기념해 우리의 믿음을 잃지 않도록 해야 합니다. 그 방법의 하나는 바로 성찬식에 참예하여 부활 사건을 기리는 것입니다.

우리는 우리의 믿음을 우리 자신에게 질문해 봄으로써 가늠할 수 있습니다. 정말로 예수님의 부활과 그를 보내신 하나님을 믿는다면 다시 그 구원의 사실에 관하여 확인할 필요가 없습니다. 그 믿음으로 우리는 이미 구원을 약속받았습니다. 대개 이단들은 그 믿음을 그들의 잣대로 마음대로 규격화하고 성경에 익숙하지 않은 성도들을 비판하고 정죄하여 구원에 대하여 불안감을 갖게 하여 자신들의 조직에 가담하게 하려 합니다.

* 거짓 선지자

예수님께서도 이런 부류의 거짓 선지자들을 주의하라고 산상수훈 중에 말씀하셨습니다(참조 마 7:15~27).

"거짓 선지자들을 삼가라 양의 옷을 입고 너희에게 나아오나 속에는 노략질하는 이리라"(15절).

이어서 이런 이단들을 분별할 수 있다고 말씀하셨습니다. 바로 오늘 본문 말씀입니다.

"이와 같이 좋은 나무마다 아름다운 열매를 맺고 못된 나무가 나쁜 열매를 맺나니 좋은 나무가 나쁜 열매를 맺을 수 없고 못된 나무가 아름다운 열매를 맺을 수 없느니라 아름다운 열매를 맺지 아니하는 나무마다 찍혀 불에 던지우느니라 이러므로 그의 열매로 그들을 알리라"(마 7:17~20).

거짓 선지자는 요즈음으로 치면 이단 또는 못된 목자라고 할 수 있습니다. 못된 목자들은 예수님의 말씀을 전하고 예수님의 이름으로 귀신을 쫓아내며 예수님의 이름으로 권능을 행하지만, 예수님의 말씀을 몸소 실천하지 않는 자들이라고 성경은 정의합니다(참조, 마 7:21~23).

그들은 양의 탈을 쓴 이리들이니 주의하라고 성경은 경계의 말씀을 합니다. 그들은 우리가 잘 알아보지 못하게 위장되어 있다고도 말씀하십니다. 결정적으로 그들은 사람들의 영혼을 해치는, 사망으로 끌고 갈 수 있는 자들임을 말씀하고 있습니다. 가장 중요한 사실은 그들이 행하는 것과 그들이 실생활에서 사람들에게 쫓도록 하는 행위들은 결국 세워지지 않고 망하게 된다는 것입니다.

"아름다운 열매를 맺지 아니하는 나무마다 찍혀 불에 던지우느니라"(마 7:19).

나무를 찍어 불에 던질 때 나무에 붙어있던 가지까지 함께 불에 던져지는 것처럼 그들(거짓 선지자들, 이단 전파자들, 못된 목자들)이 망할 때 추종자들은 동반하여 멸망하게 되어 있습니다.

✱ 망대의 비유

예수님께서 망대에 대해 다음과 같이 말씀하신 적이 있습니다.

"또 실로암에서 망대가 무너져 치어 죽은 열여덟 사람이 예루살
렘에 거한 모든 사람보다 죄가 더 있는 줄 아니냐 너희에게 이르
노니 아니라 너희도 만일 회개치 아니하면 다 이와 같이 망하리
라"(눅 13:4).

무슨 말씀입니까?

실로암이라는 곳에 망대가 무너진 사건이 있었는가 봅니다. 예
수님께서는 그 사건을 비유로 들어 말씀하십니다. 망대는 그 당시에
성의 외곽에 사람이 올라가 내다볼 수 있도록 높게 쌓은 탑입니다.
그곳에서는 먼 곳까지 관찰할 수 있어 적의 공격을 미리 알 수 있고,
적의 공격이 있을 때 공격을 막아내기에 좋아 성의 안전을 위해 매
우 중요한 역할을 하던 구조물이었습니다.

만일 망대가 없으면 적의 공격을 미리 알 수 없어 적의 공격에 대
비하지 못하기 때문에, 망대는 성에 사는 사람들의 생명을 지키는
데 매우 중요한 구조물이었습니다.

그렇게 중요한 망대가 무너지던 날 18명이 망대에 깔려 죽었습
니다. 그 죽은 18명이 특별히 죄가 많아서 죽었다고 생각하지 말라
는 말씀입니다. 그 사건을 보면서 "나는 죽지 않았으니까, 나는 저
사람들보다 죄가 없는 것 아니야?"라고 착각하지 말라는 것입니다.

이 말씀을 현실에 비추어 보면 현재 우리 자신에게 역경과 고난
이 닥치지 않았다고 해서 회개할 것이 없다고 착각하지 말라는 말씀
이며, 회개하지 않는다면(세상에서 돌아서서 온전히 하나님의 뜻을

따르지 않는다면) 예외 없이 모두 멸망하게 될 것이라는 경계의 말씀입니다.

여기서 망대는 영적 지도자, 선지자 등을 상징적으로 표현했다고도 생각할 수 있습니다. 성경에서는 종종 죄로 인한 징계가 있을 때, 망대를 친다는 비유를 하곤 합니다(참조, 습 1: 15~16).

즉 망대가 무너지면 그 성안에 있는 사람들은 위에서 이야기한 것과 같이 적의 공격 앞에 죽은 목숨이나 마찬가지이고, 그것은 하나님의 징계를 받고 망하는 것으로 비유됩니다. 또한 '양 떼의 망대'라는 표현도 나오는데, 그것은 성도들의 구원을 살펴주고 인도하는 역할을 상징적으로 표현한 말입니다.

"너 양 떼의 망대요 딸 시온의 산이여 이전 권능 곧 딸 예루살렘의 나라가 네게로 돌아오리라"(미 4:8).

이런 표현으로 미루어 망대가 넘어지는 사건의 비유는 그 당시 회개하지 않은 바리새인이나 서기관들의 멸망을 경고하신 말씀이며 그 망대에 깔려 죽은 사람들은 그들 거짓 선지자(못된 목자)들 때문에 그들이 멸망할 때, 동반하여 희생당할 사람들에 대한 예언이라고도 해석할 수 있습니다.

즉 못된 목자들은 언젠가 갑작스럽게 망하는 때가 옵니다. 그들의 죄가 역사 속에 밝히 드러나게 되어 있기 때문입니다. 그러므로 우리 성도는 그런 못된 목자, 거짓 선지자들에게 휩쓸려 동반 희생을 당하지 않도록 주의해야 합니다. 우리 주위에 영적 지도자(또는 목자)라고 하는 직위를 가진 사람들의 삶에 나타나는 열매를 유심히 살펴보아야 합니다. 그것이 거짓 선지자(못된 목자)들 또는 그들의 하수인들을 구분하는 분명한 방법이라고 예수님께서 오늘 본문 17~18절을 통해 말씀하십니다.

"이와 같이 좋은 나무마다 아름다운 열매를 맺고 못된 나무가 나쁜 열매를 맺나니 좋은 나무가 나쁜 열매를 맺을 수 없고 못된 나무가 아름다운 열매를 맺을 수 없느니라."

✻ 못된 나무

여기서 좋은 나무는 하나님의 뜻대로 행하는 목자들을 말하며, 못된 나무는 하나님의 뜻을 행하지 않는 목자들을 의미한다고 볼 수 있습니다. 아무리 하나님 말씀을 잘 전하고, 예수님의 이름으로 능력을 행하더라도 하나님의 뜻대로 행함이 없다면 예수님께서는 그런 자들은 불법을 행한 자들이며 구원받을 수 없다고 잘라 말씀하십니다(참조, 마 7:22~27).

왜 그렇게 말씀하셨을까요? 그래도 예수님의 이름으로 헌신하고 봉사도 많이 하고 예수님의 이름으로 병을 낫게 하는 능력도 행사하여 많은 사람을 고쳐 주었는데 그렇게 박절하게 구원을 거절하셨을까요?

바로 불순종이 이유입니다. 그런 부류의 사람들은 교회에서 많은 일을 하지만, 그들의 삶에서는 하나님의 뜻인 사랑의 열매가 나타나지 않습니다. 자기 직계 가족은 물론 형제, 자매와 화목하지 않으며 약한 자, 가난한 자, 병든 자에게 진정으로 사랑을 품고 다가가서 도와주지 않습니다. 그것이 이유입니다.

성전에서 함께 기도했던 바리새인과 세리의 비유처럼 열성적인 신앙생활이 자신의 의를 나타낸다고 잘못 생각하기 때문입니다. 그런 부류의 사람들은 자신이 회개해야 하는 줄은 모르고 신앙생활에 조금 게으르거나 믿음이 약한 사람, 성경 지식이 부족한 사람, 죄가 드러난 사람을 무시하고 정죄합니다.

그런 사람들을 오히려 사랑을 품고 긍휼과 자비로 대하며 겸손한 자세로 그들에게 선을 베풀고 선한 길로 인도하려 하지 않는 하나님의 사랑을 실천하지 않는 불순종의 사람이기 때문입니다. 이런 못된 목자에 대해서 스가랴서에서는 다음과 같이 묘사하고 있습니다.

"보라 내가 한 목자를 이 땅에 일으키리니 그가 없어진 자를 마음에 두지 아니하며 흩어진 자를 찾지 아니하며 상한 자를 고치지 아니하며 강건한 자를 먹이지 아니하고 오히려 살찐 자의 고기를 먹으며 또 그 굽을 찢으리라 화 있을진저 양 떼를 버린 못된 목자여 칼이 그 팔에, 우편 눈에 임하리니 그 팔이 아주 마르고 그 우편 눈이 아주 어두우리라"(슥 11:16~17).

하나님께서는 성도들을 돌보라고 목자들을 세웠는데 그들이 성
도들은 돌보지 않고 오히려 자신의 욕심을 채우는 데 성도들을 착취
하고 있는 상황을 표현한 말씀입니다. 현실적으로 보면 예수님께서
명령하신 "내 양을 먹이고, 치라." 하신 말씀에 불순종하는 것입니
다. 그런 불순종의 결과는 하나님으로부터 영적 지도자로서 받은 은
사들을 모두 거두어 폐망시키시겠다는 것입니다.

＊ 성도의 지혜

현실적으로 중요한 문제는 우리가 구원의 길을 가는 데 여기저
기서 나타나는 목자들을 잘 구별하는 지혜가 필요하다는 것입니다.
이런 못된 목자들, 사실은 목자가 아니라 이리들인 그들을 분별하는
방법은 그들의 실생활에 나타나는 열매를 보면 알 수 있다고 오늘
본문 20절을 통해 말씀하고 계십니다.

"이러므로 그의 열매로 그들을 알리라."

이 말씀은 구체적으로 하나님의 뜻에 따라 사랑으로 이웃을 섬
기는지를 관찰하시고, 예수님의 명령을 따라 성도들에게 믿음이 성
장하도록 하나님의 말씀을 잘 공급하고 있는지 그리고 성도들을 섬
기고 있는지를 보면 분별할 수 있습니다. 또한 그들이 가족과 이웃
에게 칭송받는 사람인가를 보아도 분별할 수 있습니다.

오늘 하나님의 말씀을 들은 저와 여러분은 이 마지막 때 더 창궐할 거짓 선지자, 즉 못된 목자들을 잘 분별해 그들이 멸망할 때 동반 희생을 당하지 않도록 주의해 안전하게 구원에 이르는 복된 성도들이 되시기를 간절히 축원 드립니다.

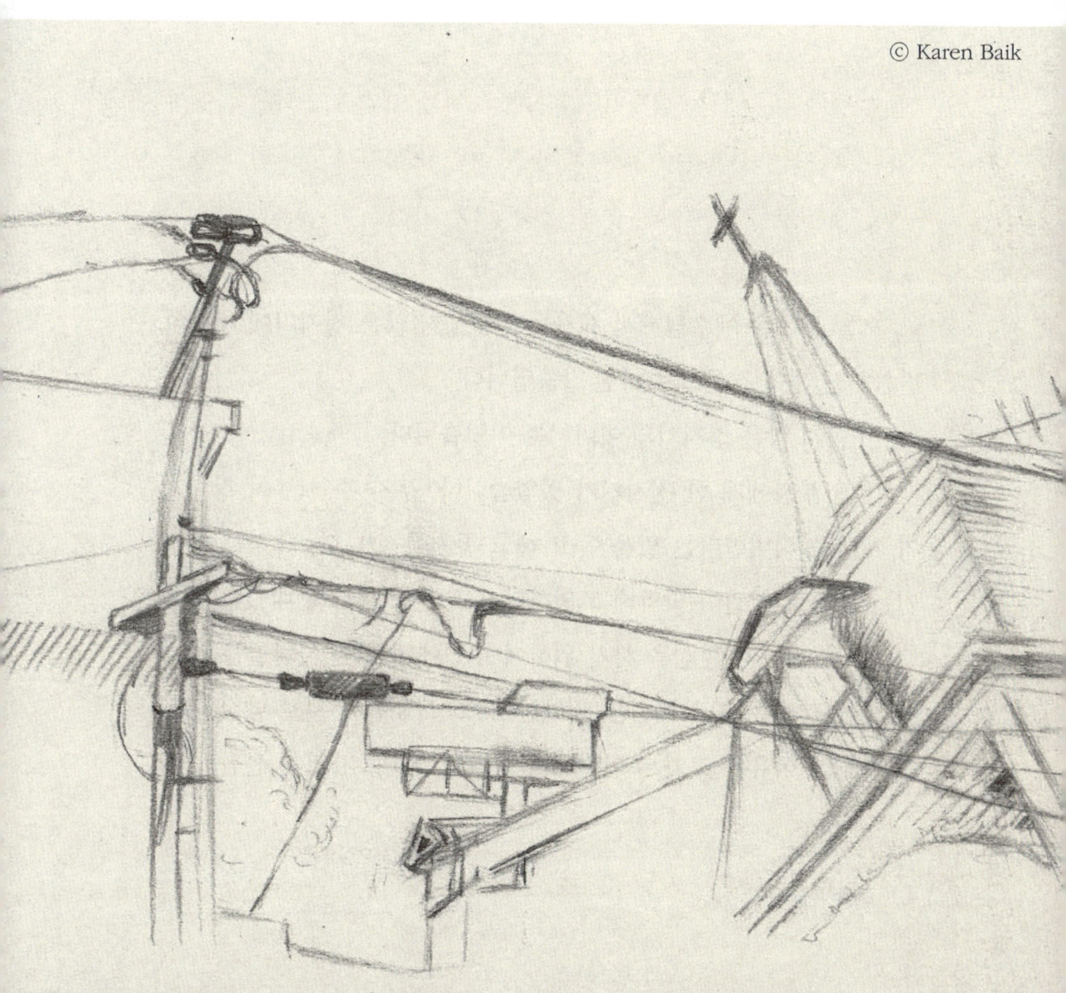

하나님과 재물
(청지기의 삶)

"집 하인이 두 주인을 섬길 수 없나니 혹 이를 미워하고 저를 사랑하 거나 혹 이를 중히 여기고 저를 경히 여길 것임이니라 너희가 하나 님과 재물을 겸하여 섬길 수 없느니라"(눅 16: 13).

오늘 본문은 예수님께서 제자들에게 옳지 않은 청지기에 대하여 말씀하신 후에 결론으로 하신 말씀입니다.

이 옳지 않은 청지기의 이야기는 이렇습니다.

어떤 부자에게 한 청지기가 있었습니다. 부자 주인은 이 청지기 가 재산을 허비한다는 말을 듣고 해고 통지를 합니다. 그러자 청지 기는 앞으로 살길이 막막해 고민하다가 묘안을 생각해 내었습니다. 그는 사람들에게 환심을 사기 위하여 주인에게 빚진 사람들을 불러 서 빚을 감해주고(많게는 반, 적게는 20%) 그것을 문서로 남깁니다. 그렇게 한 이유는 그가 주인집에서 쫓겨나더라도 자기가 선심을 베푼 사람들에게 신세를 질 수 있다고 기대했기 때문이었습니다.

이 사실을 알게 된 주인은 청지기의 지혜를 칭찬했습니다. 그가 주인의 빚에 대하여 마음대로 감해 준 것은 엄연한 월권행위로 불법을 행한 것이었습니다. 청지기는 옳지 않은 행동을 했습니다.

그렇지만 주인은 청지기가 옳지는 않지만, 자신의 살길을 준비한 그의 지혜는 칭찬했습니다. 부자 주인은 축이 난 재물이 아깝기는 했지만, 앞으로 살아갈 미래를 준비한 청지기의 지혜를 크게 칭찬했습니다.

아마도 빚을 진 사람들은 주인에게 감사했을 겁니다. "빚을 줄여 주셔서 감사합니다."라고 말입니다. 부자 주인은 받을 빚이 줄어든 것이 문제이긴 하지만, 그보다 사람들로부터 칭송받게 된 사실에 기분이 무척 좋았을 것입니다.

만일 부자 주인이 악한 사람이거나 미련한 사람이었다면 청지기를 불러서 혼을 내고 다시 빚 증서를 원상복구해 놓으라고 했겠지만, 부자 주인이 청지기를 칭찬했던 것으로 보아 주인도 지혜롭게 재물을 어느 정도 포기하고 사람들로부터 칭송받는 쪽을 택한 것입니다. 만일 부자 주인이 망해서 빈털터리가 된다면 그도 사람들로부터 도움을 받게 될 것입니다.

아무튼 이 옳지 않은 청지기는 해고를 당하게 되자 자신이 살아갈 미래에 초점을 맞추었습니다. 재물은 잊었습니다. 만일 그가 재물에 대하여 미련이 있었다면, 빚을 감해 주면서 그중 일부를 자기가 챙기려 했겠지만, 청지기는 그렇게 하지 않았습니다. 단지 자신이 앞으로 살아갈 방편에만 집중했습니다.

이 부분이 예수님께서 이 이야기로 말씀하고자 하신 핵심입니다. 즉 청지기는 죽고 사는 일, 생명에 관한 일을 생각했습니다. 그가 앞으로 주인에게 쫓겨나게 되면 굶어 죽을 수도 있다고 생각했다는 이야기입니다.

요즈음 우리 주변에는 먹을 것이 흔해서 굶어 죽는다는 이야기가 실감 나지 않겠지만, 우리나라도 한국전쟁이 막 끝나고 경제 재건이 이루어지지 않았던 때에는 서울에도 밥을 얻으러 다니는 사람들이 꽤 많았습니다.

왜 사람들이 밥을 얻으러 다녔겠습니까? 먹지 못하면 죽기 때문이라는 것을 여러분도 잘 아실 것입니다. 현재도 아프리카, 아시아, 남미, 중동에 약 10억의 인구가 굶주림으로 죽음의 위협을 받고 있습니다.

이와 마찬가지로 주인집에서 쫓겨나게 된 청지기는 먹을 것이 없어 죽게 될 위기를 느꼈습니다. 생명의 위협을 느낀 청지기는 주인의 재물을 챙기는 것보다 빚진 사람들에게 환심을 사서 최소한 굶어 죽지 않는 방편을 마련했습니다. 주인에게 빚을 마음대로 감하여 준 사실이 발각되면 감옥에 갈지도 모르는 위험을 무릅쓰고 살길을 마련했습니다.

이 이야기를 들은 바리새인들은 비웃었다고 성경은 전하고 있습니다. 왜 그들이 비웃었는가 하면 그들은 돈을 좋아했기 때문이라고 성경은 기록하고 있습니다. 바리새인들의 판단으로는 "어떻게 그런 일이 있을 수 있겠는가?"하고 비웃었던 것입니다.

만일 바리새인이 청지기의 입장이었다면 절대로 그렇게 입에 풀 칠하려고 그런 위험스러운 일은 하지 않았을 것으로 생각했던 것입니다. 율법주의자인 바리새인이 주인의 입장이었다면 불법을 행한 그 옳지 않은 청지기를 절대로 가만두지 않았을 것으로 생각했던 것입니다.

그러나 예수님께서는 바리새인들이 청지기와 같이 재물에 관한 생각을 바꾸기를 바라시며 이 비유의 말씀을 하셨습니다. 즉 재물에 대한 집념을 버리고 우선 살길을 찾으라고 경고하셨습니다.

물론 청지기의 이야기에서 청지기는 세상을 살아갈 방편을 마련하는 데 지혜롭게 행동했지만, 예수님께서 말씀하시고 싶었던 주제는 바리새인들이 구원과 영생에서 제외되기 전에 재물에 대한 욕심을 버리고 생명의 길을 마련하라고 촉구하셨던 것입니다. 즉 "재물이냐? 하나님이냐?" 선택하라고 촉구하셨습니다.

그러므로 이 이야기 끝에 "너희가 하나님과 재물을 겸하여 섬길 수 없느니라"라고 결론을 내리셨던 것입니다.

✱ 세상의 아들과 빛의 아들

예수님께서는 이 옳지 않은 청지기의 이야기를 마치시면서 이

이야기에 등장하는 청지기는 세상의 아들들이라고 말씀하시고 빛의
아들들과 비교하여 말씀하십니다.

세상의 아들들은 아직 성령으로 거듭나지 않은 사람들을 의미합
니다. 그런 세상의 아들들도 재물보다는 생명을 부지하는 일에 더
중점을 두고 살고 있는데 예수님을 영접하여 거듭 태어난 성도, 즉
빛의 자녀들이 재물을 탐한다면 세상의 아들들보다 더 못하다는 말
씀입니다.

세상의 아들들은 세상에서 생명을 부지하는 일에 익숙하고 잘 처
리하는 것처럼(shrewd), 하늘에 소망을 둔 빛의 자녀들은 하늘의 새
생명을 사모하며 세상을 살면서 재물에 대하여 올바른 판단을 하며
살아야 한다는 의미에서 이런 말씀을 하신 것입니다. 재물은 욕심내
야 하는 대상이 아니라 잘 사용해야 하는 대상이라는 말씀입니다.

한 부자 청년이 예수님을 찾아와 온전해지고 싶다고 했을 때, 예
수님께서는 부자 청년에게 부자이기 때문에 절대로 온전해질 수 없
다고 답변하지 않으셨습니다. 예수님께서는 부자 청년에게 가진 재
산을 모두 팔아 가난한 사람들에게 나누어 주는 지혜를 가지라고 말

씀하셨습니다.

그렇습니다. 성도들이 재물을 소유하고 있는 것은 잘못된 일이 아닙니다. 단지 성도들이 소유한 재물을 숭배하는 대상으로 생각하는 것은 악을 좇는 일이 되어 잘못된 일이지만, 보유한 재물을 가난한 이웃을 위하여 하나님의 뜻을 이루는 곳에 선하게 사용한다면 그것은 지혜로운 성도로 칭찬받게 된다고 말씀하셨던 것입니다.

하나님과 재물의 관계에 대하여 설명해 주는 실제 사건이 성경에 기록되어 있습니다. 하루는 마리아가 그 당시 장정의 일 년 품삯에 해당하는 향유를 예수님 발에 붓고 머리털로 씻어주는 일이 있었습니다. 그러자 가룟 유다는 마리아에게 이런 말을 합니다.

"제자 중 하나로서 예수를 잡아 줄 가룟 유다가 말하되 이 향유를 어찌하여 삼백 데나리온에 팔아 가난한 자들에게 주지 아니하였느냐 하니 이렇게 말함은 가난한 자들을 생각함이 아니요 저는 도적이라 돈궤를 맡고 거기 넣는 것을 훔쳐 감이러라"(요 12:4~6).

즉 "재물이 있으면 그것을 가난한 자에게 나누어 줄 것이지, 왜 허비하는가?"라고 마리아를 비난했습니다. 얼른 생각하기에는 그 말이 틀린 말이 아닌 것 같은데 성경은 다르게 정의하고 있습니다.

성경은 가룟 유다는 향유가 비싼 것이라는 이유로 하나님을 위한 일에 사용되는 것조차 아까워했던, 재물을 탐했던 자로 정의합니다. 마리아는 장정 일 년 품삯에 해당하는 귀한 향유를 하나님의 뜻을 이루시려는 예수님의 사역에 아낌없이 바친, 재물을 지혜롭게 사용한 사람으로 평가되고 있습니다.

여러분은 어떻습니까?

일상에서 재물을 사용할 때 하나님 나라와 의를 위하여 지혜롭게 사용하고 있는지요? 아니면 사람들에게 보이기 위하여 자랑삼아 재물을 사용하고 있지는 않은지요? 또는 욕심을 채우는 수단으로 재물을 삼고 있지는 않은지요? 하나님을 섬겨야 하는 것보다 재물을 더 섬기고 있지는 않은지요? 자문해 보시기 바랍니다.

오늘 본문에 등장하는 청지기가 굶어 죽을 위기에 처하자 살기 위하여 재물을 지혜롭게 사용한 것과 마찬가지로 우리도 재물을 사용하되 "사망이냐? 영생이냐?"의 긴박함 속에서 우리의 생명을 위하여 재물을 사용하는 지혜로운 성도들이 되어야 합니다.

✱ 하나님 나라와 재물

하나님 나라와 재물은 그 실제에서 상반되고 대치되는 것이 아니라 재물을 사용하는 방법에 따라 현재와 미래의 상황은 매우 달라집니다. 즉 하나님의 뜻을 이루는 곳에 사용할 경우는 우리가 누릴 영생을 위하여 사용되는 것입니다. 세상의 쾌락을 위해서 또는 욕심을 채우는 일에 사용될 경우는 악을 불러들이는 원인이 됩니다. 그것은 죄는 짓는 것이 되며 결국 영적 사망을 예약하는 것이 됩니다.

이 세상을 사는 동안 세상 재물을 하나님의 뜻에 합당하게 잘 사용한 사람들은 장차 하늘에 보관된 자신의 보물들을 받게 됩니다. 그렇지만 이와 반대로 재물을 그저 세상의 만족을 위하여 사용한 사람들, 또는 재물을 쓰지 않고 모으기만 한 사람들은 하늘의 보물을 결국 받지 못하게 된다고 예수님은 말씀하십니다.

"지극히 작은 것에 충성된 자는 큰 것에도 충성되고 지극히 작은 것에 불의한 자는 큰 것에도 불의하니라 너희가 만일 불의한 재물에 충성치 아니하면 누가 참된 것으로 너희에게 맡기겠느냐 너희가 만일 남의 것에 충성치 아니하면 누가 너희 것을 너희에게 주겠느냐"(눅 16:10~12).

즉 세상 재물을 잘 다스리지 않고 어떻게 하나님의 영적 유업을 감당하겠는가? 재물을 이웃 사랑의 수단으로 열심히 사용해야지, 살다 보면 없어질 수도 있는 그 재물, 또는 죽을 때 다 놓고 가야 하는 재물이 아까워서 움켜쥐고 있어서는 안 됩니다. 하나님 앞에 갔을 때 하나님으로부터 충성되지 못한 게으른 종이라 야단을 맞고 천국에서 쫓겨나게 될 것입니다. 우리는 재물을 하나님을 섬기는 수단으로 삼아야지, 재물을 하나님 대신 섬기게 되면 그것은 십계명의 제 일 계명을 어기는 심각한 죄가 됩니다.

"너는 나 외에는 다른 신들을 네게 있게 말지어다."

오늘 본문은 바로 이렇게 중요한 계명을 어긴 그 당시 바리새인에게 하신 경고의 말씀입니다.

"집 하인이 두 주인을 섬길 수 없나니 혹 이를 미워하고 저를 사랑하거나 혹 이를 중히 여기고 저를 경히 여길 것임이니라 너희가 하나님과 재물을 겸하여 섬길 수 없느니라"(눅 16:13).

물질만능 시대를 사는 우리에게도 똑같이 경고하시는 말씀입니다. 하나님의 말씀을 들은 저와 여러분은 부디 이 세상을 살면서 재물을 거부하거나 재물을 소유하는 것을 죄로 인식할 것이 아니라, 하나님께서 맡기신 재물이라고 인식하시고 그 재물을 관리하고 사용하되 하나님을 섬기는 일에 열심을 다하고 잘 사용하여 하나님 앞에서 충성된 종이라 칭찬받고 더 큰 복을 받아 누리는 선한 청지기의 삶이 되기를 간절히 축원 드립니다.

생명의 은인

"나의 고난을 보시고 나를 건지소서 내가 주의 법을 잊지 아니함이니이다"(시 119:153).

우리나라 전래동화 중 이런 이야기가 있습니다.

하루는 노인 어부가 고기를 잡는데 그물에 커다란 잉어가 걸려 올라왔습니다. 잉어는 눈물을 글썽거리며 살려 달라고 애원했습니다. 노인 어부는 잉어를 물에 놓아주었는데, 이 잉어는 용왕의 아들이었습니다.

용왕의 아들은 노인을 용궁으로 모시고는 며칠을 극진히 대접했습니다. 집으로 돌아갈 때 용왕이 무슨 선물을 원하느냐고 물어보면 금빛 구슬을 달라고 하라고 귀띔해 주었습니다. 아닌 게 아니라 집으로 돌아갈 때가 되자 용왕이 노인에게 물었습니다.

"아들을 살려주어 고마운데 무엇을 선물로 받고 싶으신가요?"

　노인은 용왕의 아들이 가르쳐준 대로 금빛 구슬을 선물로 달라고 했습니다. 금빛 구슬은 모든 소원을 들어주는 신비한 구슬로 용왕이 가장 아끼는 것이었습니다. 용왕은 약속을 지키기 위해 금빛 구슬을 노인에게 줄 수밖에 없었습니다. 노인은 금빛 구슬을 집에 가져와서 소원을 말하는 대로 들어주는 이 금빛 구슬 덕분에 큰 부자가 되어 할머니와 백년해로를 했다는 이야기입니다.

　용왕의 아들은 생명의 은인인 노인에게 은혜를 잊지 않고 보답했다는 것이 이 전래동화의 골자입니다. 이 전래동화는 용궁과 용왕 그리고 용왕의 아들인 잉어 등이 상상의 세계에서나 나오는 배경과 등장인물들이지만 우리의 실제 생활에서도 이와 비슷한 일은 얼마든지 일어날 수 있습니다.

　실제로 제2차 세계대전 때 이런 일이 있었습니다. 독일의 히틀러가 유대인들을 대학살하고 있을 때였습니다. 한 유대 청년이 나치스 당원에게 쫓기고 있었습니다. 유대 청년은 도망을 가다가 한 비행장으로 숨어들었습니다. 마침, 그때 한 비행사가 비행기를 정비하고 있었습니다. 유대 청년은 비행사에게 좀 살려 달라고 애원했습니다.

　비행사는 유대 청년을 불쌍히 여겨 그 청년을 태우고 이웃 나라 오스트리아의 한 비행장에 내려놓아 주었습니다. 그 후 유대 청년을 살린 비행사는 독일의 나치주의에 반대하여 영국으로 도망가 살다가 영국군의 조종사가 되었습니다.

한 전투에서 그는 머리를 심하게 다쳐 의식을 잃은 채 병원에서 치료받고 있었습니다. 극진한 간호와 치료를 받은 비행사는 결국 의식을 회복하게 되었습니다. 그를 간호하고 치료했던 영국군 군의관이 바로 그가 살려주었던 유대 청년이었습니다.

이렇게 생명의 은인이 선한 일을 한 보응을 받게 된다는 사실은 우리 주변에서도 얼마든지 찾아볼 수 있습니다. 동화와 같이 상상 속에 나오는 이야기도 그렇고, 위에서 예를 든 실제 일어난 사건에서도 그렇고 우리가 생각해 보아도 생명의 은인에게 보답하는 것은 당연하다고 생각할 것입니다. 생명을 건진 당사자는 생명의 은인을 영원히 잊지 못할 것이고 생명의 은인을 위해서라면 목숨도 바칠 수도 있다는 데 공감하실 것입니다.

세상에서는 이렇게 생명의 은인이 도움받은 당사자로부터 보상받는 것이 일반적이고, 그런 사실은 성경에 등장하는 인물들의 생애를 통해서도 살펴볼 수 있습니다.

✳ 생명의 은인 라합과 가문의 영광

이스라엘 민족이 여리고성을 공격할 때 기생 라합이 이스라엘의 정탐꾼들을 살려주고 이스라엘이 여리고성을 함락할 때, 그녀 자신은 물론 그녀의 가족과 가족에 딸린 식솔들의 생명까지 구했다는 이야기가 그런 이야기입니다.

기생 라합의 이야기가 동화나 세상의 이야기와 다른 점은 기생 라합이 이스라엘 정탐꾼들을 살려주고 본인과 많은 사람의 목숨을 건졌다는 것이 이야기의 끝이 아니라는 것입니다.

그런 사건이 있고 난 뒤에 기생 라합은 새로운 삶을 시작해 다윗 왕의 조상이 되었으며 그 다윗의 28대손으로 예수가 태어났습니다. 즉 정탐꾼들을 살려주고 그 보답으로 많은 사람의 생명을 건졌다는 라합의 이야기는 거기서 끝이 난 것이 아니라, 전 인류를 구원하게 되는 역사의 연속 선상에 있었던 것입니다.

기생 라합은 위기의 순간에 하나님께로 돌아서는 결단을 함으로써 그녀의 새로운 생애가 시작되었습니다. 이렇게 기생 라합이 하나님의 선민인 이스라엘 백성을 좇아 새로운 인생을 선택했던 역사적인 결단력의 원천은 하나님을 경외하는 마음에 있었음을 성경은 다음과 같이 전하고 있습니다.

"우리가 듣자(출애굽과 요단 동편의 땅을 정복한 사실) 곧 마음이 녹았고 너희의 연고로 사람이 정신을 잃었나니 너희 하나님 여호와는 상천하지에 하나님이시니라 그러므로 청하노니 내가 너희를 선대하였은즉 너희도 내 아버지의 집을 선대하여 나의 부모와 남녀 형제와 무릇 그들에게 있는 모든 자를 살려주어 우리 생명을 죽는 데서 건져내기를 이제 여호와로 맹세하고 내게 진실한 표를 내라"(수 2:11~14).

라합은 이스라엘 민족이 애굽을 탈출할 때 홍해가 갈라졌다는 이야기와 그들이 요단 저편에서 치른 전쟁에서 강력한 왕들을 제압하고 승리한 사실을 알고 있었습니다. 그런 일이 가능할 수 있었던 배후에는 여호와 하나님께서 도우셨다는 것을 굳게 믿었습니다. 그녀는 여호와 하나님께서 이끄시는 이스라엘 민족에게 대항한다는 것은 사실상 무모하다는 것을 간파했습니다. 그녀는 인류 역사가 하나님의 주권 아래 있음을 굳게 믿었던 선각자적인 여인이었습니다.

우리도 이런 역사관을 가져야 합니다. 이 세상에 일어나는 모든 일이 하나님의 주권 아래 섭리되고 진행되고 있다는 것을 믿고 명심해야 합니다.

만일 일상에서 우리에게 닥친 일이 하나님의 일과 관련된 일이라면 그 일이 나에게 어떤 영향을 미치든 간에 하나님의 뜻에 순종하는 결단을 해야 합니다. 만일 하나님의 나라와 의를 먼저 구하지 않고 세상 기준으로 판단하고 행한다면 그만한 대가를 치를 각오를 해야 합니다.

이렇게 하나님을 믿은 라합은 이스라엘의 정탐꾼들에게도 자신과 그녀의 가족과 식솔들까지 모두 보호해 줄 것을 여호와의 이름으로 맹세하게 함으로써 그녀가 여호와를 경외하였다는 것을 거듭 확인하게 됩니다. 그것이 라합이 지녔던 믿음입니다.

그녀는 이렇게 여호와 하나님을 믿었기 때문에 그녀가 원하는 모든 사람을 구하고 자신도 새로운 인생을 살게 되었습니다. 그뿐만 아니라 다윗의 선조 할머니와 예수님의 조상으로 당당히 성경에 기록되어 오늘날까지 전해지고 있습니다.

이것이 세상을 하나님의 역사하심으로 바라보는 사람이 누리게 되는 복입니다. 그 복은 세상의 환란에서 구원받게 되는 복이며, 여호와 하나님께서 이 땅에서 이루고자 하시는 역사에도 영광스럽게 쓰임 받게 되는 복입니다.

이스라엘의 공격을 하나님의 역사로 인식한 라합은 두 정탐꾼에게는 생명의 은인이 되었습니다. 그리고 하나님께서는 하나님을 경외한 라합의 생명을 구해주신 것은 물론 다윗의 조상이 되게 하셨으며 전 인류의 생명의 은인이신 예수님을 그 후손에서 태어나게 하심으로 영광스러운 가문으로 세워주셨습니다.

이처럼 하나님을 경외함으로 하나님을 믿고 헌신하여 하나님의 사역에 쓰임 받게 되면 세상의 복과 함께 그 헌신의 노력은 세세토록 기억되는 가문의 영광이 된다는 것을 우리는 라합의 이야기를 통해 깨닫게 됩니다.

✳ 거듭난 삶

라합의 이야기는 실제 사건 속에서 거듭난 삶에 대한 예를 보여주었습니다. 즉 그녀가 여리고성에서 기생으로 살고 있었을 때와 그 성의 패망 이후 그녀의 삶은 완전히 다른 삶이었습니다. 그녀가 달라진 삶을 살게 된 이유는 환란이 닥쳤을 때 하나님을 경외하고 좇는 사람이 되었기 때문입니다. 그것은 회개를 뜻합니다. 하나님의 은혜로 생명을 건지고 하나님의 영광으로 빛나는 새 삶도 받았습니다.

여러분은 이런 회개를 경험하신 적이 있으십니까? 생명의 위협을 느낄 정도의 환란이 닥쳤을 때를 경험하신 적이 있으십니까? 만일 그런 일이 닥치면 라합처럼 회개하여 새 생명을 얻는 기회로 삼으시기 바랍니다. 그것은 우리 생명의 은인이신 예수님께로 돌아서는 것을 의미합니다. 하나님께서는 회개의 기회를 주지 않으시면서 우리의 생명을 위협하는 상황에 우리를 내버려 두지는 않으십니다.

간음하다가 현장에서 붙잡혀 예수님 앞에 끌려왔던 여인은 당장 돌에 맞아 죽을 긴박한 상황에 부닥쳐졌다가 예수님의 개입으로 죽음을 피할 수 있었습니다. 그때 그 여인은 그 자리를 피해 도망하지 않고 끝까지 생명의 은인이신 예수님의 은혜를 기다리며 부끄러움과 두려움 속에서 그 자리에 머물러 있었습니다. 그것은 회개와 인내였습니다. 그 회개와 인내로 인해 예수님으로부터 용서받고 새로운 삶을 살게 되었습니다.

우리도 일생을 살면서 여러 어려움을 겪게 마련인데 머리카락이 곤두서고 식은땀이 날 정도로 절체절명의 순간이 왔을 때는 그 사건에 하나님의 섭리가 강하게 역사하고 있다는 사실을 믿으시기 바랍니다. 하나님께서 바라시는 대로 하나님을 경외하는 마음으로 끝까지 섭리하심에 죽기까지 순종해야 합니다. 그렇게 인내할 때 성령의 도우심으로 거듭난 삶을 살게 될 것입니다.

다윗은 그가 당한 고난에 대하여 이렇게 노래하고 있습니다.

"고난 당하기 전에는 내가 그릇 행하였더니 이제는 주의 말씀을 지키나이다"(시 119:67).
"고난 당하는 것이 내게 유익이라 이로 인하여 내가 주의 율례를 배우게 되었나이다"(시 119:71).

이 사실을 믿으시기 바랍니다. 다윗도 그가 당한 고난의 순간에 여호와 하나님께 회개하여 부르짖는 것을 멈추지 않았습니다. 고난 후에 하나님의 말씀을 더 지키게 되었음을 고백했습니다. 즉 고난이 닥쳤을 때 하나님의 율례를 기억해 내고 하나님의 말씀을 깨닫게 되어 거듭난 삶을 살게 되었다는 고백입니다.

인생을 살다 보면 위 이야기들처럼 생명의 은인이 있을 수 있습니다. 생명의 은인 덕분에 제2의 인생을 살게 되는 경우를 위 예화들에서 보았습니다. 성경에서는 하나님의 은혜로 기생 라합이 제2의 인생을, 그리고 다윗이 고난 후에 회개함으로 제2의 인생을 살았음을 우리에게 보여주고 있습니다.

욥기서는 고난에 대한 하나님의 의도와 고난의 원인에 대해 분명히 전하고 있습니다. 고난은 하나님께서 직접 시행하시는 것이 아니라는 것입니다. 즉 고난은 하나님의 허락하심으로 사탄의 역사가 우리에게 나타나는 것입니다. 하나님께서 우리를 정금같이 귀한 자로 만드시기 위해, 또 성도의 승리와 사탄의 실패를 증명하시기 위해 때로는 사탄의 도전을 받아 주신다는 것입니다. 그것은 하나님께서 우리 믿는 자에게 품으신 신뢰가 성도들에게 고난으로도 나타날 수 있다는 것을 의미합니다.

그러나 욥이 그랬던 것처럼 우리도 하나님을 믿는 믿음으로 어떠한 고난이라도 견딜 수 있음을 믿으시기 바랍니다. 고난 중과 고난의 끝에는 그 고난 전보다 하나님께 한층 더 가까워진 자신을 발견하게 될 것이며, 하나님께서 더 특별히 보호 인도하시는 제2의 인생, 거듭난 삶이 기다리고 있음도 믿으시기 바랍니다.

✲ 생명의 은인이신 예수님

예수님께서 이 세상에 오시기 전에는 사람들의 거듭난 삶에 하나님께서 직접 역사하셨습니다. 그러나 지금 우리가 사는 시대는 예수님께서 우리를 위한 대속제물이 되셨기 때문에 예수님은 우리 생명의 은인이십니다. 예수님 덕분에 우리는 제2의 인생, 거듭난 인생을 살게 된 것입니다.

구약시대에는 특정한 동물(양, 염소, 황소, 암송아지 등)의 피로 죄를 지은 육체를 정결케 하는 의식을 행하도록 하나님께서 지시하셨습니다. 즉 그런 속죄 제사를 지내고 나서는 다시 죄를 짓지 않겠노라고 결심하고 새로운 생활을 시작했습니다.

그러나 그런 제사로는 사람들의 죄를 단번에 씻지는 못했고 매년 자신이 지은 죄를 위해 다시 제사를 드리곤 했습니다. 이렇게 매년 다시 죄를 짓는 인생을 거듭난 삶이라고 말할 수는 없습니다. 예수님이 오시기 전인 구약시대에 드렸던 제사로는 진정한 제2의 인생, 거듭난 삶을 이룰 수는 없습니다.

단번에 모든 죄를 없게 하시기 위하여 드려진 예수님의 속죄 제사만이 하나님께서 보증하시는 진정한 제2의 인생, 거듭난 삶을 줄 수 있습니다. 그런 의미에서 예수님은 우리 생명의 은인이십니다.

✳ 성도의 결단, 소망

오늘 하나님의 말씀을 들은 저와 여러분은 우리 인생에 닥칠, 아니면 현재 겪고 있는 고난이 치명적이고 견디기 힘들수록 그 고난을 하나님께서 허락하셨다는 사실을 기억하시기 바랍니다. 하나님께서는 우리가 믿음을 지킬 것이라고 신뢰하시며 지켜보고 계신다는 것도 잊지 마시기 바랍니다.

생명의 은인이신 예수님께 의지하여 고난을 견디고 통과할 수 있게 해달라는 부르짖음을 중단하지 말아야 합니다. 그런 부르짖음은 하나님께 꼭 상달될 것이고 하나님께서는 우리의 회개와 믿음을 보시고 그 고난에서 건져내 주심은 물론 우리를 통해 하나님의 영광을 이 세상에 나타내실 것입니다.

우리 믿는 성도들은 고난이 닥쳤을 때 하나님께서 베풀어 주시는 거듭 태어남과 영적 성숙의 기회를 놓치지 말아야 합니다. '제2의 하나님 음성'이라고도 불리는 고난이 닥쳤을 때 오늘 말씀을 기억하셔서 하나님께 회개하고 더 충성하는 굳은 믿음을 보임으로써 생명의 은인이신 예수님의 은혜로 거듭난 삶을 받아 누리는 복된 성도가 되시기를 간절히 축원 드립니다.

낮은 자리로

"믿음의 주요 또 온전케 하시는 이인 예수를 바라보자 저는 그 앞에 있는 즐거움을 위하여 십자가를 참으사 부끄러움을 개의치 아니하시더니 하나님 보좌 우편에 앉으셨느니라"(히 12:2).

영국의 등반가 조지 말로리(George Mallory)는 1920년대 에베레스트 정복에 나섰던 등반가로 유명합니다. 그는 지금과 같이 과학적인 지식이나 현대적인 장비가 없이 에베레스트를 정복하기 위해 세 번이나 도전했습니다. 그는 3차 에베레스트 등반에서 안타깝게도 정상 정복에 성공하지 못한 채 실종되었습니다.

조지 말로리는 생전에 "왜 에베레스트에 오르느냐?"라는 한 기자의 질문에 "산이 거기 있어서."라고 명언을 남긴 사람으로도 유명한 사람입니다.

조지 말로리는 비록 에베레스트산을 정복하지는 못했지만, 그의 도전은 절대 헛되지 않았습니다. 그가 악조건 속에서도 감행한 3차에 걸친 에베레스트 정상을 향한 도전은 그 후에 도전하는 사람들에게 용기를 주었습니다. 에베레스트산을 등정할 때 필요한 실제적인 정보들을 많이 제공했습니다.

그동안 조지 말로리가 개척한 등정로가 있었을 것이고, 그가 겪었던 에베레스트산의 경험과 지식은 그 후 등반가들에게 큰 도움이 되었습니다. 결국 그런 기초 자료들을 바탕으로 현대적 장비의 발달과 더불어 에베레스트산은 정복되었다고 말할 수 있습니다. 조지 말로리의 죽음을 불사한 도전은 후대 사람들이 에베레스트산을 정복하는 데 필요한 용기와 기초 자료 면에서 큰 밑거름이 되었습니다.

상식적으로도 조지 말로리가 올라갔던 곳까지는 비교적 손쉽게 올라갈 수 있었을 것이고, 그곳에서 정상에 오르는 코스는 다른 등반가에 의해 개척되었을 것입니다. 그 결과 오늘날과 같이 최신 장비를 갖춘 프로 등반가들이라면 정상에 오르는 일이 전혀 불가능한 일이라고 생각하지 않게 되었다는 것입니다.

지금은 에베레스트산을 오르려고 계획하는 사람들의 조건은 조지 말로리의 조건과는 매우 다릅니다. 이미 정상에 오른 사람들이 제공하는 정보들로 위험한 코스와 기상 변화에 대한 대책, 각종 최신 등산 장비들, 통신기기의 발달로 위급한 상황에서 구출될 수 있는 유리한 조건에서 정상을 향해 출발할 수 있게 되었습니다. 그로 인해 정상 정복의 성공률도 높아졌습니다.

우리 삶도 마찬가지입니다. 우리가 달성하고자 하는 일에 대한 정보가 전혀 없을 때는 그 목표를 달성하기 위하여 길을 잃고 헤매게 되며, 시행착오를 겪게 됩니다. 그러나 누군가가 우리가 달성하고자 하는 일을 이미 이루고 그 목표에 도달하기까지의 청사진을 보여준다면 우리는 자신감을 가지고 어려움에 봉착하더라도 앞으로 성취하게 될 성과에 위안을 삼으며 그 목표까지 전진할 수 있게 될 것입니다.

여기서 우리가 살아가는 이유, 즉 우리 인생의 궁극적인 목표에 대해 생각해 보고자 합니다.

✻ 인생의 목표

"인생의 궁극적인 목표는 무엇입니까?"라는 질문에 대하여 "구원이고 영생을 얻는 것입니다."라고 우리는 분명히 대답해야 합니다.

만일 어떤 사람이 이 세상에서 돈을 많이 벌어서 남들에게 자랑하는 것을 목표로 삼았다고 가정합시다. 그 사람에게 정말로 사람들에게 자랑할 만한 돈을 주자마자 "지금 바로 죽어줄 수 있겠습니까?"라고 묻는다면 그렇게 하겠다고 하는 사람이 몇이나 될까요? 우매한 자 외에는 그렇게 하겠다고 할 사람은 한 사람도 없을 것입니다.

"하나님은 이르시되 어리석은 자여 오늘밤에 네 영혼을 도로 찾으리니 그러면 네 예비한 것이 뉘 것이 되겠느냐 하셨으니"(눅 12:20).

재물, 권력, 명예 등 세상의 목표들은 잠시 우리 곁에 있을 수 있습니다. 하지만 그것은 우리가 영원히 소유할 수 없는 것들입니다. 우리는 인생의 목표를 구원과 영생에 두어야 합니다. 그것은 영원한 것이기 때문입니다. 이 진리는 하나님께서 우리에게 성경을 통해 끊임없이 말씀하고 계신 주제입니다.

하나님께서 우리를 만드셨다는 것을 믿는다면 하나님께서 원하시는 목표에 우리의 목표를 맞추는 것이 당연하지 않을까요?

예를 들면 어떤 사람이 달콤한 사탕을 만들려고 했는데 사탕이 달콤하지 않고 쓴맛이 난다면 사탕을 만든 사람이 사탕을 어떻게 하겠습니까? 당연히 쓴 사탕을 쓰레기통에 버릴 것입니다.

인생의 궁극적 목표, 최종의 목표는 하나님께서 우리에게 주고자 하시는 우리의 구원과 영생에 맞추어져야 합니다.

"하나님은 모든 사람이 구원을 받으며 진리를 아는 데 이르기를 원하시느니라"(딤 2:4).
"내 아버지의 뜻은 아들을 보고 믿는 자마다 영생을 얻는 이것이니 마지막 날에 내가 이를 다시 살리리라 하시니라"(요 6:40).

우리가 이 세상을 사는 동안 인생에서 경험하게 되는 여러 사건은 바로 구원과 영생으로 이어지는(가는 길에) 징검다리가 되어야 합니다.

조지 말로리라는 등반가가 에베레스트산 정복에 계속 도전했던 이유가 "거기 산이 있어서"라고 대답했던 것처럼, 우리도 세상을 헤치며 계속 살아가야 하는 이유를 "거기 구원과 영생이 있어서"라고 답변해야 합니다.

초기에 에베레스트 정복에 도전했던 사람들 덕분에 다른 등반가들이 에베레스트를 정복할 수 있다는 자신감을 가지고 도전하게 되었습니다. 선배들이 작성한 지도와 정보로 그 이후에는 에베레스트산도 정복될 수 있는 산으로 인식되었습니다.

그와 마찬가지로 앞서가신 예수님께서 이 세상을 이기시고 결국 하나님의 보좌 우편에 앉으셨기 때문에 예수님을 따르는 우리도 결국은 세상을 이기고 하나님의 은혜로 구원과 영생을 얻게 될 것입니다. 이러한 믿음과 소망을 두고 믿음의 주요, 또 온전케 하시는 이인 예수님을 바라보고 끝까지 잘 따라가야 합니다.

오늘 본문은 바로 우리가 표준으로 삼아야 할 우리 인생의 모습은 예수님의 생애라는 것을 전하고 있습니다.

"믿음의 주요 또 온전케 하시는 이인 예수를 바라보자 저는 그 앞에 있는 즐거움을 위하여 십자가를 참으사 부끄러움을 개의치 아니하시더니 하나님 보좌 우편에 앉으셨느니라"(히 12:2).

예수님께서는 고통과 조롱과 죽음의 두려움으로 상징되는 십자가의 고난을 통과하신 후에 하나님 보좌 우편에 앉으셨습니다. 그것이 하나님께서 예수님의 생애를 통해 우리에게 제시하시는 우리가 살아야 할 삶의 표준 청사진입니다.

그런 의미에서 예수님의 생애는 우리 성도들의 본이 되는 것인데, 예수님의 생애에는 우리가 본받아야 할 삶의 모습이 포함되어 있습니다. 그중 한 가지가 예수님께서는 낮은 자리로 임하셨다는 것입니다.

∗ 낮은 자리로 오신 예수님

하나님의 아들로서 땅과 하늘의 모든 권세를 받으실 상속자로서 이 세상 왕들의 왕으로 오신 예수님은 화려한 궁전에서 태어나지 않으시고 동물들이 밤을 지내는 헛간에서 태어나셨습니다. 예수님은 그 당시 중한 죄인들에게 내려지는 십자가형을 선고받으셨을 때, 그분께서는 하나님의 아들로서 행할 수 있는 권능을 사용하지 않으셨습니다. 말씀으로 바람을 잠잠하게 하시고 죽은 자를 살리시며 물 위를 걸으시고 먹을 것을 만드실 수 있는 권능을 사용하지 않으시고 묵묵히 십자가를 지시고 그 십자가에서 돌아가셨습니다. 그것이 이 땅에서 보여주신 예수님 삶의 시작과 끝이었습니다. 곧 낮은 자리로 임하셨다가 철저히 낮추신 모습으로 돌아가셨습니다.

우리가 살아가는 목적은 하나님께서 원하시는 대로 구원과 영생을 얻는 것이어야 합니다. 그 목적을 달성하려면 하나님께서 제시하신 예수님의 삶을 좇아 사는 것을 받아들여야 합니다. 예수님의 태어나심과 그분의 마지막을 보며 우리가 깨닫게 되는 것은 인생의 궁극적 목표인 구원과 영생을 향한 첫걸음은 우리 자신을 스스로 낮추는 것에서 출발해야 한다는 것입니다.

이와 관련해 예수님께서는 바리새인과 서기관들을 심하게 꾸짖으셨는데, 왜냐하면 그들은 예수님의 삶과는 다른 삶을 살고 있었기 때문이었습니다.

하루는 예수님께서 제자들에게 바리새인과 서기관들을 삼가라고 가르치십니다. 왜 바리새인과 서기관들을 삼가라고 하셨는가 하니, 그들은 율법을 입으로는 줄줄 외우나 그 율법을 지키지 않는 자들이기 때문이라고 제자들에게 설명하십니다.

지금 시대로 이야기하면 성령으로 거듭 태어나지 않고 각종 지식만 머리에 가득한 종교 지도자, 지식인, 권력자들을 일컫는다고 보면 됩니다. 그런 사람들은 현실에서 어떻게 나타나는가에 대하여 아래와 같이 말씀하십니다.

"그러므로 무엇이든지 저희의 말하는 바는 행하고 지키되 저희의 하는 행위는 본받지 말라 저희는 말만 하고 행치 아니하며 또 무거운 짐을 묶어 사람의 어깨에 지우되 자기는 이것을 한 손가락으로도 움직이려 하지 아니하며 저희 모든 행위를 사람에게 보이고자 하여 하나니 곧 그 차는 경문을 넓게 하며 옷술을 크게 하고 잔치의 상석과 회당의 상좌와 시장에서 문안 받는 것과 사람

무슨 일을 하는 데 말만 하고 실제 행동에 나서지 않고 무엇을 하든지 사람들에게 보이려고 그 일을 한다는 뜻입니다. 즉 자신은 보통 사람들과 다르다는 생각이 늘 그들 마음에 있다는 것입니다. 그들은 사람들이 많이 모인 자리에서 상석에 앉으려고 하고 사람들에게 먼저 고개 숙이지 않고 상대방이 자신에게 인사하기를 기다리면서 자기들은 사람들을 가르치는 사람이라고 생각한다는 것입니다.

이 모든 내용이 무엇을 표현하고 있습니까? 하나같이 자기는 다른 사람보다 뛰어난 사람이라는 교만함과 사람들로부터 높임을 받고 싶어 하는 욕심으로 가득 찬 악한 성품을 표현하고 있습니다.

이런 성품을 지녀서는 안 된다고 예수님께서는 말씀하고 계십니다. 이런 교훈을 실제로 보여주시기 위하여 예수님께서는 낮은 곳에서 태어나셨습니다. 후세 사람들이 예수님께서는 화려하고 남들보다 뛰어난 곳에서 탄생하셨다는 말을 못 하도록 세상의 기준으로 볼 때 결코 자랑할 만한 곳에서 태어나지 않으셨습니다. 성령으로 잉태하여 태어나신 예수님께서는 출산의 비밀을 공개할 수 없었기 때문에 다윗의 자손으로 자랑스럽게 공개적으로 임신 사실을 알리고 세상 사람들로부터 축복도 받으실 수 없었습니다.

예수님께서는 철저하게 세상의 자랑거리를 배경으로 태어나지 않으셨습니다. 그러나 예수님의 탄생은 하늘에 왕의 별이 나타남으로 징조를 보여주었으며, 천사들이 친히 그의 탄생을 알리고 찬양했습니다. 동방에서 박사들이 왕과 제사장과 선지자에게 드리는 예물을 들고 와서 경배했습니다. 낮은 자리로 임하셨지만, 이 세상의 누구도 받을 수 없는 영광에 싸여 경배를 받으셨습니다.

십자가에서 보통 사람들보다 비참한 최후를 맞이하셨지만, 예수님의 영혼이 육체를 떠날 즈음에는 하늘이 온통 어두워졌습니다. 예수님께서 돌아가시자 땅이 진동하며 바위가 터지고 무덤이 열리고 자던 성도들의 몸이 많이 일어났으며 성전의 휘장이 위에서 아래로 갈라지는 등 사람들이 두려워할 정도로 하나님의 아들로서 위엄을 나타내시며 하나님으로부터 영화롭게 하심을 받으셨습니다. 그 뒤 부활하시고 승천하셔서 하나님의 보좌 우편에 앉으심으로 세상에서는 결코 줄 수 없는 하늘의 영광을 받아 누리셨습니다.

우리의 삶도 이와 같아야 합니다. 우리 자신을 철저히 낮추고 겸손해질 때 비로소 하나님께서는 우리에게 그분의 영광을 우리를 통해 나타내실 겁니다.

"누구든지 자기를 높이는 자는 낮아지고 누구든지 자기를 낮추는 자는 높아지리라"(마 23:12).

* 자신을 낮춘 탕자 이야기

예수님께서 비유로 말씀하신 이야기 중 여러분도 잘 아시는 집을 나갔다가 돌아온 탕자의 이야기가 있습니다. 그 아들은 아버지가 물려줄 유산을 미리 달라고 한 뒤 아버지의 근심은 아랑곳하지 않고 집을 나갔다가 유산을 탕진하고 먹을 것이 없어 죽을 지경이 되자 집으로 돌아온다는 이야기입니다. 그가 집에 돌아와서 아버지께 고백한 내용은 이렇습니다.

> "아버지여 내가 하늘과 아버지께 죄를 얻었사오니 지금부터는 아버지의 아들이라 일컬음을 감당치 못하겠나이다 나를 품꾼의 하나로 보소서"(눅 15:18~19, 15:21).

아들은 집을 나갈 때는 자신에게 아직은 해당하지 않는, 즉 아직 때가 이르지 않았을 때 유산을 챙겨 세상에 나가 남들에게 자랑하며 살려 했지만, 그런 그를 세상은 시험하고 실족하게 하여 빈털터리로 만들어 버렸습니다. 그런 그가 이제는 자존심을 버리고 철저히 낮아진 모습으로 집에 돌아왔습니다.

그러자 집에서 기다리던 아버지는 그렇게 자신을 낮춘 그 아들에게 종을 시켜 제일 좋은 옷을 입히고 손에 가락지를 끼우고 발에 신을 신겨 주어 아들을 높여주었습니다.

예수님께서는 이 이야기를 통해 하나님께서 정하신 때가 무르익기 전에 하나님의 유업을 받을 하나님의 자녀라고 세상에 떠벌리고 자랑하는 것을 경계하고 계십니다. 우리 자신을 진정으로 낮추었을 때 우리 자신이 죄인임을 인정하고, 우리 신분을 종의 신분으로 낮추었을 때 비로소 그분의 자녀로 회복시키시고 높여주신다는 진리를 가르치셨습니다.

예수님은 하나님과 동격인 삼위일체 중에 한 분이십니다. 그분은
이 땅에서 죽은 자를 살리는 등 창조주 하나님만 하실 수 있는 이적을
행하심으로, 부활하여 하나님 보좌 우편에 앉으심으로 그분이 하나
님의 아들임을 증명하셨습니다. 그러나 정작 그분은 이 땅에 오실 때
도 이 땅에서 활동하시는 기간에도 섬김을 본으로 보여주셨습니다.

"너희 중에는 그렇지 아니하니 너희 중에 누구든지 크고자 하는
자는 너희를 섬기는 자가 되고 너희 중에 누구든지 으뜸이 되고
자 하는 자는 너희 종이 되어야 하리라 인자가 온 것은 섬김을 받
으려 함이 아니라 도리어 섬기려 하고 자기 목숨을 많은 사람의
대속물로 주려 함이니라"(마 20:26~28).

하나님의 아들이신 예수 그리스도께서도 그렇게 섬기며 사셨고
심지어는 죄인들을 위하여 대신 죽기까지 하셨는데 우리가 예수님
께서 보여주신 삶의 모습이 아닌 상대방과 비교하여 우월함을 과시
하려고 하고 더 높은 자리에 앉으려 하고 더 큰 사람이 되려고 한다
면 그런 삶은 예수님을 따르는 크리스천의 삶은 아닙니다.

✱ 성도의 결단

우리는 이 말씀에서 분명히 깨닫는 바가 있습니다. 하나님께서

우리에게 바라시는 것은 우리 자신이 낮아지는 것이라는 점입니다. 그것은 예수님의 탄생에서부터 예수님의 모든 생애를 통해 보여주셨던 인생의 지침을 보면 분명히 깨닫게 됩니다.

바리새인과 서기관들이 예수님으로부터 꾸중을 들었던 것처럼, 우리가 남보다 우위에 서서 자신을 내세우거나 또 자랑하려고 무엇을 행하는 것은 하나님의 뜻과는 정반대라는 것을 깨닫게 됩니다.

그와는 달리 돌아온 탕자가 그랬던 것처럼, 예수님께서 그러셨던 것처럼 본인이 낮아져야 함을 깨닫고 스스로 낮추어 남을 섬기는 사람이 되었을 때 하늘 아버지께서는 우리를 그분의 영광으로 높여주신다는 것을 오늘 말씀은 전하고 있습니다.

오늘 하나님의 말씀을 들은 저와 여러분은 일상에서 예수님의 삶을 본받아 그분을 닮는 삶을 살도록 목숨을 건 노력을 다해야 합니다. 그것은 우리 자신을 종의 신분으로 낮추고 하나님의 뜻에 절대복종하면서 죽도록 충성해야 하는 것을 의미합니다. 그것은 우리 스스로 낮은 자리로 내려가는 것을 실천해야 하는 것을 또한 의미하는 것입니다.

이 말씀을 듣는 모든 성도님은 그렇게 낮은 자로 살기로 결단하고 실천하셔서 하늘 아버지께서 입혀 주시는 새 옷을 입고 상속자로 높임을 받는 복된 인생이 되기를 간절히 축원 드립니다.

내가 살리리라
(Will of Christ)

"내 아버지의 뜻은 아들을 보고 믿는 자마다 영생을 얻는 이것이니 마지막 날에 내가 이를 다시 살리리라"(요 6:40).

사람들은 이 세상을 떠나기 전이나 떠날 때 대개 유언을 남깁니다. 영어로는 'will'이라고 합니다. 어떻게 하겠다는 의지가 담겼다는 뜻인데, 이 유언은 대부분 자신의 권한에 있는 재산에 대한 처리를 부탁하는 것입니다. 유언은 어떤 사람과 맺는 계약과는 다르게 죽는 사람이 상대의 의견과는 관계없이 단독적으로 행사하는 법적 권한입니다. 즉 계약처럼 "이런 조건으로 내가 약속을 지키겠습니다."가 아니라 "내가 이렇게 하겠다."라는 일방적인 선언입니다.

이 유언은 계약과 마찬가지로 법으로 보호되는 행위입니다. 즉 유언을 정식으로 하게 되면, 그 사람이 죽은 후 그 유언 대로 재산 관계나 가족의 부양 관계 등이 처리되도록 법적으로 보호되며 유족들은 그 유언을 따라야 합니다.

옛날에 세 아들을 둔 홀아버지가 있었습니다. 이 아들들은 아버지를 봉양하지 않고 모두 분가해 살고 있었습니다. 아버지는 조상들이 물려준 땅을 일구고 힘들게 살아야 했습니다. 아버지는 나이가 들어 죽을 때가 되었습니다. 그래서 아들들을 불러 다음과 같이 유언을 했습니다.

"아들들아. 너희에게 물려줄 돈은 없으나 저 산 옆 밭에 보물을 묻어 두었으니 나 죽은 후에 너희 삼 형제가 캐내어 똑같이 나누어 의좋게 살아라."

삼 형제는 아버지가 돌아가시자 보물을 찾기 위하여 열심히 밭을 파헤쳤습니다. 그러다 보니 아버지가 힘에 부쳐 일부만 경작하고 버려졌던 넓은 밭이 작물이 잘 자랄 수 있는 부드러운 옥토로 바뀌었습니다. 삼 형제는 잠시 보물 찾는 일을 미루고 일단 옥토로 바뀐 밭에 파종했습니다. 그해 그 밭에서 풍성하게 수확하게 되었습니다.

그때 형제들은 아버지의 뜻을 깨달았습니다. 아버지는 밭을 일구어 그 밭에서 철 따라 수확되는 곡식을 보물로 말했던 것이었습니다. 삼 형제는 아버지의 뜻을 깨닫고, 유언을 받들어 조상들이 물려준 땅을 일구며 화목하고 풍족하게 잘 살았다고 합니다.

유언은 유형의 재산뿐 아니라 가족에게 도움이 되는 생활 지침 같은 무형의 유산도 종종 있습니다.

예수님께서도 이 세상을 떠나시면서 재산을 남기지는 않으셨지만, 유언과 같이 "I will"이라고 일방적으로 행하시겠다는 말씀을 여러 번 하셨습니다. 그중 하나가 오늘 본문 말씀입니다.

"내 아버지의 뜻은 아들을 보고 믿는 자마다 영생을 얻는 이것이니 마지막 날에 *내가 이를 다시 살리리라"(요 6:40).
* I will raise him up at the last day.

예수님께서도 세상 사람들의 유언처럼 상대방의 동의가 필요 없이 단독적으로 행사하는 권한으로 "마지막 날에 내가 하나님께서 내게 주신 자들을 모두 살리리라."라고 선포하셨습니다.

내게 주신 자 = 믿는 자

"모두 살리리라."라고 선포하신 예수님의 말씀에서 예수님께서 살리게 될 사람들은 '하나님께서 예수님에게 주신 자' 라고 본문의 바로 앞 절에서 말씀하고 계십니다.

"나를 보내신 이의 뜻을 행하려 함이니라 나를 보내신 이의 뜻은 내게 주신 자 중에 내가 하나도 잃어버리지 아니하고 마지막 날에 다시 살리는 이것이니라"(요 6:39).

바로 이어 오늘 본문에서는 그 살리려는 대상이 '아들을 보고 믿는 자'라고 말씀하십니다. 하나님께서 예수님에게 주신 사람들은 바로 예수님을 보고 믿는 사람들임을 알 수 있습니다.

예수님께서는 선포하셨습니다. 예수님을 믿는 사람이라면 모두 예외 없이 구원해 주시겠다고, "I will"이라고 선포하셨습니다. 세상의 유언이 세상의 법으로 지켜지는 것처럼 믿은 자를 살리시겠다는 말씀을 하나님 나라의 법으로 보장되도록 선포하셨습니다. 즉 믿음으로 구원을 얻을 수 있다는 진리를 선포하신 것입니다.

＊ 믿는 것은?

여기서 우리가 예수님을 믿는다는 것은 무엇인가? 한번 생각해 봅시다. 예수님께서 하나님의 뜻을 따라 우리의 죄를 대신해 돌아가셨다는 사건을 믿는 것을 생각할 수 있습니다. 그러나 예수님께서 돌아가시기 전에는 제자들에게 무엇을 믿으라고 하셨던 것일까요? 그 해답을 우리는 성경에서 찾아볼 수 있습니다.

"내가 아버지 안에 있고 아버지께서 내 안에 계심을 믿으라 그렇지 못하겠거든 행하는 그 일을 인하여 나를 믿으라"(요 14:11).

우선 예수님께서 하나님 안에 그리고 하나님 아버지께서 예수님

안에 함께 계심을 믿으라는 것입니다. 하나님 아버지와 예수님은 분리되어 있지 않다는 사실을 믿으라는 말이며, 하나님과 예수님은 동일체인 사실을 믿으라는 말씀입니다. 이것이 하나님과 예수님 그리고 성령이 한 몸과 같이 이루어져 있다는 삼위일체의 신비입니다.

삼위일체의 신비는 이 세상의 논리로는 입증할 방법은 없습니다. 옛날에도 이 문제 때문에 니케아 공의회(AD 325년)가 열리게 되었던 것입니다. 하나님과 성자, 성령의 정체성에 대한 의견이 분분했기 때문에 니케아라는 도시에서 로마의 콘스탄틴 황제의 주재로 제1차 세계공의회가 열렸던 것입니다.

이 회의에서 하나님과 성자, 성령의 관계를 나름대로 설명하려는 많은 이론이 발표되고 토론되었습니다. 그런 토론을 통해 결론으로 합의한 내용이 현재까지 유효한 니케아 신경입니다. 그 내용은 성부와 성자, 성령이 동질(homoousios)이며 본질(ousia)이라는 것입니다. 즉 성부 하나님, 성자 예수님, 보혜사 성령님은 삼위일체라고 공식적으로 결론 내렸습니다.

이렇게 동일 본질(homoousion)을 이루는 하나님과 그의 아들이신 예수님, 성령이 삼위일체라는 것을 논리적으로 설명하고 이해할 수는 없습니다. 그러므로 니케아 공의회에서도 삼위일체설은 투표로 결정되었습니다.

예수님께서도 이 사실을 믿을 수 있게 하는 방법은 하나님께서나 하실 수 있는 이적을 보여주는 방법밖에 없었다고 짐작됩니다. 기적적인 사건들과 예수님께서 전하시는 말씀으로 하나님과 예수님이 일체라는 사실을 증명해야 했습니다. 그 당시 예수님은 사람들로서는 불가능한 이적들을 보여주셨고, 아무리 뛰어난 율법사라도 감히 토를 달 수 없는 권위에 찬 말씀으로 그런 사실을 보여주셨습니다.

하루는 하나님 아버지를 보여 달라는 제자 빌립에게 이렇게 설명해 주십니다.

"예수께서 가라사대 빌립아 내가 이렇게 오래 너희와 함께 있으되 네가 나를 알지 못하느냐 나를 본 자는 아버지를 보았거늘 어찌하여 아버지를 보이라 하느냐 나는 아버지 안에 있고 아버지는 내 안에 계신 것을 네가 믿지 아니하느냐 내가 너희에게 이르는 말이 스스로 하는 것이 아니라 아버지께서 내 안에 계셔 그의 일을 하시는 것이라 내가 아버지 안에 있고 아버지께서 내 안에 계심을 믿으라 그렇지 못하겠거든 행하는 그 일을 인하여 나를 믿으라"(요 14: 9~11).

예수님께서 전하시는 말씀이 하나님께서 예수님을 통해 전하셨던 말씀이었으며, 예수님께서 행하신 이적들이 하나님과 함께 계심으로 가능한 일들이었습니다.

우리가 구체적으로 믿어야 하는 사실은 바로 예수님의 공생애 기간에 전한 말씀과 십자가를 통한 대속제사 모두는 하나님께서 예수님과 일체를 이루시어 역사하셨다는 사실입니다.

하나님께서 예수님의 모든 사역을 주도하셨고, 십자가에 매달려 돌아가실 때도 부활하실 때도 함께 역사하셨다는 사실을 믿어야 합니다. 하나님 아버지께서는 예수님 그리고 성령과 일체이시기 때문에 지금 우리 시대에는 성령의 전(殿)인 성도들과 함께하신다는 사실을 믿어야 합니다.

이 사실이 믿어진다면, 여러분은 하나님께서 택하여 예수님께 맡기신 성도들입니다. 우리가 그런 성도라면, 예수님께서 "I will", 즉 꼭 이루리라 하신 오늘 본문의 말씀처럼 마지막 때에 믿는 성도들에게 영생을 주실 것입니다.

오늘 본문을 다시 읽어드리겠습니다.

"내 아버지의 뜻은 아들을 보고 믿는 자마다 영생을 얻는 이것이니 마지막 날에 내가 이를 다시 살리리라"(요 6:40).

이 말씀을 듣는 성도님들은 하나님의 은혜로 이 말씀을 믿게 되셔서, 영생에 이르게 되시기를 간절히 축원 드립니다.

✻ 성도의 결단

서두에 설명해 드렸다시피 이 세상에서도 죽은 사람이 문서로 하든, 말로 하든 유언을 남기면 그것이 공증되는 한 변개할 수 없는 일방적 법적 효력을 갖는데 하물며 예수님을 통해 선포된 하나님의 'will'은 절대로 변개할 수 없는 것입니다. 그 선포가 무엇입니까? 바로 오늘 본문의 말씀입니다.

"내 아버지의 뜻은 아들을 보고 믿는 자마다 영생을 얻는 이것이니 마지막 날에 내가 이(내게 주신 자)를 다시 살리리라"(요 6:40).

즉 우리 인생의 궁극적 목표인 영생을 얻는 길은 예수님을 보고 믿는 것입니다. 구체적으로 예수님의 행하심과 그분의 말씀을 들을 때, 하나님께서 예수님과 함께하셨다는 것을 마음으로 믿는 것입니다. 그렇게 예수님을 통해 하나님을 만나 믿게 되면 예수님께서는 또 다른 조건 없이 우리에게 영생을 주시겠다는 것입니다.

그렇다면 우리가 선택하고 해야 할 일은 분명해졌습니다. 성경을 통해 예수님의 행하신 일과 말씀들을 열심히 읽으며 삼위일체 하나님을 깨닫게 되기를 간구하는 것입니다. 예수님 안에 계셔 역사하시는 하나님을 성경을 통해 볼 수 있게 되고 믿게 되기를 간구해야 합니다. 만일 이 일(성경을 읽으면서 삼위일체 하나님을 알아가는 일)을 게을리한다면, 예수님께서 일방적으로 우리에게 주시겠다는 영생을 얻지 못하게 될 것입니다.

마치 예화에서 삼 형제가 아버지의 유언을 믿고 보물을 캐기 위하여 밭을 열심히 파헤쳤기 때문에 밭을 옥토로 바꾸어 풍요롭게 살게 되었던 것처럼, 우리도 예수님께서 요구하시는 조건(예수님을 통해 하나님을 만나고 믿는 것)을 만족시키기 위하여 열심을 다해 은혜로 주시는 영생을 받아 누려야 하겠습니다.

오늘 하나님의 말씀을 들은 저와 여러분은 하나님께서 "마지막 날에 내가 믿는 너희들을 살리리라!"라고 선포하신 말씀을 굳게 믿고 소망 중에 사시기 바랍니다. 성경을 늘 읽고 묵상할 때 하나님의 은혜로 말미암아 예수님을 통해 나타나는 하나님을 만나고 마음으로 믿음으로써 마지막 때 구원과 영생을 받아 누리시는 복된 성도님들이 되시기를 간절히 축원 드립니다.

예수님의 권세

"그러나 인자가 세상에서 죄를 사하는 권세가 있는 줄을 너희로 알게 하려 하노라 하시고 중풍병자에게 말씀하시되 일어나 네 침상을 가지고 집으로 가라 하시니 그가 일어나 집으로 돌아가거늘 무리가 보고 두려워하며 이런 권세를 사람에게 주신 하나님께 영광을 돌리니라"(마 9:6~8).

예수님께서 하나님의 아들로서 죄를 사하는 권세를 지니셨다는 것을 사람들에게 직접 보여주시고 말씀하신 내용입니다. 권세라는 말은 영어로 'authority'입니다. 이 단어의 사전적 해석은 power(지휘권, 권한), permission(재가, 인가), organization(당국), knowledge(지적 권위), expert(권위자)라는 뜻으로 해석됩니다.

마태복음 5~7장에는 예수님께서 산상수훈으로 군중들에게 전한 천국에 대한 메시지가 있습니다. 예수님께서 산상수훈을 마치시자 예수님의 말씀을 듣고 있던 무리가 그 가르치심에 놀랐습니다.

왜 놀랐는가 하니, 그동안 가르치던 서기관들과는 달리 예수님께서는 자신의 권한으로 천국에 가는 조건에 대하여 천국 시민으로 사는 조건에 대하여 권위에 찬 말씀으로 설명하셨기 때문입니다. 당시 최고의 실정법이었던 율법에 의존하지 않으시고 자신의 말씀으로 천국에 대한 모든 것을 풀어 설명해 주셨습니다.

산상수훈을 통해 예수님께서는 세상에 전해야 할 복음을 모두 전하셨던 것이며, 이 복음은 예수님께서 그 권세를 위임받아 이 세상에 전한 하나님의 법으로 영원히 유효한 세상을 다스리는 법이 되었습니다.

예수님께서 전하신 세상을 통치하는 법은 예수님께서 단독으로 제정한 법이 아닙니다. 예수님께서 하나님으로부터 권세를 위임받았다는 사실은 세례 요한을 통해 하나님의 아들임을 증언하게 하시고 예수님께서 행하셨던 이적들과 모세의 율법을 완성하는 사랑의 법을 반포하심으로 증명되었습니다.

권세에 대하여 현실적으로 예를 들면 호주에 머무를 수 있도록 허락하는 영주권 비자가 있는데, 그 비자가 있어야 호주에서 여러 복지 혜택을 받으며 합법적으로 살 수 있습니다. 그런 비자를 발급하는 것, 즉 호주 땅에서 살 수 있도록 허락하는 것은 호주 정부입니다. 호주 정부는 이민부에 그 권한을 위임해 사람들의 비자 발급을 결정합니다. 이민부의 직원은 정부로부터 위임받은 권한으로 호주에서 살 수 있는 권리를 결정하고 허락합니다. 그런 권한을 영어로 'authority'라고 합니다.

이와 마찬가지로 우리가 사는 지구와 하늘을 하나님의 통치 아래 있는 한 나라로 볼 때, 지구 전체의 일에 대하여 그리고 천국에 대한 모든 권세를 하나님께서 예수님께 위임하셨다는 것입니다. 이런 사실을 예수님께서 승천하실 때 다음과 같이 확인시켜 주셨습니다.

> "예수께서 나아와 일러 가라사대 하늘과 땅의 모든 권세를 내게 주셨으니"(Then Jesus came to them and said, "All authority in heaven and on earth has been given to me")(마 28:18).

또한 심판 권세도 받으셨음을 직접 말씀하신 적도 있습니다.

> "또 인자됨을 인하여 심판하는 권세를 주셨느니라"(요 5:27).

예수님께서 하늘과 땅의 모든 것을 다스리시는 권세를 가지셨으며 구체적으로 심판하는 권세도 가지신 분이라고 성경은 전하고 있습니다. 부활, 승천하실 때 다시 오실 것을 천명하심으로 심판자로 오실 것을 분명히 하셨습니다.

우리가 이 땅과 하늘에 살 수 있는 권리를 이야기할 때는 하늘과 땅의 모든 권세를 가지신 예수님의 결정에 따라야 해서 예수님께 의지할 수밖에 없습니다. 또한 우리가 누군가에게 구원받았다는 사실을 증명하려고 할 때, 구원에 대한 권한을 위임받으신 예수님을 배제하고는 구원에 대하여 증명할 방법이 없다는 것을 의미하기도 합니다.

호주에 살 수 있는 권리에 대하여 증명하려고 할 때, 호주 정부로부터 권한을 위임받아 이민부에서 발급해 준 비자가 없는 한, 호주에 살 수 있는 권리를 증명해 보일 수 없다는 것과 같은 이치입니다.

즉 예수님께서 받으신 권세(authority)는 천국 시민권의 발급에 대한 권세라고 표현할 수도 있습니다. 그런 예수님을 믿고 예수님으로부터 천국 시민권을 받을 것인가, 또는 정작 천국 시민권을 발행해 주시는 예수님을 믿지 않고 외면할 것인가는 각자의 선택에 달려 있습니다. 비자를 발행하는 이민부에 가서 조건을 갖추어 비자를 받을 것인가, 또는 그 밖의 다른 곳, 비자를 위조하는 곳 또는 전혀 비자를 발행해 줄 수 없는 곳에 가서 비자를 기다리고 있을 것인가로 비유할 수 있습니다. 예수님께서 친히 말씀하신 대로 예수님을 통하지 않고는 아무도 천국에 갈 수가 없습니다.

"예수께서 가라사대 내가 곧 길이요 진리요 생명이니 나로 말미암지 않고는 아버지께로 올 자가 없느니라"(요 14:6).

우리 인생에는 바로 이런 중요한 선택을 해야 할 때가 있습니다.

천국 시민권을 발급해 줄 수 있는 권세를 지닌 예수 그리스도 앞에 가서 줄을 설 것인가, 멸망으로 인도하는 거짓 선지자 또는 적그리스도에게 가서 접수증을 받고 기다릴 것인가는 우리 선택에 달려있습니다. 복음을 이미 들은 우리는 당연히 예수 그리스도께 나아가 천국 시민권을 받고 새 하늘 새 땅에서 살게 될 날을 기다려야 합니다.

＊ 권세에 대한 비유

오늘 본문의 내용이 전하는 것처럼 예수님께서 성전에서 가르치실 때, 중풍병자의 죄를 사하여 주는 권세를 보여주시자 당시 제사장들이나 백성의 장로들이 예수님의 권세에 대하여 의아해합니다. 그러자 예수님께서는 비유로 포도원 농부의 이야기를 그들에게 들려주십니다.

포도원 농부의 이야기는 이렇습니다. 한 집주인이 포도원의 울타리를 만들고 그곳에 포도를 짤 수 있는 구유와 포도원을 지키기 위한 망대까지 세워주었습니다. 농부들에게 관리를 맡기고 쉽게 와 볼 수 없는 타국으로 떠났습니다.

이제 포도를 수확할 때가 되어 종들을 포도원에 보냈습니다. 포도원 관리를 맡았던 농부들은 주인이 올 수 없는 곳에 있다는 것을 알고는 수확한 포도를 받으러 온 종들을 하나는 심히 때리고, 하나는 죽이고, 하나는 돌로 쳤습니다.

그 이야기를 들은 주인은 그들에게 주인의 뜻을 깨닫게 할 양으로 더 많은 종을 보냈습니다. 포도원의 농부들은 두 번째 보낸 종들에게도 먼저 보낸 종들과 같이 때리고, 죽이고, 돌로 쳤습니다.

주인은 그들에게 포도원을 절대로 포기하지 않을 것이라는 사실을 가르치기로 작정하고, 자기 아들을 보냈습니다. 설마 주인의 아들이야 공경하지 않겠는가? 하고 생각했던 것입니다.

그러나 주인의 생각과는 달리 농부들은 주인의 아들이 상속자임을 알고는 포도원을 내어주지 않을 작정으로 아들을 포도원 밖으로 내쫓아 죽였습니다.

여기까지 이야기하신 예수님은 "이런 포도원 농부들을 주인이 어떻게 하겠느냐?"고 대제사장과 바리새인들에게 물어봅니다. 그러자 모두 "그런 악한 농부는 진멸하고 포도원은 제때 실과를 바칠 만한 다른 농부들에게 세로 주는 것이 당연하지 않겠느냐?"라고 답변합니다.

예수님께서는 그 이야기가 하나님께서 세상에 보내신 선지자와 독생자 예수님에 관한 이야기이고, 악한 농부는 예수님의 권세에 도전하고 있는 제사장들과 바리새인들임을 알게 하십니다. 그러자 이 제사장들과 바리새인들은 실제로 예수님을 죽이려는 마음을 품게 됩니다.

하나님의 권세를 예수님께서 위임받았다는 사실에 대하여 그들이 반신반의한 것도 있었지만, 이미 악한 마음이 가득한 제사장과 바리새인들은 자신들이 권세를 누리는 현재 상황을 계속 유지하려는 욕심(악한 마음)이 가득했습니다.

그들은 자신들이 누리는 권세가 하나님으로부터 맡겨진 것임을 잊었습니다. 마치 주인의 포도원을 자신의 것으로 만들려 했던 농부들처럼 그 당시 제사장들과 바리새인들은 하나님으로부터 위임받아 누리는 그들의 권세를 사유하려고 했습니다.

이런 현상은 이 시대에도 계속되고 있습니다. 이 땅의 대부분 권력자나 종교 지도자들이 모두 하나님께서 위임한 권한인지를 인식하지 못하고 그들이 위임받은 권한을 개인 소유인 양 살고 있습니다. 이 세상의 모든 지도자는 하나님의 지으신 바 되었으며 하나님의 소유 중 일부를 위탁받은 신분입니다. 그리고 예수님은 그 관리를 위임받으신 분입니다.

만일 이 세상이 예수님의 권세를 인정한다면, 이 세상의 모든 권력자나 종교 지도자들은 일반 대중을 향해 하나님의 뜻을 올바로 전하고 영혼 구원에 힘을 쏟아 영혼 구원이라는 수확으로 하나님께 올려 드리는 일에 열중해야 합니다. 그렇게 되어야 하는 것이 하나님께서 원하시는 바입니다.

그러나 예수님 당시에도 그랬고 지금 이 시대에도 아직은 그런 징조는 잘 보이지 않고 있습니다. 물론 기독교계에서는 복음을 열심히 전파하고 있지만, 실제적으로는 18세기 대각성 운동과 같은 일은 벌어지고 있지는 않습니다. 이런 상황이 계속된다면 그 결과는 포도원 농부의 비유와 같이 이 세상의 권력자, 종교 지도자들은 하나님의 진노로 말미암아 진멸될 위기에 놓였다고 볼 수 있습니다.

오늘 말씀을 통해 보니 지금 우리가 사는 세상은 매우 위험한 상황에 부닥쳐 있음을 알게 됩니다. 우리는 이때 성도로서 지혜를 가져야 합니다. 이런 지혜를 예수님께서 십자가에서 돌아가실 때 등장하는 세 부류의 사람들에게서 찾아볼 수 있습니다.

✳ 세 부류의 사람들

예수님께서 십자가에 달리셨을 때, 양쪽에 강도가 함께 십자가에 매달려 있었습니다. 한쪽에 있는 강도는 십자가 아래 있는 사람들과 마찬가지로 "하나님의 아들이거든 너와 우리를 구원하라."라고 비방했습니다.

그러나 다른 한쪽에 있는 강도는 "네가 죄를 지어 벌을 받으면서도 하나님을 두려워하지 않느냐?"라고 비방한 강도를 꾸짖습니다. 그리고 "예수여, 당신의 나라에 임하실 때 나를 생각하소서."하고 구원을 빕니다. 그러자 예수님께서는 "네가 나와 함께 낙원에 이르리라."라고 구원을 허락하십니다. 이 사건에서 우리는 세 부류의 사람을 봅니다.

구경꾼과 같은 죄인들

첫 번째 부류의 사람들은 자신들이 죄인인 줄 모르고 앞에 놓인 구원의 길을 구경꾼이 되어 바라보고 있는 사람들입니다. 그들은 십자가에 달려 고통받고 있지 않다고 해서, 자신이 정죄 받지 않고 있다고 해서 구원에 대하여 아직 안일한 생각을 하는 사람들입니다.

즉 현재 사는 것이 하나님의 은혜인 줄을 인식하지 못하고, 자신이 죄인인 것을 인정하지 않고 올바르게 사는 줄 착각하고 사는 사람들입니다. 복음을 믿지 않기 때문에 구원 사역의 현장에 적극적으로 참여하지 않고 방관자의 자세로 예수님께 가까이 가지 않고 먼발치에서 구경꾼처럼 바라보고 조롱하는 사람들입니다.

예수님과 가까이 있었지만, 구원을 놓친 강도와 같은 사람

두 번째 부류의 사람들은 예수님의 십자가 옆에 매달려 자신의 죄로 정죄함에 처해 있으면서도 예수님께 구원을 간구하지 않는 사람입니다. 이런 부류의 사람들은 고난이 닥쳤을 때 믿음이 부족하여 구원의 은혜가 가까이에 있다는 것을 인식하지 못하는 사람입니다. 구원을 허락하실 권세가 있으신 예수님을 믿음이 없어 고난 중에 찾지 않아 구원을 놓치는 사람들입니다. 문 앞에 와 계신 예수님을 마음 문을 열고 영접하지 않는 사람들입니다.

위의 두 부류의 사람들, 구경꾼과 같은 사람들과 고난 속에 있으면서도 구원의 기회를 놓친 사람들은 예수님의 행적에 대하여 자세히 알지 못합니다. 예수님께서는 죄 없으신 분이며 구원에 대한 권세를 위임받으신 분이라는 것을 잘 모르는 사람들입니다.

그들이 예수님에 대하여 알려고 노력했더라면 또는 들려오는 예수님에 관한 이야기들을 심각하게 들었더라면 예수님께서는 귀신을 쫓아내시고 죄를 사하여 주는 권세, 즉 구원의 권세를 지니신 분이라는 것을 오늘 본문과 같은 사건을 통해 알게 되었을 것입니다.

그러나 이런 부류의 사람들은 복음을 듣고도 그 복음에 대하여 자세히 알아보려고 하지 않는 사람들입니다. 언젠가 맞이할 죽음을 인식하지 못하고 안주하며 복음을 무시하고 방관하는 사람들입니다.

다른 한 부류는 죽어가면서도 예수님을 비방했던 강도처럼 자신의 죄로 인하여 고난이 닥쳐도 그 고난이 왜 닥쳤는지를 깨닫지 못하는 사람들입니다. 고난 뒤에 숨겨진 예수님을 통한 하나님의 자비와 사랑을 구하지 않는 교만하고 어리석은 사람들입니다. 즉 주변의 크리스천들과 교제를 하지만 성경을 멀리하여 복음을 자세히 알지 못하고 예수님도 하나님도 잘 알지 못하는 우매한 사람들입니다.

정죄함을 인정하고 회개하는 사람들

세 번째 부류의 사람들은 예수님과 함께 십자가에 달려 죽어가는 행악자 중 다른 한 사람과 같이 자신이 지은 죄로 정죄 받음을 인정하고 하나님을 경외하는 마음으로 회개하는 사람들입니다. 고난 뒤에 있는 하나님의 자비와 사랑을 죽음의 고비에서도 간구하며 기다리는 사람들입니다. 죄에 대하여 정죄하시는 하나님을 두려워하는 사람들입니다. 곧 하나님을 경외하고 회개하여 구원에 이르는 사람들입니다.

이와 같이 성경에는 하나님을 경외하고 회개함으로 자신의 죄를 용서받고 새로운 삶을 살게 된 사람들의 기록이 많이 나옵니다. 다윗 왕이 실제로 그랬고, 탕자의 비유에 나오는 돌아온 둘째 아들도 그런 진리를 비유로 설명하고 있습니다.

이 용서와 구원의 진리가 우리에게 소망이 됩니다. 율법이나 세상의 법으로는 절대로 구원받을 수 없는 죄인도 회개하고 예수님의 속죄 제사를 믿음으로, 하나님의 자비와 용서로 구원에 이를 수 있습니다. 바로 이런 극적인 용서와 구원의 사건들은 우리 모두에게 한없는 소망이 됩니다.

무엇보다 중요한 것은 하나님의 용서와 구원의 권세를 예수님께 위임하셨다는 사실입니다. 우리가 분명히 인지해야 할 것은 십자가에 매달려 처형당할 정도의 악인일지라도 하나님으로부터 권세를 위임받은 예수님을 믿고 용서를 빌면 죄를 용서받고 구원받을 수 있다는 사실입니다.

* 성도의 결단

저와 여러분은 오늘 말씀에서 깨달은 바와 같이 천국 시민권을 발급할 권세를 가지신 예수님을 바라봅시다. 우리가 어떠한 상황에 부닥쳐 있든지 하나님을 경외하는 마음으로, 예수님께 위임된 모든 사람은 구원하신다는 믿음으로 구원을 소망합시다. 한없는 자비와 사랑의 하나님께서 우리가 우리 자신의 죄를 깨닫고 예수님을 믿고 구원을 바랄 때 십자가에 달렸던 강도가 구원받은 것과 같이 우리 모두를 낙원에 이르게 하실 것입니다.

우리 성도님들은 오늘 말씀을 믿고 예수님을 의지하여 모두 천국에 이르는 복된 성도님들이 되시기를 간절히 축원 드립니다.

천국의 누룩과 세상의 누룩

"또 비유로 말씀하시되 천국은 마치 여자가 가루 서 말 속에 갖다 넣어 전부 부풀게 한 누룩과 같으니라"(마 13:33).

경제용어 중에 '제로섬(Zero Sum)'이라는 용어가 있습니다. 사전적 설명은 "게임이나 경제 이론에서 여러 사람이 서로 영향받는 상황에서 모든 이득의 총합이 항상 제로 또는 그 상태를 말한다."입니다.

이 말의 정의를 쉬운 예로 들면 파이를 여럿이 나누어 먹을 때 각 사람이 먹는 양은 다르게 배분할 수는 있지만, 전체가 먹은 파이의 합은 변함이 없다는 것과 같습니다. 즉 두 사람이 파이를 나누어 먹을 때 한 사람이 파이를 다른 사람보다 더 먹으면 다른 사람은 파이를 적게 먹을 수밖에 없다는 이론입니다.

＊ 하나님 사랑과 제로섬

이 세상은 제로섬의 상태라고 할 수도 있습니다. 우리가 사는 지구에 존재하는 물질들의 총합은 변하지 않기 때문입니다. 우주로 무엇인가를 실어내지 않거나 어떤 물질이 유입되지 않는 한, 지구에 존재하는 물질은 없어지거나 더 늘어나지 않는다는 말입니다.

우리가 살면서 사용하는 모든 물질은 바로 이렇게 정해진 양을 나누어 쓰고 있다고 말할 수 있습니다. 어떤 사람이 필요 이상의 재물을 소유한다는 것은 지구 공동체적인 개념으로 볼 때 온전히 평균이 이루어지지 않고 균형을 잃은 삶의 모습이라고 할 수 있습니다.

오해하지 마시기 바랍니다. 모든 개인이 모두 같은 양의 물질을 가져야 한다는 뜻은 아닙니다. 사람마다 하나님께서 맡기신 재물의 양이 다르므로 모두 같을 수는 없습니다. 그러나 필요 이상의 재물을 소유하려는 욕심은 하나님 뜻에 어긋나는 죄임을 성경은 분명히 말씀하십니다.

즉 소유한 재물의 많고 적음에 문제의 핵심이 있는 것이 아니라, 그 재물에 대하여 사람이 품은 마음에 문제의 핵심이 있다는 것입니다. 재물 자체에 문제가 있는 것이 아니라 사람의 마음, 즉 보이지 않으면서 존재하는 그 마음의 세계에 문제의 핵심이 있다는 말입니다.

그 보이지 않는 마음의 세계를 다른 말로 표현하면 '영혼의 세계'라고도 할 수 있습니다. 마음으로 느끼는 것은 우리의 영이나 혼에 전달되는 감정이기 때문입니다. 그렇게 전달된 감정에 따라 우리의 영혼이 반응함으로써 우리가 영적인 활동(하나님을 경배하고, 생명을 유지하는 일)을 하게 되고 한편으로는 전달된 감정이 행동으로 나타난다고 볼 수 있습니다.

우리가 재물에 대하여 어떻게 마음을 먹느냐에 따라 우리 영혼에 직접적인 영향을 미치며 영혼은 그 영향에 따라 반응하게 됩니다. 재물을 하나님께서 맡기신 것으로 인식하고 바르게 생각하면 영적으로 건강을 유지하게 되지만, 재물에 과욕을 품고 우상화하면 불법을 행하여 죄를 짓는 결과가 된다는 것입니다.

성경은 우리가 재물과 하나님을 같이 섬길 수 없다고 분명히 말씀하십니다. (참조, 마 6:24) 즉 재물을 좋아하는 마음을 품게 되면, 그 마음에서 시작된 욕심은 영과 혼에 영향을 주어 하나님을 사랑하도록 창조된 우리의 영이 혼란을 겪을 수밖에 없습니다. 또한 혼에도 영향을 주어 우리의 행동과 생활 습성이 하나님을 경배하는 모습이 아니라 재물을 더 경배하는 모습으로 나타나게 됩니다.

이것이 우리 영혼 세계에서 찾아볼 수 있는 제로섬 게임이라고도 볼 수 있습니다. 우리 영혼을 재물을 탐하는 것에도 사용하고 하나님을 섬기는 일에도 사용하려 한다면, 결국 두 마리 토끼를 잡으려 하다가 모두 놓치고 마는 형국이 된다는 것입니다.

"한 사람이 두 주인을 섬기지 못할 것이니 혹 이를 미워하며 저를 사랑하거나 혹 이를 중히 여기며 저를 경히 여김이라 너희가 하나님과 재물을 겸하여 섬기지 못하느니라"(마 6:24).

하나님의 사랑은 무한하지만, 우리가 사랑할 수 있는 능력은 제한되어 있으므로 재물과 하나님을 동시에 사랑할 수는 없습니다.

* 이웃 사랑과 제로섬

예수님께서는 "가장 으뜸 되는 계명이 무엇입니까?"라는 질문에 그것은 "하나님을 사랑하는 것이고 또한 이웃을 사랑하는 것"이라고 하셨습니다. 하나님을 사랑하는 것은 보이지 않는 하나님을 사랑해야 하는 것입니다. 그래서 믿음이 우선되어야 합니다. 그와는 조금 다르게 이웃 사랑은 우리가 하나님의 사랑을 진정으로 느낄 때 그 사랑을 나누어 주는 구체적인 행동을 하게 되는데 사랑을 나누어 주는 대상은 바로 우리 곁에 사는 이웃이어야 한다는 것입니다. 즉 하나님과의 사랑은 보이지 않는 분과의 사랑에 대한 것이지만, 이웃 사랑은 실제 사람을 대면하며 나누는 사랑입니다.

이웃 사랑은 실물적인 사랑이라고도 할 수 있습니다. 물론 꼭 재물이 오가는 사랑이 아니라 마음으로 주고받는 사랑도 있을 수 있습니다. 재물이든 마음이든 나누어 준다는 것은 소유한 내 것을 떼어 주는 것을 의미합니다.

예수님께서는 이웃에 대한 정의를 설명하실 때, 강도 만난 사람을 도왔던 사마리아인을 예로 들었습니다. 강도를 만나 죽을 지경이 된 사람을 도왔던 사마리아인과 같은 사람이 진정한 이웃이라고 예수님께서는 정의하셨습니다. 사마리아인은 본인이 소유한 기름과 포도주를 바르고 싸맨 다음 자기 짐승에 태워 이 사람을 주막에 데려다주고, 출장 여행에서 자기가 돌아올 때까지 묵을 수 있는 숙박비(2개월 치)를 지급했습니다.

게다가 숙박비 외에 추가 경비가 발생하면 다시 자기가 돌아올 때 그 경비도 책임지겠다고 했습니다. 사마리아인은 자기 소유를 떼어 나누어 주었습니다. 즉 자기가 여행길에 꼭 필요하다고 생각해 준비한 긴요한 물질 중에서 뚝 떼어 필요한 사람에게 주었습니다.

이것도 제로섬의 형태를 이루는 이웃 사랑의 모습입니다. 자신의 소유를 떼어 주지 않고 상대의 필요를 충족시킬 수는 없습니다. 그러므로 예수님께서 부자 청년이 와서 온전해지고 싶다고 했을 때, 소유를 팔아 가난한 사람들에게 나누어 주고 예수님을 좇으라고 하셨던 것입니다. 자기 것은 그대로 가지고 있으면서 이웃을 사랑한다는 것은 있을 수 없다는 진리를 예수님께서는 말씀하셨습니다.

이처럼 물질의 개념은 우리가 어쩔 수 없는 제로섬이라는 개념에서 벗어날 수 없는 것입니다. 즉 내가 더 가지게 되면 필요한 사람이 있게 마련입니다. 그와 반대로 내 것을 내어놓으면 그만큼 다른 사람에게 분배될 수 있다는 논리가 됩니다.

✱ 세상의 누룩

재화라는 것은 그 양상이 매우 다릅니다. 돈은 하나님에게서 온 것이 아니고 인간이 만든 것이기 때문에 지구에 존재하는 돈의 양은 변하게 되어 있습니다. 그 돈을 더 부풀리게 하는 데 사용되는 방법 중 주식이 있습니다. 주식은 회사가 자금을 마련하기 위하여 발행한 증서로, 이 주식은 실제 현금으로 바꿀 수도 있고 현금을 주고 살 수도 있는 유가증권입니다.

돈은 가만히 놔두면 돈의 액면가가 그대로 있지만, 주식은 수요와 공급의 법칙에 따라 가치가 바뀝니다. 대개 주식의 총액은 처음 발행했을 때보다 점점 부풀어 갑니다. 이런 사실이 바로 세상의 누룩입니다. 주식으로만 부자가 되는 사람이 많고 회사가 부채를 얼마를 지고 있는지와 관계없이 회사의 대주주는 회사가 망하지 않는 한 주식으로만 상상을 초월하는 재화를 거머쥘 수 있는 것이 세상의 논리입니다. 이런 것들이 재화라는 형태로 세상에 뿌려진 누룩이라고 말할 수 있습니다.

예수님께서는 이 세상에 재화가 세상의 누룩으로 판을 치기 오래전 바리새인과 사두개인들이 전하는 잘못된 교훈이 이 세상에 뿌려진 누룩이라고 정의하시면서 이 누룩을 주의하라고 말씀하셨습니다(참고, 마 16:6, 막 8:15, 눅 12:1).

바리새인은 돈을 사랑하는 사람들이었습니다. 그들은 하나님과 재물 사이에서 갈팡질팡하는 사람들이었습니다. 그러므로 예수님께서는 바리새인들에게 재물을 좇지 말고 회개하여 하나님을 경외하는 삶으로 돌이키라고 강조하셨습니다.

그들의 잘못된 교훈이란 그들의 교만함 외에 사람들의 영혼을 흔

들어 놓을 재화에 대한 탐심으로 그것은 하나님의 뜻을 벗어난 죄였습니다. 그것이 사람들에게 뿌려질 세상의 누룩이었습니다. 그들이 그 당시 가르쳤던 하나님의 율례나 법도는 잘못된 것이 없었습니다.

그러나 그들이 사는 모습은 재화에 대한 탐심으로 가득 찬 재물이라는 우상을 섬기는 죄인의 모습이었습니다. 그러므로 예수님께서 제자들에게 가르치시기를 "그러므로 무엇이든지 저희의 말하는 바는 행하고 지키되 저희의 하는 행위는 본받지 말라 저희는 말만 하고 행치 아니하며"(마 23:3)라고 가르치셨습니다.

이어 바리새인의 잘못된 행실들을 열거하시는데 그 중에 그들이 재물을 숭배한 근거를 제시하십니다.

"화 있을찐저 소경된 인도자여 너희가 말하되 누구든지 성전으로 맹세하면 아무 일 없거니와 성전의 금으로 맹세하면 지킬찌라 하는도다"(마 23:16).
"너희가 또 이르되 누구든지 제단으로 맹세하면 아무 일 없거니와 그 위에 있는 예물로 맹세하면 지킬찌라 하는도다"(마 23:18).

그들은 성전보다는 금을 중히 여겼으며 제사보다는 예물에 더 관심이 있었습니다.

그렇게 재화를 탐하는 바리새인들이 그 당시 뿌렸던 누룩들이 지금, 이 세상에 존재하는 세상의 누룩이며 그 누룩은 그동안 부풀어서 이 세상을, 돈을 숭배하는 세상으로 만들었습니다. 하나님께서 물질세계에 세팅해 놓으신 제로섬의 법칙을 세상의 누룩으로 변질 시키고 사람들이 하나님에게서 멀어지게 했습니다.

재화 때문에 하나님에게서 멀어지게 된 사실을 우리는 이렇게 생각해 보면 알 수 있습니다. 만일 이 세상에 돈이 없다면, 여러분은 무슨 생각부터 하실 수 있을까요?

우선 의식주 생각을 해야 하지 않을까요? 그러나 돈이 없다면 현재의 경제 체제 속에서는 살길이 막막하겠지만, 돈이 없는 세상이라면 그렇게까지 절망적이지는 않을 것입니다.

그 옛날 돈이 없던 시대에는 농사를 짓거나 사냥을 하면 먹을 것은 해결되었고, 자는 곳도 동굴 또는 자연으로부터 나오는 재료로 지은 처소를 마련할 수 있었습니다. 입는 것도 자연으로부터 생산되는 옷감으로 얼마든지 지어 입을 수 있었습니다. 비가 오는 것과 춥고 더운 기후가 생활에 크게 영향을 미쳤을 것이므로 하늘의 기상에, 즉 하나님께 의존하는 생활이었을 것입니다. 하나님을 더 경외하며 살았을 것입니다. 이런 사실로 우리는 우리의 삶이 재화 때문에 하나님에게서 멀어진 사실을 알 수 있습니다.

"공중에 나는 새를 보라 심지도 않고 거두지도 않고 창고에 모아들이지도 아니하되 너희 천부께서 기르시나니 너희는 이것들보다 귀하지 아니하냐"(마 6:26, 눅 12:20),

이런 세상이 하나님께서 만드신 세상이며 우리가 돌아가야 할 하늘나라의 시스템입니다. 누룩이 밀가루 반죽을 부풀리는 것처럼 재화의 중요성이 팽배한 현재 이 세상의 시스템은 결코 하나님께서 원하시는 삶의 체계는 아닙니다.

지금도 성경은 우리에게 권면하십니다. "너희에게 재화를 부풀려 대단하게 보이게 하고, 유혹하는 그 세상의 누룩을 주의하라."라고 말입니다.

* 천국의 누룩

반면에 예수님께서는 천국을 비유하실 때, 마치 여자가 가루 서 말 속에 갖다 넣어 전부 부풀게 한 누룩과 같다고 표현하셨습니다 (참고, 마 13:33, 눅 13:21).

오늘 본문 말씀을 다시 함께 읽읍시다.

"또 비유로 말씀하시되 천국은 마치 여자가 가루 서 말 속에 갖다 넣어 전부 부풀게 한 누룩과 같으니라"(마 13:33).

세상의 누룩은 재화를 부풀리게 하지만, 결국은 이 세상에 국한되어 있는 물질의 절대량을 변화시킬 수는 없습니다. 앞에서도 말씀드렸듯이 지구에 있는 물질을 우주 밖으로 실어내지 않는 한, 또는 지구 밖에서 실어 오지 않는 한 지구에 있는 물질의 총량은 변화가 없습니다.

그 점이 세상의 누룩과 천국의 누룩이 다른 점입니다. 세상의 누룩은 부풀어 보이게 할 뿐, 그것이 절대 물질의 양, 절대가치를 변화시키는 것은 아닙니다. 위에서 주식의 예를 들었지만, 한 사람이 주식을 팔아 이익을 남기면 어떤 사람은 손해를 보아야 하는 형국입니다. 어느 순간 그 주식은 휴짓조각도 될 수 있습니다. 그것이 세상의 누룩이 가진 특징입니다.

돈을 예로 들어 말씀드리면 전에는 화폐라는 것이 금이나 은을 대신하는 증서였지만, 지금은 화폐만큼 금이나 은을 은행에서 바꾸어 주지는 않습니다. 지구의 모든 화폐를 모아서 그것을 금이나 은으로 환산하면 금과 은이 터무니없이 부족하다는 것입니다. 미국 달러의 예를 들면, 현재 발행된 미국 달러는 최초에 달러를 발행할 때와 다르게 은행에 그만한 금을 보유하지 않고 필요에 따라 마구 발행했기 때문에 액면가만큼의 금으로 바꾸어 주는 화폐가 아닙니다.

그렇지만 천국의 누룩은 그것과는 완전히 다릅니다. 천국의 누룩은 마치 아주 작은 겨자씨를 땅에 심으면 그것이 자라서 큰 나무가 되어 새가 와서 그 그늘에 깃들 정도로 자라게 되는 것처럼 천국의 누룩은 그것이 생명력을 부여받아 자라고 실제로 그 모습을 나타내고 만물에도 도움을 준다는 이야기입니다.

천국의 누룩은 세상의 누룩과는 달리 실제로 생명력을 지닌 교회로 자라나서 그 모습을 드러내며 만유를 구원하는 사건으로 역사 속에 나타나게 됩니다. 각 사람에게는 믿음을 성장시키는 생명수가 되어 구원의 열매를 맺도록 해 줍니다.

세상의 누룩은 허상이며 속임수이지만, 천국의 누룩은 실존하는 생명력입니다. 천국의 누룩은 하나님의 말씀이며 예수님께서 오셔서 전했던 천국 복음입니다. 이 복음을 전해 듣고 믿음으로 받는 모든 자가 하나님 나라의 영토, 즉 천국이 되어 가는 것을 의미하신 것입니다. 예수님의 비유 말씀처럼 실제로 하나님의 나라는 지금도 지구촌 곳곳에서 복음이 전파됨으로써 누룩처럼 하나님 나라를 부풀리고 있는 것입니다. 즉 교회를 성장시키고 믿는 성도들을 늘려 왔던 것입니다.

✳ 성도의 결단

우리 믿는 성도들은 이제 세상의 누룩과 천국의 누룩을 구분해야 합니다. 우리가 모르는 사이에 이미 우리 생활에 깊숙이 침투한 세상의 누룩은 오늘도 우리의 생활을 좌지우지하려고 합니다. 당장살 일에 대하여 우선순위를 두게 하거나 생활에 쫓기게 하고, 근심하게도 합니다. 가족 간의 대화에서도 하나님의 뜻을 어떻게 하면 우리 가족이 잘 따라서 가정이 교회가 되고 구원에 이를 것인가에 대한 주제보다는 어떻게 하면 돈을 더 벌 수 있을까? 라는 주제가 더 많이 거론되고 있습니다. 어떻게 하나님의 뜻에 따르며 살 것인가? 라는 주제보다는 돈과 연관된 화제를 더 중요하게 취급하는 현실 속에 우리는 살고 있습니다.

그렇지만 오늘 하나님의 말씀으로 깨달은 우리는 이제 세상의 누룩을 우리에게서 제거하는 작업을 해야 합니다. 왜냐하면 그 길은 신기루를 좇는 것과 같으며, 소경이 이끄는 멸망의 길이기 때문입니다. 우리 생이 끝날 때 우리의 영혼과는 무관한 일이기 때문입니다.

이제 결단합시다. 천국의 누룩을 사모하여 복음이 우리 마음을 온통 부풀게 합시다. 천국의 누룩이 우리 개인의 믿음을 키우게 합시다. 그리고 우리 주변을 복음으로 하나님 나라가 확장되게 합시다. 그렇게 되면 우리 가정과 우리 교회에 예수님이 머리인 하나님의 교회가 세워지고 부흥을 이루게 될 것입니다.

오늘 하나님의 말씀을 들은 저와 여러분은 하나님께서 보상해 주시지 않을 허상인 재화에 대한 탐심을 물리치고, 성경을 많이 읽고 들으셔서 우리의 믿음을 키워줄 천국의 누룩, 천국 복음을 마음 가득히 받아 담아 하나님의 뜻을 따라 살고 결국 구원에 이르게 되시기를 간절히 축원 드립니다.

기도하시겠습니다.

하늘에 계신 우리 아버지여. 오늘도 신령한 말씀으로 우리를 깨우치시니 감사드리옵나이다. 우선 바라옵기는 재화에 대한 탐심으로 우리 눈을 가리려는 세상의 누룩을 우리 마음에서 제할 수 있도록 용기를 주시옵소서. 세상 누룩이 없는 순전하고 진실한 마음을 허락하시사 성경을 읽고 들을 때 천국 누룩인 하나님의 말씀이 우리 마음에 뿌려지게 하시옵소서. 늘 저희의 간구에 응답하심에 감사드리오며 천국의 누룩, 복음을 이 세상에 선물로 주신 예수님의 이름으로 기도드리옵나이다. 아멘.

"

예수께서 대답하시되 진실로 진실로 네게 이르노니

사람이 물과 성령으로 나지 아니하면 하나님 나라에 들어갈 수 없느니라. 요 3:5.

"

복음과 충성

열매를 위하여 오신 예수님

"내가 참 포도나무요 내 아버지는 그 농부라 무릇 내게 있어 과실을 맺지 아니하는 가지는 아버지께서 이를 제해 버리시고 무릇 과실을 맺는 가지는 더 과실을 맺게 하려 하여 이를 깨끗케 하시느니라"(요 15:1~2).

우리 집 뒤뜰에는 레몬 나무가 있습니다. 이 레몬 나무는 저희가 이 집에 이사 온 뒤 10년 동안 레몬을 해마다 풍족하게 공급해 주었습니다. 그런데 올해에는 이 레몬 나무가 시름시름 앓더니 급기야는 나뭇잎도 모두 떨어뜨리고 달린 레몬 열매마저 충실하지 못하게 되면서 썩고 말았습니다. 여러 처방을 해 보았지만, 소생의 기미가 보이지 않아서 결국 마른 가지들을 잘라내고 소생 여부를 기다리고 있습니다.

전문가의 조언으로는 뿌리가 약해져서 그런 현상이 있을 것이라고 합니다. 혹시나 하는 마음으로 뿌리에 부담을 덜 주기 위해 마른 가지들을 잘라 버렸습니다.

다른 과실수도 만일 열매를 맺지 못하는 가지가 있다면 이와 같은 조치를 취하려고 합니다. 열매를 맺지 못하는 가지는 잘라내서 열매를 맺는 가지에 양분이 더 공급되게 하고 그렇게 함으로써 그 열매 맺는 가지에서 더 많은 수확을 기대하게 될 것입니다.

이렇게 더 좋은 결과를 위하여 무언가 조치를 취해야 하는 것은 과실수의 경우가 보여주듯이 이 천지 만물의 이치도 같습니다. 예수님께서 달란트의 비유로 말씀하셨던 사건도 그와 같은 맥락의 진리가 들어있는 사건입니다.

즉 맡겨진 한 달란트를 사용하지 않고 게을렀던 종과 결산할 때 그 게으른 종에게 주었던 한 달란트마저 빼앗아 열심히 일을 한 종에게 주게 하신 부분이 그런 진리를 설명하고 있습니다.

우리 인생도 이와 다르지 않습니다. 우리를 지으신 하나님께서는 우리가 인생을 사는 동안에 우리 각자가 감당할 만한 일들을 맡기셨습니다. 가장 기본적이면서 궁극적인 사명으로는 구원을 얻기 위하여 하나님을 알아가고 믿어야 하는 일을 맡기셨습니다. 믿게 된 그 사실을 알리는 일도 또한 맡기셨습니다.

즉 하나님의 구원 사역을 믿게 되면 그 복음을 우선 직계 가족과 이웃에게 알리는 이웃 사랑으로 실천해야 합니다. 구원의 진리를 알리는 사랑의 실천, 이것이 우리가 인생에서 맺어야 하는 실제적인 열매입니다. 우리가 인생을 살면서 이웃 사랑이라는 열매를 맺지 못한다면 하나님 앞에서 우리의 인생을 결산 받을 때 게으른 종이라고 야단맞고 천국 문밖으로 쫓겨날 것입니다.

오늘 본문은 이런 사실을 포도나무로 비유해 말씀하고 있습니다.

"내가 참 포도나무요 내 아버지는 그 농부라 무릇 내게 있어 과실을 맺지 아니하는 가지는 아버지께서 이를 제해 버리시고 무릇 과실을 맺는 가지는 더 과실을 맺게 하려 하여 이를 깨끗케 하시느니라"(요 15:1~2).

오늘 본문을 통해 예수님께서는 하나님의 아들이심을 천명하십니다. 아버지이신 하나님은 농부라고 비유하시고, 본인은 농부이신 하나님께서 기르시는 포도나무라고 비유하십니다. 그 포도나무에는 가지가 달려있음을 또한 말씀하십니다. 그 가지는 예수님의 지체이므로 곧 믿는 성도들입니다.

* 하나님의 관심사 _ 성도들의 현재 상태

농부가 포도나무에 병든 가지가 없는가 하고 관심이 많은 것처럼, 하나님께서는 예수 그리스도와 우리 성도의 관계에 매우 관심이 많으십니다. 성도들의 현재 상태에 관심이 높으십니다. 우리의 현재 상태가 장차 열매를 맺게 될 것인가를 결정짓게 되기 때문입니다.

가지가 마르고 잎이 없으면 그 가지에서는 열매를 맺을 수 없습니다. 현재의 상태를 보면 열매를 맺을 것인가 못 맺을 것인가가 예측됩니다. 하나님께서는 성도들의 현재 상태에 관심이 아주 많으십니다. 마치 포도원 농부가 포도 수확을 예측하기 위하여 포도나무 가지를 유심히 살펴보는 것처럼 말입니다.

참 포도나무이신 예수님으로부터 생명수를 공급받고 있는지 아니면 생명수가 공급되는 길이 사탄의 시험 등으로 차단되어 예수님과 멀어져서 영적으로 말라가고 있는지를 유심히 관찰하고 계십니다.

우리의 현재 상태는 장차 확정될 우리의 구원을 예견할 척도가 될 수 있다는 말입니다. 현재 일과 중에 기도와 말씀을 읽는 시간이 없다면, 그것은 마른 가지에서 열매를 기대하기 힘든 것과 같이 구원을 기대하기 힘든 위험한 상태라고 보아야 합니다.

우리 성도들은 현재 우리의 상태를 무엇보다 중요하게 생각하고 심각하게 돌아보아야 합니다. 구체적으로 우리 일과 중 기도와 찬양과 말씀을 가까이하는 시간이 있는지를 점검해 보아야 합니다.

사랑의 계명을 지키는 것, 궁극적으로 구원받는 인생을 산다는 것은 우리 자신의 능력만으로는 불가능합니다. 오늘 본문에서도 그런 진리를 찾아볼 수 있습니다. 즉 참 포도나무이신 예수님께 붙어 있어야, 다시 이야기하면 예수 그리스도를 통해 공급되는 생명수를 계속 공급받아야 우리는 사랑의 계명을 지키고 구원이라는 열매를 맺을 수 있게 됩니다.

"내가 아버지의 계명을 지켜 그의 사랑 안에 거하는 것같이 너희
도 내 계명을 지키면 내 사랑 안에 거하리라"(요 15:10).

예수님께서 하나님의 계명을 지키고 순종하심으로 하나님의 사
랑 안에 있어 보호받고 생명력을 지닌 것처럼 우리도 사랑의 계명을
지키면 참 포도나무이신 예수님의 가지로서 자연적으로 사랑을 실
천하고 구원의 열매를 맺게 된다는 것입니다.

＊ 하나님의 관심사 _ 인류의 회개

우리가 사는 이 시대, 에덴동산과 같지 않고 악이 존재하는 이
시대를 하나님께서 허락하시는 이유는 아직도 인류의 회개가 원하
시는 수준에 이르지 않았기 때문이라고 말할 수 있습니다.

인류의 조상 아담의 범죄 이후 그 후손들은 하나님의 명을 어긴
전과자로 살고 있습니다. 성경에 기록된 이스라엘의 역사를 보아도
그렇고 우리 민족을 포함한 많은 이방 민족의 역사를 보면 우리는
하나님을 경외하지 않고 우상을 숭배하는 전과자의 피가 흐르는 인
류의 모습을 발견할 수 있습니다.

여기서 전과자라는 말은 하나님께 죄지은 것을 말씀드리는 것입
니다. 하나님께 죄짓는 것은 다른 것이 아니라 하나님의 말씀에 불
순종하는 것이고 계명을 지키지 않는 것이며 겉으로 드러나는 것으
로는 우상을 숭배하는 것으로 나타나는 상태를 말합니다.

전에도 여러 번 말씀드렸듯이 꼭 나무나 돌을 깎아 만든 형상만이 우상이 아닙니다. 그런 우상들은 죽은 것이고 아무것도 아니라는 정체가 이미 사람들에게 드러났기 때문에 더는 그런 우상으로 사람들을 유혹하기에는 한계가 있습니다. 그러므로 시대가 변하고 문화가 변하는 유행을 따라 우상도 변화되어 우리에게 나타납니다. 사람들이 하나님 외에 어떤 대상을 간절히 사모하고 그 대상을 성취하기 위하여 또는 소유하기 위하여 자신의 많은 부분을 투자하게 하는 것들이 우상입니다.

요사이는 공공연하게 'idol'이라는 단어를 아무렇지도 않게 이런저런 사람들에게 붙여서 사용합니다. 사람들 스스로 우상을 만들어서 내세우는 행위인데 전혀 죄의식이 없이 사용하고 있는 것이 놀랍습니다.

현재를 사는 우리 주변에 존재하는 우상은 돈, 명예, 재물, 비성경적인 미디어(드라마, 영화, 인터넷 게임과 정보 등), 유명 인사, 유명 연예인과 명품이라고 하는 것들(비싼 차, 호화 주택, 사치품 등)이라고 할 수 있습니다. 그런 우상들은 우리의 시선을 끕니다. 소유하고자 하는 욕심, 성취하고자 하는 욕심, 자랑하고 싶은 마음을 자극합니다. 많은 사람이 그런 우상 앞에 굴복하고 노예로 살고 있습니다.

이런 현상이 바로 원죄를 지은 아담의 혈통을 지닌 인류가 하나님 나라의 전과자라는 것을 증거로 보여줍니다. 하나님만을 경배하지 않는 인류의 모습은 지금도 계속되고 있습니다.

하나님께서는 아직도 인류가 회개하기를 기다리고 계십니다. 만일 사람들에게 회개의 기회를 주지 않으시고 구원에 이르게 하지 않으신다면 인류는 하나님의 실패작이라고도 할 수 있을 것입니다.

그러나 하나님께서는 실패하는 일이 없는 분이시기 때문에 그런 일은 절대로 일어나지 않게 되어 있습니다. 우리는 하나님만을 경배하는 사람으로 회복될 가능성을 가지고 있습니다. 그것은 이미 하나님께서 우리를 지으실 때, 그런 기능을 우리 안에 준비해 놓으셨기 때문에 가능합니다.

하나님께서는 성령의 조명을 비추시고 말씀의 거울에 자신을 비춰보게 하심으로써 우리가 회복될 수 있다는 신뢰를 갖게 하시고, 우리 인류가 자신의 의지로 잘못된 선택을 뉘우치고 하나님께 회개하기를 기다리고 계십니다. 우리 자신이 유전 받은 죄성으로 인하여 저질렀던 죄들을 예수 그리스도의 속죄 제사를 통해 용서해 주시고, 우리의 회개를 기다리고 계십니다.

예수님의 속죄 제사를 믿어 죄 사함을 받으면 비로소 구원받아 하나님 나라에 이르는 여정을 시작할 수 있게 됩니다. 이렇게 시작되는 구원을 받고 하나님 나라에 이르는 여정을 포도나무로 비유하면 포도나무에 접붙여진 가지가 되었다고 할 수 있습니다. 그 여정을 인도하고 가르치시는 분이 바로 성령님이시고, 그 성령을 공급해 주는 역할을 맡으신 분이 바로 예수님이십니다. 즉 생명수인 성령은 참 포도나무이신 예수님을 통해 가지(지체)인 우리에게 공급됩니다.

하나님의 구원 계획이라는 기쁜 소식(복음: good news), 예수님의 복음을 듣고 믿으면 우리는 속죄를 받음으로써 마음의 평안을 느끼게 됩니다. 참 포도나무이신 예수님께 가지로 붙어있으면 우리는 성령으로 공급되는 생명수로 인하여 하나님의 은혜로 구원이라는 풍성한 열매를 기약할 수 있습니다. 이 열매들, 즉 구원받은 영혼들이 올려 드릴 찬양을 하나님께서는 고대하고 계십니다.

＊ 하나님의 관심사 _ 연단의 과정

이렇게 우리의 인생은 이것저것 정리해서 떼어놓고 보면 하나님께 순종하는 성품으로 변해가는 과정이 성공적인 인류의 역사이면서 우리 인생의 줄거리라고 할 수 있습니다. 그 과정이라는 것을 위하여 하나님께서는 우리에게 수명이라는 것을 주셨습니다. 수명은 개인마다 다르지만, 하나님께서는 우리 모두에게 회개와 구원의 기회를 공평하게 주십니다.

성경에 기록된 개인의 일대기를 보면 그 일대기 안에 하나님께서 연단하시는 과정이 모두에게 있는 것을 발견할 수 있습니다. 그 연단의 과정을 잘 견디고 하나님을 배반하지 않은 사람은 하나님께서 크게 높여주시는 것을 깨닫게 됩니다.

욥의 이야기나 아브라함이 그렇고, 야곱, 요셉, 다윗 등의 일대기가 그렇습니다. 예수님의 생애는 더 선명하게 그런 사실이 나타납니다. 그 연단의 과정이 힘들수록 하나님의 영광이 더 찬란하게 나타나는 것을 깨닫게 됩니다. '골이 깊으면 산이 높다' 라는 말이 있는데 바로 그런 이치를 생각하게 됩니다.

즉 하나님께서는 성경에 소개된 인물들의 일대기를 통해 구원의 여정이 쉽지 않을 것을 예표로 보여주십니다. 그러나 또한 그 연단의 내리막과 골짜기를 지나 정상을 향해 애써 오를 때 하나님께서는 정상에 올라 누리게 될 영광도 준비해 놓으셨음을 우리에게 알게 하십니다. 하나님께서는 우리가 인생에서 겪게 되는 연단의 과정에 관심이 많으실 수밖에 없습니다.

이 말씀을 듣는 성도님들 중 성도로 사시면서 현재 어려운 상황에 부닥친 분이 있으십니까? 그것은 하나님께서 관심이 지대하신 중요한 연단의 과정이라는 사실을 믿으시기 바랍니다. 우리의 죄를 깨끗하게 하시려는 연단일 수도 있고, 우리를 더 큰 일에 쓰시기 위하여 정금같이 연단하시는 과정일 수도 있습니다. 또는 하나님의 영광을 나타내기 위한 영광스러운 배역으로 고난을 겪을 수도 있습니다. 그 어느 쪽이든 다 하나님의 사랑에서 기인한 것이므로 크게 기뻐하시기 바랍니다. 그리고 감사하시기 바랍니다.

"너희가 그리스도의 이름으로 욕을 받으면 복 있는 자로다 영광의 영 곧 하나님의 영이 너의 위에 계심이라"(벧전 4:14).

✳ 열매를 위하여 오신 예수님

위에서 살펴본 바와 같이 우리는 참 포도나무이신 예수님께 붙어있는 가지이기를 사모해야 합니다. 복음의 말씀을 믿고 하나님의 계명을 실천할 때 비로소 우리는 참 포도나무이신 예수님의 가지, 지체가 될 수 있습니다. 그것은 이웃을 사랑하는 것으로 나타나게 되며 그것이 농부이신 하나님께서 성도들이 맺기를 바라시는 열매입니다.

이 세상에 하나님의 계명인 이웃 사랑이 나타나는 것, 즉 성도의 열매를 맺기 위하여 오래전에 이 땅에 뿌려진 씨앗이 있었습니다. 그 씨앗은 바로 예수님이었습니다. 예수님은 하나님께서 수확하시고자 하는 열매를 위하여 이 땅에 씨앗으로 오신 분입니다.

"내가 진실로 진실로 너희에게 이르노니 한 알의 밀이 땅에 떨어져 죽지 아니하면 한 알 그대로 있고 죽으면 많은 열매를 맺느니라"(요 12:24).

이 말씀처럼 참 포도나무의 씨앗으로 오신 예수님께서는 땅에 떨어져 죽으심으로 이 땅에 참 포도나무를 탄생시키셨습니다. 씨 한 알이 죽어 많은 열매를 맺게 하는 증거를 우리는 현재 이 세상에 존재하는 참 포도나무, 즉 하나님의 교회를 보고 알 수 있으며 전 세계에 퍼져 있는 기독교인들을 보면서 확인하고 있습니다.

예수님은 하나님께서 심어 기르시고 열매를 맺게 하시려는 참 포도나무의 씨앗으로 이 땅에 오셨습니다. 실제로 그분은 씨앗으로 땅에 떨어져 죽으셨으며 씨앗에서 싹이 나는 것처럼 부활하셔서 참 포도나무인 하나님의 교회로 이 땅에 존재하고 계십니다. 지금도 그 참 포도나무를 통해 전 세계의 크리스천들에게 열매를 맺기에 필요한 양분(말씀과 성령)을 공급하고 계십니다.

❋ 성령 충만을 사모하라

참 포도나무를 심으신 하나님의 의도와 참 포도나무이신 예수님을 믿는다면 우리는 그 참 포도나무에 꼭 붙어있도록 믿음을 지켜야 합니다. 참 포도나무로부터 공급되는 양분, 즉 말씀과 성령을 사모해야 합니다. 그 공급되는 말씀과 성령이 없이는 하나님께서 원하시는 구원의 열매를 맺을 수 없습니다.

구원의 열매를 맺지 못하면 결국 그 가지는 잘려 꺼지지 않는 불에 던져져 사르게 될 것입니다. 이런 불행한 가지가 되지 않기 위해서는 참 포도나무이신 예수님을 믿고 그 포도나무를 통해 공급되는 하늘의 양식인 말씀과 생명수인 성령을 지속적으로 공급받아야 합니다. 그것이 바로 하나님께서 원하시는 구원이라는 열매를 맺는 방법입니다. 참 포도나무이신 예수님(교회)에 접붙여져 공급받는 것은 말씀과 성경입니다. 말씀에 비추어 회개하고, 공급받은 성령 충만으로 새 생명을 얻게 되는 것을 사모해야 합니다.

* 성도의 결단

오늘 말씀을 요약합니다. 늘 들어왔던 복음이지만, 다시 상기하는 의미에서 말씀드립니다. 하나님께서는 인류의 구원을 위하여 이 땅에 역사를 펼쳐가고 계십니다. 그 역사의 일환으로 예수님을 이 땅에 복음의 씨앗, 참 포도나무가 될 씨앗으로 보내시고 실제로 씨앗이 땅에 떨어져 죽는 것처럼 십자가에서 돌아가시게 하셨습니다. 씨앗은 죽고 싹이 나와 나무로 자라는 것처럼, 돌아가신 예수님을 참 포도나무로 부활시키셨습니다.

그 참 포도나무에 붙은 가지들을 무럭무럭 자라게 하는 것은 하나님으로부터 무한히 공급되는 말씀과 생명수입니다. 그 하나님의 말씀(하늘의 양식)과 생명수 즉 성령은 이제 참 포도나무이신 예수님을 통해 가지인 우리에게 공급되고 있습니다. 이 사실을 믿으신다면 여러분은 예수님의 지체된 자요, 구원이 약속된 하나님의 자녀입니다.

그러므로 이제는 참 포도나무이신 예수님으로부터 공급되는 말씀과 생명수인 성령으로 살게 됩니다. 즉 내가 사는 것이 아니라 내 안에 있는 나와 연결된 예수 그리스도께서 사시는 것이며 곧 하나님과 성령이 함께 살고 있다는 것입니다.

"살아계신 아버지께서 나를 보내시매 내가 아버지로 인하여 사는 것같이 나를 먹는 그 사람도 나로 인하여 살리라"(요 6:57).

이 말씀이 그 말씀입니다. 성령으로 하나 되기 위하여 세례를 받은 사람은 이제 참 포도나무이신 예수님께 붙은 가지와 같은 것이며 혼자 사는 것이 아니라, 참 포도나무이신 예수님과 예수님을 통해 공급되는 성령 하나님과 함께 사는 것입니다.

성찬에서 공급되는 떡을 먹고 포도주를 마시는 예식은 바로 예수님과 한 몸이 되고, 생명수로 공급되는 성령 하나님과 일체를 이루는 예식입니다.

오늘 하나님의 말씀을 들은 저와 여러분은 우리가 살길은 참 포도나무이신 예수님에게 붙어있어야 한다는 점을 늘 명심하고 살아야 합니다. 말씀과 성령 충만함을 사모하여 하늘의 양식과 생명수를 충분히 공급받아 이웃 사랑의 열매를 풍성히 맺는 복된 성도로서 구원받아 하나님 나라에 이르시고, 그때 하나님께 찬양을 올려 드리는 복된 영혼들이 되시기를 간절히 축원 드립니다.

복음과 용서

"이 복음은 하나님의 선지자들로 말미암아 그의 아들에 관하여 성경에 미리 약속하신 것이라"(롬 1:2).

우리가 교회를 다니거나 가정에서 교회를 이루고자 하는 이유는 모두 하나님을 믿어 구원에 이르려 하거나, 하나님을 믿기 때문에 지켜야 할 그 무엇을 지키려고 하는 행위라고 할 수 있습니다. 혹시 여러분 중에 다른 이유가 있다고 하신다면, 그것은 모두 부차적인 이유가 될 것입니다.

예를 들어 어떤 분들은 심적 또는 육체적인 질병의 치유를 위하여, 또 어떤 분들은 사람들과의 친분을 위하여, 또는 생계를 유지하는 방편을 마련하기 위하여 교회에 소속되기도 합니다. 이런 이유로 교회에 출석하는 사람들을 어떤 사람들은 비판하기도 하는데 하나님의 선한 뜻을 이루는 것에 방해가 되지 않는다면 어떠한 경우든 누구도 교회에 소속된 이유에 대하여 비판하거나 정죄할 수 없습니다.

하나님의 뜻을 이루어 가는 방법은 인간으로는 상상하기 힘듭니다. 우리가 보기에는 정죄 받아 마땅한 행위들도 어떤 경우에는 그런 행동을 하는 사람들을 통해 당신의 뜻을 이루어 가기도 하십니다. 이런 경우가 초대 교회에도 나타났는데 사도 바울은 그런 경우에 대하여 이렇게 기록하고 있습니다.

"어떤 이들은 투기와 분쟁으로 어떤 이들은 착한 뜻으로 그리스도를 전파하나니"(빌 1:15).

즉 투기와 분쟁의 원인이 그리스도에 대한 것이라면 그런 것도 그리스도를 전파하고 복음을 전파하는 데 도움이 된다는 것입니다.

＊ 복음과 용서의 법

복음을 방해하려는 것이 복음을 전하는 도구가 된 예로 성경에서 찾아볼 수 있는 사건은 간음하다가 현장에서 붙잡혀 온 여인의 사건입니다. 지금 이 시대에도 이런 죄는 엄히 다스려야 하는 것은 마찬가지지만, 그 당시에는 간음에 대한 처벌이 지금보다도 즉각적이고 엄중해 돌로 당장 쳐 죽이는 죄였습니다.

그러나 하나님의 법으로 심판하시는 하나님의 아들이신 예수님께서는 그 여인을 용서해 주십니다. 그것도 그 여인을 간음 현장에

서 잡아온 기세등등한 서기관들과 바리새인들 앞에서, 그리고 율법
의 절대적 권위를 인정하던 군중들 앞에서 말입니다.

그들은 그리스도를 시험하여 실족하게 하려고 이런 사건을 꾸몄
지만, 실제로 일어난 역사는 용서였습니다. 예수 그리스도가 전한
완성된 하나님의 법은 율법과는 달리 죽을죄도 용서하는 사랑의 법
이라는 것이 증명되는 계기가 되었습니다. 이렇게 서로 용서하고 사
랑하라는 법은 새 계명으로 세상에 길이 남게 되었습니다.

우리 주변에서 일어나는 사건들에 연루된 어떤 사람이라도 우리
가 감히 정죄할 수 없다고 예수님께서 말씀하셨습니다. 어떤 사건
그 사건의 배후에는 하나님의 뜻이 있다는 사실을 명심해야 합니다.

예수님께서 전하신 새 계명, 즉 용서하는 사랑의 법을 비유로 다
룬 이야기가 바로 예수님께서 예화로 들려주셨던 일만 달란트 빚진
자와 100데나리온 빚진 자의 이야기였습니다.

임금(하나님)이 개인으로서는 평생 절대로 갚을 수 없는 큰 빚
(죄)을 진 어떤 관리의 빚을 모두 탕감(용서)해 주었습니다. 평생 갚
을 수 없는 큰돈을 빚진 그 사람은 지금 시대로 치면, 희대의 경제
사기범이고 죄로 말하면 종신형에 해당하는 중죄를 지은 사람이라
고 할 수 있습니다.

그 일만 달란트를 탕감받은 사람은 그가 탕감받은 돈에 비하면
아주 적은(1/60만) 금액이었던 100데나리온을 빚진 자를 만나자 그
를 옥에 잡아 가두었습니다(용서하지 않았습니다). 호주 돈으로 환

산해 실감 나게 이야기하면, 약 150만 달러 빚을 탕감받고는 약 2달러 50센트(1/60만) 빚진 사람을 붙잡아 옥에 가둔 격입니다.

그러자 이 사실을 알게 된 임금(하나님)은 이 일만 달란트를 탕감받은 관리를 평생 옥에서 나오지 못하도록 가두어 버립니다(징계를 내리십니다). 즉 중죄인으로 다루었다는 이야기입니다.

이 이야기에서 명백히 교훈하는 것은 피차 죄인인 우리끼리는 절대로 정죄할 권한이 없으며 만일 하나님으로부터 용서받은 자가 그 감사함을 용서라는 사랑으로 베풀지 않는다면, 하나님께서는 그 용서했던 죄인을 중죄인으로 다스리게 된다는 사실을 교훈하고 있습니다.

* 용서로 나타나는 속죄 받은 증거

이런 현상이 지금 우리에게도 일어나고 있지 않나요? 우리 자신의 죄 또는 개인적인 약점과 허물은 감추고, 어쩌면 자기가 감춘 그것들과 흡사한 어떤 상대방의 죄, 약점과 허물을 들추어내어 비난하고 정죄하려는 것이 우리의 모습은 아닌지 돌아보시기 바랍니다. 우리는 서로 정죄할 수 없으며 상대방의 허물, 실수, 약점을 용납하고 용서해야 합니다. 이 비유의 말씀을 마치시면서 예수님께서는 아래와 같이 교훈하십니다.

"너희가 각각 중심으로 형제를 용서하지 아니하면 내 천부께서도 너희에게 이와 같이 하시리라"(마 18:35).

아래 말씀은 예수님의 산상수훈 중 주기도문을 가르치시고 결론적으로 말씀하신 교훈입니다.

"너희가 사람의 과실을 용서하면 너희 천부께서도 너희 과실을 용서하시려니와 너희가 사람의 과실을 용서하지 아니하면 너희 아버지께서도 너희 과실을 용서하지 아니하시리라"(마 6:14~15).

이 용서의 법은 예수 그리스도를 통해 나타난 하나님 뜻의 핵심이기도 합니다. 즉 예수 그리스도의 대속제사를 받으시고 우리를 용서하시겠다는 것이 하나님의 뜻이며 이것이 복음의 핵심부분입니다.

이 하나님의 용서를 믿기 때문에 여러분은 예배드리고 찬송하고 성경을 읽고 들으며 기도를 드리는 것 아닌가요? 하나님의 뜻이 우리의 죄를 용서해 주시려는 것임을 안다면, 그 복음을 믿는다면, 우리는 우리의 잘못을 서로 용서함으로써 하나님의 뜻을 행해야 합니다. 하나님의 뜻을 행함으로 하나님의 구속 사업에 동참해야 합니다.

구원의 복음을 믿는 우리 성도님들은 남은 생애 동안 자기 자신을 낮추고 겸허한 자세로 상대방을 용서하며 살겠다고 결단하시기를 축원 드립니다. 그것이 우리의 죄를 용서해 주셨다는 복음을 믿는 성도의 증표가 되기 때문입니다.

✻ 복음을 믿게 하는 증거

이렇게 속죄받은 우리가 우리에게 죄지은 사람들을 용서해야 한
다는 가르침은 예수님께서 창안하여 전파한 것이 아니라 이미 창세
전에 하나님께서 계획하신 것이라는 사실을 오늘 본문은 전하고 있
습니다.

> "이 복음은 하나님의 선지자들로 말미암아 그의 아들에 관하여
> 성경에 미리 약속하신 것이라"(롬 1:2).

예수님께서 전하신 복음은 하나님으로부터 유래한 것임을 예수
님은 아래 성경을 통해 증언하십니다.

> "이에 예수께서 가라사대 너희는 인자를 든 후에 내가 그인 줄을
> 알고 또 내가 스스로 아무것도 하지 아니하고 오직 아버지께서
> 가르치신 대로 이런 것을 말하는 줄도 알리라"(요 8:28).

즉 예수님께서 전하신 복음, 용서의 법, 사랑의 법은 하나님께서
가르치신 그대로 전하였음을 증언하셨습니다. 창세전부터 하나님과
함께 계셨던 성자 그리스도께서는 이 복음을 하나님으로부터 가르
침을 받았다는 것입니다. 이 사실을 근거로 복음은 변개할 수 없는
하나님의 작정하심에서 유래된 진리이며 이루어질 수밖에 없는 역

사적 필연성을 지녔다고 증언하셨습니다.

그 필연성은 오늘 본문 말씀에서 밝히고 있습니다. 이미 선지자들을 통해 예언되었고 그 예언대로 실제로 예수 그리스도께서 온 인류의 속죄 제물로 십자가에 달리시고 부활하심으로 증거되었습니다. 예수님께서 전하신 복음은 절대적으로 이루어질 수밖에 없는 진리입니다.

성경에 기록된 선지자의 예언입니다.

"그가 찔림은 우리의 허물을 인함이요 그가 상함은 우리의 죄악을 인함이라 그가 징계를 받음으로 우리가 평화를 누리고 그가 채찍을 맞음으로 우리가 나음을 입었도다"(사 53:5)

그리고 오늘 본문입니다.

"이 복음은 하나님의 선지자들로 말미암아 그의 아들에 관하여 성경에 미리 약속하신 것이라"(롬 1:2)

오늘 하나님의 말씀을 들은 저와 여러분은 예수 그리스도를 통해 전해진 복음이 하나님으로부터 유래된 것임을 믿어 죄를 용서받고, 속죄받은 감격으로 우리 사이에 일어나는 불화의 요인들을 서로 넉넉히 용서하는 복된 인생이 되시기를 간절히 축원 드립니다.

복음과 생명

"찬송하리로다 우리 주 예수 그리스도의 아버지 하나님이 그 많으신 긍휼대로 예수 그리스도의 죽은 자 가운데서 부활하심으로 말미암 아 우리를 거듭나게 하사 산 소망이 있게 하시며"(벧전 1:3).1

지난주에는 '복음과 용서' 라는 제목으로 용서하는 것이 복음의 핵심 내용이라는 말씀을 드렸습니다. 용서는 예수님도 산상수훈 중 주기도문을 가르치시고 결론적으로 말씀하신 내용이기도 합니다.

"너희가 사람의 과실을 용서하면 너희 천부께서도 너희 과실을 용 서하시려니와 너희가 사람의 과실을 용서하지 아니하면 너희 아 버지께서도 너희 과실을 용서하지 아니하시리라"(마 6:14~15).

이 용서의 법이 중요한 이유는 예수 그리스도를 통해 나타난 하

나님 뜻의 핵심이기도 하기 때문입니다. 즉 예수 그리스도의 대속제
사를 받으시고 우리를 용서하시겠다는 것이 하나님 뜻의 핵심 부분
이라는 것입니다. 이런 용서의 법이 없다면, 우리의 구원이라는 것
은 원천적으로 있을 수 없게 됩니다.

하나님께서 우리의 죄를 용서해 주신다는 원초적 사랑을 믿는다
면, 우리도 우리가 심적이나 물질적으로 피해를 당했던 일들을 모두
잊는 역사가 꼭 일어나야 합니다. 그것이 하나님께서 약속하신 구원
을 약속받는 첫걸음입니다. 우리가 마음으로 용서하게 될 때, 그것
은 구원을 약속받은 증거가 됩니다. 예수님께서 전한 복음은 용서에
대한 것이었다고 할 수 있습니다.

오늘은 복음 속에 나타난 생명에 대한 말씀입니다.

"찬송하리로다 우리 주 예수 그리스도의 아버지 하나님이 그 많
으신 긍휼대로 예수 그리스도의 죽은 자 가운데서 부활하심으로
말미암아 *우리를 거듭나게 하사 산 소망이 있게 하시며."
* He has given us new birth

복음은 거듭 태어나 얻게 되는 새 생명에 관한 것입니다. 그것이
소망이 되기 때문에 기쁜 소식인 것입니다.

하루는 예수님께서 아래와 같은 말로 천국에 들어갈 수 있는 자격에 대하여 말씀하셨습니다.

"나더러 주여 주여 하는 자마다 천국에 다 들어갈 것이 아니요 다만 하늘에 계신 내 아버지의 뜻대로 행하는 자라야 들어가리라"(마 7:21).

하나님의 뜻은 무엇입니까? 하나님의 뜻은 누가 전했습니까? 하나님의 뜻은 하나님과 같이 계셔서 그분의 뜻을 너무나 잘 아시는 예수 그리스도께서 전하셨습니다. 태초에 하나님과 같이 계셨던 성령으로 잉태하여 육신으로 이 땅에 오신 예수 그리스도께서 전하신 하나님의 뜻은 율법이 전했던 하나님 뜻의 완결편이라고 표현할 수 있습니다. 세례 요한까지 율법으로 기초를 다졌고 그 기초 위에 예수님께서 성전을 완성하셨다고 비유로 이야기할 수 있습니다. 그 예수님께서 전하신 것이 하나님의 뜻이었음을 예수님은 아래와 같이 증언하십니다.

"내가 너희를 대하여 말하고 판단할 것이 많으나 나를 보내신 이가 참되시매 내가 그에게 들은 그것을 세상에게 말하노라 하시되 저희는 아버지를 가리켜 말씀하신 줄을 깨닫지 못하더라 이

에 예수께서 가라사대 너희는 인자를 든 후에 내가 그인 줄을 알
고 또 내가 스스로 아무것도 하지 아니하고 오직 아버지께서 가
르치신 대로 이런 것을 말하는 줄도 알리라 나를 보내신 이가 나
와 함께 하시도다 내가 항상 그의 기뻐하시는 일을 행하므로 나
를 혼자 두지 아니하셨느니라"(요 8:26~29).

그렇습니다. 예수님께서 말하시거나 행하신 모든 것은 하나님에
게 들은 대로, 가르치신 대로 하셨다는 것입니다. 그 내용은 우리의
생명과 관련된 우리를 향한 사랑이었습니다.

"하나님이 세상을 이처럼 사랑하사 독생자를 주셨으니 이는 저를
믿는 자마다 멸망치 않고 영생을 얻게 하려 하심이니라"(요 3:16).

하나님의 뜻은 우리를 사랑하시는 것이고 그 사랑이 실제로 나
타난 것은 바로 우리에게 주시고자 하는 생명입니다. 그 생명은 지
금, 이 세상을 사는 우리가 가지고 태어나는 혈육적인 생명과는 다
릅니다.

그 생명은 새 생명으로 하늘에 간직한 것인데 우리는 그 새 생명
을 거듭 태어나는 과정으로 얻게 됩니다. 이 새 생명을 얻게 된다는
것이 바로 우리가 복음을 들어 알게 된 기쁜 소식이며 인생에서 성
취해야 할 최고의 목표입니다. 즉 인생을 살면서 하나님을 믿고 예
수님께서 전한 복음을 믿으며, 그 복음의 법을 지키면서 살고자 노

력하는 이유입니다.

현실적으로 이야기하면, 우리가 교회를 이루고 교회에 소속되고 예배를 드리고 성경을 읽고 기도하고 선교하고 봉사하는 단 하나의 이유가 바로 새 생명을 얻기 위한 것(구원을 받는 것)입니다.

여러분 중에서 그 누구도 생명과 죽음의 갈림길에서 죽음을 택하실 분은 없으실 겁니다. 그러나 예수 그리스도를 믿고 그 길로 갈 것이냐, 아니면 의심을 품고 다른 길로 갈 것이냐는 갈림길에서는 많은 사람이 다른 길을 선택할 수도 있습니다.

한 예로 여러분은 선교할 때 물질적, 경제적인 도움을 주는 것에 의존하십니까? 아니면 성령께 전적으로 의지하십니까? 이 질문에 여러분은 선뜻 대답하기 힘드실 것입니다. 더욱이 행동으로 옮기려 하면 더더욱 선택을 주저하게 되실 것입니다.

이런 사실이 바로 우리가 생명과 멸망의 갈림길에서 우왕좌왕하게 되는 증거라고 할 수 있습니다. 그러나 오늘, 이 말씀을 들은 성도님들은 우리가 죽음이 아닌 생명을 당연히 택하는 것처럼, 예수 그리스도를 믿고 그분의 전한 말, 즉 복음을 듣고 그 복음의 법(새 계명)을 지키며 살겠다는 결단을 하시기 바랍니다. 예수 그리스도가 전한 복음이 바로 하나님의 뜻임을 알고 실천하는 것이 생명을 얻는 길이기 때문입니다.

오늘 하나님의 말씀을 들은 저와 여러분은 인생을 살면서 사람

사이의 오해, 잘못, 실수 때문에 입은 피해에 대하여 용서하시고 또한 사랑하시는 하나님께서 명령하신 사랑을 실천함으로써 독생자 예수 그리스도를 보내어 우리의 죄를 사하여 주셨다는 그 복음을 믿음으로써 새 생명을 얻는 인생, 그리고 그 새 생명을 끝까지 보전하는 복된 인생이 되시기를 간절히 축원 드립니다.

복음과 동행

"사람아 주께서 선하신 것이 무엇임을 네게 보이셨나니 여호와께서 네게 구하시는 것이 오직 공의를 행하며 인자를 사랑하며 겸손히 네 하나님과 함께 행하는 것이 아니냐"(미 6:8)

우리는 앞에서 '복음과 용서', '복음과 생명'이라는 제목의 말씀을 들었습니다. 예수님께서 전하신 기쁜 소식, 이를 우리는 '복된 소식' 즉 '복음'이라고 부릅니다. 그 복음은 하나님으로부터 용서받고 우리 서로가 용서하는 것이 핵심적인 내용이며, 그런 복음은 우리의 생명에 관한 것이라는 말씀도 들었습니다.

그렇습니다. 우리가 서로 용서하는 사랑을 품어야 한다는 것, 우리가 구원을 얻으려면 용서받아 새 생명을 받고 거듭 태어나야 한다는 것이 복음의 핵심적인 내용이며 믿음의 증거입니다. 이렇게 거듭 태어남의 목적이 없이, 즉 새 생명과 영생의 소망이 없어 신앙생활을 한다는 것은 마치 주먹으로 허공을 치는 것과 같이 허망한 일입니다. 우리 자신들도 우리의 신앙을 이런 관점에서 늘 점검해 보아야 합니다(성령으로 거듭 태어나는 것과 용서의 실천에 대하여).

✻ 약속된 동행

오늘 본문은 특별히 하나님께서 신앙생활과 일상에서 우리에게서 무엇을 바라시는지를 밝히고 있습니다.

"사람아 주께서 선하신 것이 무엇임을 네게 보이셨나니 여호와께서 네게 구하시는 것이 오직 공의를 행하며 인자를 사랑하며 *겸손히 네 하나님과 함께 행하는 것이 아니냐"(미 6:8).
* walk humbly with your God

말씀을 보니 하나님께서 바라시는 것이:
첫 번째는 공의를 행하는 것이고, 두 번째는 인자(mercy)를 사랑하는 것입니다. 세 번째로 원하시는 것이 겸손히 하나님과 함께 걷는 것, 곧 동행하는 것입니다. 공의를 행하는 것과 자비를 베푸는 것은 우리 자신이 결단해서 행동으로 할 수 있는 것들입니다. 반면에 세 번째 겸손히 하나님과 동행하는 것은 하나님께서 허락하심이 있어야 하는 하나님과의 관계입니다.

동행한다는 것은 하나님께서 우리에게 같이 걷도록 허락해 주셔야 하는데 하나님께서는 우리와 같이 행할 것을 전제하시면서 겸손히 동행할 것을 원하신다는 말씀입니다. 하나님께서는 우리 인생을 굽어 살펴주기를 바라시고 하나님께서 인도하시는 구원이라는 인생의 목적지에 도착하기까지 돌보시려는 뜻이 내포되어 있습니다.

비유로 이야기하면 양 떼를 몰고 가는 목자로서는 양들이 목자는 이미 알고 있는 안식처까지 순순히 따라와 주기를 바라는 것처럼 말입니다. 그러나 만일 그 양 중에 무리와 함께 목자를 따라가지 않고 목자의 지시를 무시하고 아무 데로나 막 가는 양이 있다면, 그 양은 필경 길을 잃고 언젠가는 맹수의 먹이가 될 것입니다. 하나님과 동행한다는 것은 이미 준비된 안식처까지 하나님의 뜻에 따라 인생길을 살아가는 것이고 그것은 우리의 순종하는 의지를 요구하는 것입니다.

하나님께서는 우리와 동행하실 것을 전제하시고 겸손히 동행해 주기를 바라십니다. 더 구체적으로 이야기하면 하나님과 동행할 수 있는 수준의 순종을 바라십니다.

* 동행과 순종

성경에는 실제로 하나님과 동행한 사람들의 이야기가 나옵니다. 창세기에 에녹과 노아라는 선조가 하나님과 동행했다고 합니다. 그 중에서 하나님과 동행했던 노아라는 선조에 대하여 성경은 아래와 같이 기록하고 있습니다.

"노아의 사적은 이러하니라 노아는 의인이요 당세에 완전한 자라 그가 하나님과 동행하였으며"(창 6:9).

이 성경의 기록으로 알 수 있는 것은 하나님과 동행한 노아는 하나님께서 인정하시는 의인이었다는 것과 완전했다는 것입니다. 의인으로 인정받았다는 의미를 성경은 아브라함의 경우를 통해 아래와 같이 말씀하고 있습니다.

"아브람이 여호와를 믿으니 여호와께서 이를 그의 의로 여기시니"(창 15:6).

아브라함이 75세에 하나님께서 부르시자 고향을 떠났으며 험한 방랑길을 오직 하나님만 믿고 따랐을 때 하나님께서는 아브라함을 의인으로 인정하셨습니다.

여기서 '믿으니'라고 해석된 단어는 영어로는 'believed'입니다. 원어의 해석은 '어떤 대상에게 자신을 맡기고 끝까지 의지한다.'라는 의미입니다. 곧 이렇게 조건을 따지지 않고 하나님께 자신을 맡기고 전적으로 의지할 때 하나님께서는 아브라함을 의인이라고 인정해 주셨습니다.

하나님과 동행하게 된다는 것은 노아와 같이 의인으로 인정받는 것을 의미하며, 의인으로 인정받는 조건은 하나님을 전적으로 믿고 의지하는 것을 의미합니다. 곧 그것은 성경에서 계속 강조되고 있는 하나님을 경외함으로 하나님의 뜻에 순종하는 것을 의미합니다. 하나님과 동행한다는 것은 곧 하나님의 뜻에 순종하는 삶이라고 할 수 있습니다. 곧 순종하는 마음 자세로 하나님과 동행하는 것이 하나님으로부터 가장 사랑받게 되는 모습입니다.

＊ 복음(새로운 약속)과 동행

즉 하나님의 선하심을 믿고 그분의 의도하심에 전적으로 의지하고 순종하는 삶이 바로 하나님과 동행하는 삶이 됩니다. 예수님께서 전하신 복음은 하나님께서 계획하신 구속 사역에 대한 것이었고, 예수님을 통해 구속하시려는 하나님의 뜻을 알리는 것이었습니다. 예수님께서 전하신 복음을 잘 알고 믿는 것이 하나님과 동행할 수 있는 조건입니다. 예수님은 아래와 같이 말씀하셨습니다.

"예수께서 가라사대 내가 곧 길이요 진리요 생명이니 나로 말미암지 않고는 아버지께로 올 자가 없느니라"(요 14:6)

목자 예수님을 좇아 인생을 살 때, 우리는 하나님을 만나 동행하는 삶이 됩니다. 하나님께서는 단순한 원리로 우리를 구원의 길로 인도하십니다. 곧 그것은 믿음에 기초를 둔 순종입니다. 예수 그리스도를 구세주로 보내어 구원으로 인도하시려는 것이 하나님의 뜻임을 믿고, 그 뜻하신 대로 우리가 예수님을 좇아 따라오기를 하나님께서는 바라십니다. 즉 하나님께서는 복음을 믿고 하나님(예수님, 성령님과 일체이신)과 동행하여 구원에 이르기를 바라십니다.

여러분은 지금 예수 그리스도가 전한 복음을 믿고 순종하는 마음으로 삼위일체 하나님과 겸손히 동행하고 계시는지요? 각자 돌아보시기 바랍니다.

오늘 본문입니다.

"사람아 주께서 선하신 것이 무엇임을 네게 보이셨나니 여호와께서 네게 구하시는 것이 오직 공의를 행하며 인자를 사랑하며 겸손히 네 하나님과 함께 행하는 것이 아니냐"(미 6:8).

오늘 하나님의 말씀을 들은 저와 여러분은 오늘 말씀처럼 하나님께서 예수 그리스도가 전한 복음으로 우리를 부르시고 구원의 종착지인 새 하늘, 새 땅으로 인도하신다는 것을 믿고 그 복음이 제시하는 길을 따라 순종하고 따름으로써 하나님과 끝까지 동행하여 구원에 이르는 복된 삶이 되기를 축원 드립니다.

복음, 그리고 성령과의 동거

"내가 아버지께 구하겠으니 그가 또 다른 보혜사를 너희에게 주사 영원토록 너희와 함께 있게 하시리니 저는 진리의 영이라 세상이 능히 저를 받지 못하나니 이는 저를 보지도 못하고 알지도 못함이라 그러나 너희는 저를 아나니 저는 너희와 함께 거하심이요 또 너희 속에 계시겠음이라"(요 14:16~17).

우리는 앞에서 '복음과 용서', '복음과 생명' 그리고 '복음과 동행'이라는 제목의 말씀을 들었습니다. 예수님께서 전하신 기쁜 소식, 이를 우리는 '복된 소식' 즉 '복음'이라고 부른다는 말씀도 들었습니다. 그 복음에는 하나님으로부터 용서받고 우리 서로가 용서하는 것이 핵심적인 내용이며, 그런 복음은 우리의 생명에 관한 것이라는 말씀을 들었습니다.

그렇습니다. 우리가 서로 용서할 정도로 사랑해야 하는 것이 꼭 지켜야 할 계명으로 그것이 복음의 가장 핵심적인 내용입니다. 원수도 사랑할 정도의 사랑을 품게 되는 것은 우리가 하나님으로부터 우리의 죄를 용서받아 성령으로 거듭 태어났을 때 받게 되는 하나님의 선물입니다.

그것은 곧 믿음의 증거로 우리 일상생활에서 필연적으로 나타나는 성령의 열매입니다. 이런 열매 맺음의 목적이 없이 신앙생활을 한다는 것은 열매를 맺지 않은 가지가 잘려서 불에 던져지는 결과를 맞이할 수밖에 없는 것과 비유될 수 있습니다.

우리의 신앙을 이런 관점에서 늘 점검해 보아야 합니다. 즉 성령으로 거듭 태어나는 것에 대하여 갈망하고 있는지, 사랑의 표현인 용서를 실천하며 살고 있는지에 대하여 늘 점검해 보아야 합니다.

그런 의미에서 예수님께서 전하신 하나님의 뜻, 즉 복음 내용 중에서 성령과 동거한다는 것이 어떤 의미가 있는지 알아보겠습니다.

✱ 성령의 존재

이 하나님의 신은 창세기 1장 2절에 이 세상이 생기기 전, 즉 창세전에 하나님과 함께 존재했던 것이 발견됩니다.

"땅이 혼돈하고 공허하며 흑암이 깊음 위에 있고 하나님의 신은 수면에 운행하시니라"(창 1:2).

이 성령은 인간의 조상인 아담에게 생기(숨)로 불어 넣어져서 흙이었던 아담을 살아 움직이는 생명체로 변화시켰다는 것을 우리는 성경을 통해 알고 있습니다. 즉 하나님의 신은 우리의 생명의 원동력이라고 말씀드릴 수 있습니다.

이를 뒷받침하는 말씀이 창세기에 나오는데;

"여호와께서 가라사대 나의 신이 영원히 사람과 함께 하지 아니하리니 이는 그들이 육체가 됨이라 그러나 그들의 날은 일백이십 년이 되리라 하시니라"(창 6:3).

하나님께서 대홍수로 코로 숨 쉬는 모든 생물을 멸절하기 전에 하신 말씀입니다. 이 말씀대로 하나님께서는 이 말씀을 하신 지 120년 후에 대홍수로 노아의 가족을 제외한 모든 사람을 죽게 하셨습니다. 하나님의 신이 떠난다는 표현은 바로 죽음을 뜻하는 것임을 분명히 알게 됩니다. 하나님의 신은 바로 우리가 사느냐 죽느냐 하는 문제와 아주 직접적인 관계가 있습니다. 하나님의 신이 우리에게서 떠나면 우리는 죽는 것이고, 하나님의 신이 우리와 함께하시면 우리는 살게 되어 있는 것입니다.

이 하나님의 신은 곧 예수님 시대 이후에 성령으로 나타났다고 볼 수 있습니다. 여러분도 잘 알고 있는 것처럼 성령은 하나님으로부터 유래한 것입니다. 하나님께는 일곱 개의 영이 있다고 요한계시록은 기록하고 있습니다.

"보좌로부터 번개와 음성과 뇌성이 나고 보좌 앞에 일곱 등불 켠 것이 있으니 이는 하나님이 일곱 영이라"(계 4:5).

여기서 '영'이라는 단어와 구약에서 주로 언급되는 '신'이라는 단어는 원어로는 바람, 호흡을 나타내는 같은 의미의 단어입니다.

하나님의 신: 루아흐(구약)
하나님의 영: 프뉴마(신약)

성경에서 말씀하시는 바와 같이 태초로부터 하나님의 신은 존재하셨습니다. 이 하나님의 신은 예수님께서 하늘나라로 올라가신 이후에 보혜사 성령으로 이 땅에 왔다는 것을 예수님의 제자들에게 일어났던 오순절 성령 강림 사건으로 우리는 분명히 알게 됩니다. 그것은 그 이후 제자들이 성령의 역사로 일으켰던 많은 이적 사건으로 인하여 역사적 사실로 증명되었습니다.

생명의 필수적 요체인 성령은 지금도 우리를 살리기 위하여, 즉 구원을 위하여 일하고 계십니다. 성령께서 현재 우리와 함께하신다는 것은 여러 가지로 증명할 수 있습니다. 특히 개인적인 체험으로 성령께서 존재하시며 역사하신다는 사실을 분명히 알게 됩니다.

저도 개인적으로 성령께서 역사하심으로 방언으로 기도하고 그 순간 이후 제 인격이 완전히 바뀌는 것을 체험했습니다. 가치관이 바뀌고 역사관이 바뀌고 성령의 능력을 맛보았으므로 성령의 주체이신 하나님과 그분의 일하시는 모든 것에 대하여 믿게 되는 것을 체험했습니다.

이렇듯 하나님의 신인 성령은 하나님의 자비와 긍휼하심을 따라 예수님의 말씀대로 이 땅에 보내졌으며 우리와 동거하기를 바라시는 것입니다.

그런 사실에 대하여 오늘 본문은 증거하고 있습니다.

오늘 본문을 다시 읽어드리면;

"내가 아버지께 구하겠으니 그가 또 다른 보혜사를 너희에게 주사 영원토록 너희와 함께 있게 하시리니 저는 진리의 영이라 세상이 능히 저를 받지 못하나니 이는 저를 보지도 못하고 알지도 못함이라 그러나 너희는 저를 아나니 저는 너희와 함께 거하심이요 또 너희 속에 계시겠음이라"(요 14:16~17)

이렇게 창세전에 생명에 대한 사역을 담당했던 하나님의 신(성령)은 오순절 성령 강림 사건으로 그 존재가 증명되었으며 제자들의 이적 사건들(죽은 자를 살리고, 문둥병을 고치며, 벙어리와 눈먼 자를 고치고, 나쁜 귀신을 쫓아내는 능력 행함)로 그 능력이 증명되었습니다. 현재도 성도 개인에게 일어나는 거듭남의 체험으로 성령의 존재와 그 능력은 입증되고 있습니다.

이 성령은 하나님으로부터 유래하여 예수님께서 보내셨습니다. 성경은 아래와 같이 말씀하십니다.

"내가 아버지께로서 너희에게 보낼 보혜사 곧 아버지께로서 나 오시는 진리의 성령이 오실 때에 그가 나를 증거하실 것이요"(When the Counselor comes, whom I will send to you from the Father, the Spirit of truth who goes out from the Father, he will testify about me)(요 15:26).

이 하나님에게서 나오는 성령, 즉 신은 위에서 살펴본 바와 같이 우리 생명에 직접적인 영향을 끼칩니다. 즉 하나님의 신이 우리에게서 떠나면 우리는 생명을 잃게 됩니다. 그 생명은 이 땅의 죽음뿐 아니라 영원한 멸망을 의미합니다.

성령께서 우리에게로 왔다는 이야기는 곧 하나님께서 우리에게 생명을 주시려는 의도라는 것을 알 수 있습니다. 이 땅의 삶을 지나 하나님 나라에서 다시 살 수 있게 되는 것은 성령께서 우리 안에 거하심으로 가능한 일이 됩니다. 곧 성령께서 우리와 동거함으로 인하여 우리는 새로운 생명을 지니고 다시 살 수 있게 된다는 말씀입니다.

"예수를 죽은 자 가운데서 살리신 이의 영(하나님의 영: 성령)이

너희 안에 거하시면 그리스도 예수를 죽은 자 가운데서 살리신
이가 *너희 안에 거하시는 그의 영(하나님의 영: 성령)으로 말미
암아 너희 죽을 몸도 살리시리라"(롬 8:11).
 * Spirit, who lives in you

예수님께서 전하신 복음의 핵심이 원죄로 죽을 수밖에 없는 우리
를 살리기 위한 것인데 바로 성령이 우리와 같은 죄인들을 소생시키
는 역할을 하게 된다는 것입니다. 그러므로 성령을 사모해야 합니다.
성령께서 우리 안에서 역사하시도록 우리는 하나님 말씀으로 지식을
갖추어 진리의 영과 화답할 수 있어야 합니다. 성령의 임재, 동거함
이 없이 우리는 하나님 나라에 이를 수 없다고 성경은 말씀합니다.

"예수께서 대답하시되 진실로 진실로 네게 이르노니 사람이 물과
성령으로 나지 아니하면 하나님 나라에 들어갈 수 없느니라"(요
3:5).

예수님께서 전한 복음의 결론은 성령으로 거듭 태어나 구원에
합류하라는 말씀이었습니다. 성령으로 거듭 태어나는 역사는 하나
님의 영이 우리 안에 거할 때, 즉 성령과 동거하는 삶을 살아야 일어
난다는 말씀이었습니다(롬 8:11).

＊ 성령과의 동거

여러분은 지금 성령과 동거하고 계십니까?

이 질문에 대하여 우리는 아래의 성경으로 우리 자신을 가늠해 볼 수 있습니다.

"또 새 영을 너희 속에 두고 새 마음을 너희에게 주되 너희 육신에서 굳은 마음을 제하고 부드러운 마음을 줄 것이며 또 내 신을 너희 속에 두어 너희로 내 율례를 행하게 하리니 너희가 내 규례를 지켜 행할지라"(겔 36:26~27).

여기서 사용된 새 영의 '영'과 내 신의 '신'은 원어로는 동일한 하나님의 신입니다. 이 말씀은 하나님께서 이스라엘 민족들을 회개하게 하시고 그들의 본토에 돌아갈 때 하나님께서 이스라엘 민족들을 성결케 하시며 하나님의 신을 그들과 동거하도록 하여 그들을 변화시키겠다는 말씀이었습니다. 곧 성령을 그들에게 부어 부드러운 마음으로 변화시키고 하나님의 규례를 지키게 하겠다는 말씀입니다.

즉 개인에게 성령이 임하면 겸손하고 온유한 성품으로 변하고 하나님의 뜻을 따라 행하게 된다는 의미입니다. 이것은 바로 예수님이 지니신 성품이며 보여주신 행동입니다.

성령이 우리 안에 거하면 즉 동거하면, 우리는 예수님을 닮은 성품으로 변화하게 되어 있습니다. 그러므로 예수님을 좇아 예수님의

장성한 분량에까지 우리는 성장할 수 있다고 성경은 말씀하고 계신
것입니다.

> "우리가 다 하나님의 아들을 믿는 것과 아는 일에 하나가 되어 온
> 전한 사랑을 이루어 그리스도의 장성한 분량이 충만한 데까지
> 이르리니"(엡 4:13).

성령과 동거하게 되면 우리의 성품이 예수님을 닮아 변화하고
성장하여 그리스도를 닮은 경지에까지 이르게 된다는 말씀입니다.
예수님께서 전하신 복음을 지킨다는 것은 성령과 동거함으로 가능
합니다. 우리가 성령과의 동거를 느끼지 못하고 있다면 우리는 결코
그리스도인(Christian)이라고 할 수 없습니다.

> "만일 너희 속에 하나님의 영이 거하시면 너희가 육신에 있지 아
> 니하고 영에 있나니 누구든지 그리스도의 영이 없으면 그리스도
> 의 사람이 아니라"(롬 8:9).

그리스도인이란 그리스도의 도를 믿고 부활을 믿어 거듭 태어나
는 것이 보증된 사람들을 뜻하며, 즉 성령으로 거듭 태어난 사람들
을 일컫는 말입니다.
오늘 하나님의 말씀을 들은 저와 여러분은 부디 성령을 사모하
시기 바랍니다. 성경을 읽고 묵상하는 시간을 많이 가지시고 기도에

힘쓰며 하나님 말씀을 증거하도록 노력하시기 바랍니다. 그러한 노력이 있을 때 하나님의 은혜로 말미암아 우리에게는 믿음이 생기고 성령께서는 우리의 믿음을 보시고 성령을 체험케 하시는 것입니다.

이러한 사실을 증거하는 사건들은 많지만, 그중 이방인 고넬료의 가정에 임했던 성령 강림 사건을 예로 들 수 있습니다. 고넬료가 어떤 사람이었는지 성경은 다음과 같이 기록하고 있습니다.

"그가 경건하여 온 집으로 더불어 하나님을 경외하며 백성을 많이 구제하고 하나님께 항상 기도하더니"(행 10:2).

고넬료는 경건했습니다. 그가 하나님의 도를 따랐다는 뜻인데 그러기 위해서는 그가 하나님의 계명을 잘 알고 지키며 살았을 것입니다. 지금으로 이야기하면 성경을 많이 읽으면서 묵상하여 하나님을 알아가는 일에 열심을 냈다는 이야기입니다. 하나님을 경외하였다고 했습니다. 그는 하나님을 믿었기 때문에 하나님께서 동행하신다는 것을 또한 믿고 살았던 사람이었습니다. 그는 불쌍한 백성들을 돕고 살았습니다.

그리고 기도에 힘썼다고 성경은 전합니다. 이런 고넬료의 집에서 베드로가 전한 하나님의 말씀을 듣고 있던(깨달은) 그곳에 모인 이방인을 포함한 모든 사람에게 성령은 임하였다고 성경은 기록하고 있습니다. 이 성령 강림 사건은 그 당시 할례받은 유대인에게만 세례를 주던 통념이 깨진 사건이 됩니다.

오늘 하나님의 말씀을 들은 이방인인 저와 여러분은 성령을 사모하고 성경을 읽는 일에 열심을 내며 늘 묵상하여 성경 말씀을 깨닫길 기도로 간구하시기 바랍니다. 그럴 때 성령께서 임하시는 역사를 체험하시고, 거듭 태어나 하나님 나라에서 모두 다시 만나게 되기를 간절히 축원 드립니다.

복음과 충성

"여호와께서 증거를 야곱에게 세우시며 법도를 이스라엘에게 전하시고 우리 열조에게 명하사 저희 자손에게 알게 하라 하셨으니 이는 저희로 후대 곧 후생 자손에게 이를 알게 하고 그들이 일어나 그 자손에게 일러서 저희로 그 소망을 하나님께 두며 하나님의 행사를 잊지 아니하고 오직 그 계명을 지켜서 그 열조 곧 완고하고 패역하여 그 마음이 정직하지 못하며 그 심령은 하나님께 충성치 아니한 세대와 같지 않게 하려 하심이로다"(시 78:5~8).

앞에서 저희는 복음의 주된 내용에 대한 말씀을 들었습니다. 복음은 용서와 새 생명에 대한 것이고 또한 복음을 듣고 하나님의 성령과 동행하고 동거하는 삶에 관한 내용이었습니다. 예수님을 좇아 살 때 우리는 성령과 동행하게 되고 예수님께서 전하신 말씀을 믿을 때 성령의 충만함으로 말미암아 성령과 동거하는 거듭 태어난 삶을 살게 된다는 것이었습니다.

오늘은 복음이 전하는 내용 중 충성의 의미는 무엇인가? 다른 말로 표현하면 성경적으로 충성한다는 것은 어떻게 하는 것인가? 에 대하여 말씀을 듣겠습니다.

성경적 충성의 의미는 하나님의 명령을 잘 지키는 것으로 그 의미를 정의할 수 있습니다. 성경적 충성은 모든 사람이 지켜야 하는 계명에 언급된 의무의 준행과 예수님께서 전하신 새 명령에 언급된 내면적인 실천(성령으로 거듭 태어남에 대한 간구), 외적인 실천(복음 전도)에 대한 것입니다. 그것은 구약의 충성과 신약의 충성으로 구분해서 말씀드릴 수도 있습니다.

✳ 구약의 충성

하나님께서는 아브라함과 약속을 하시고 아브라함의 후손에 대한 청사진을 밝혔습니다. 애굽에서 400여 년을 종살이하고 나서 큰 민족이 되어 애굽의 통치에서 벗어날 것이라고 말입니다.

요셉이 애굽의 총리로 있을 때, 야곱과 그 가족이 애굽으로 이주함으로써 그 청사진은 실현되기 시작했습니다. 실제로 400여 년이 지나자, 이스라엘 민족은 약 200~300만 명의 큰 민족을 이루어 애굽의 통치를 벗어나 가나안으로 향합니다. 가나안으로 가는 광야에서 이스라엘 민족은 하나님으로부터 십계명과 제사법, 율례, 법도를 받습니다. 이 내용을 오늘 본문 도입부에서 말씀하고 계신 것입니다.

"여호와께서 증거를 야곱에게 세우시며 법도를 이스라엘에게 전
하시고……."

계명을 준수하기 위하여 실천해야 할 것이 무엇인지를 말씀하고
계시며, 그렇게 계명을 준수하는 것이 '올바른 행위'이고 '충성'이
라고 정의하고 있습니다. 이어서 본문 8절에 보면 하나님의 말씀을
거역했던 조상들에 대한 반성이 나오는데,

"그 열조 곧 완고하고 패역하여 그 마음이 정직하지 못하며 그 심령
은 하나님께 충성치 아니한[1] 세대와 같지 않게 하려 하심이로다"
  (1) (NIV) hearts were not loyal to God*1, spirits were not
       faithful*2 to him.
  (KJV) *1 set not their heart alright, *2 steadfast

즉 조상들은 충성치 못했다는 것입니다. 조상들이 충성치 못하
다고 판정받게 된 이유는 그들이 완고하고 패역하여 마음이 하나님
께 충성스럽지 못했고, 영적으로는 하나님에 대한 확신과 믿음이 없
었기 때문이라는 것입니다.
그들 선조가 잘 지키지 못했던 하나님의 명령이 무엇이었는가
하면 6절과 7절에서 언급하는 것처럼 하나님께서 행하신 일들을 후
손들이 잊지 않도록 하는 것을 지키지 못했고, 하나님께서 주신 계
명을 자신들이 솔선수범함으로써 후손들에게 가르쳐 알게 하는 것

을 지키지 못했습니다. 이 명령은 아브라함과의 약속(창 17:9)이 그 기원이며 신명기에서 그 구체적인 내용을 찾아볼 수 있습니다.

> "하나님이 또 아브라함에게 이르시되 그런즉 너는 내 언약을 지키고 네 후손도 대대로 지키라"(창 17:9).
> "오늘날 내가 네게 명하는 이 말씀을 너는 마음에 새기고 네 자녀에게 부지런히 가르치며……"(신 6:6~7 중).

이것이 하나님께서 내리신 명령입니다. 이 명령은 또한 이 시대를 사는 우리가 당대에 현존하는 후손들과 아직 태어나지 않은 후손들에게도 전해지도록 해야 하는 우리의 의무입니다.

하나님의 계명을 제대로 이해하기 위하여 노력해야 하며, 몸에 배도록 늘 묵상하고 자녀들에게 가르쳐야 한다는 것입니다. 그 후손들도 그런 의무를 이행하도록 가르쳐야 하나님 앞에 충성하게 됩니다. 우리는 지금 이런 의무를 이행하고 있는지, 자문해 보시기 바랍니다.

✽ 신약의 충성

예수님께서 승천하시면서 제자들에게 이르신 말씀에서 충성의 구별된 의미를 찾아보면:

> "오직 성령이 너희에게 임하시면 너희가 권능을 받고 예루살렘과

온 유대와 사마리아와 땅끝까지 이르러 내 증인이 되리라 하시
니라"(행 1:8).

이 말씀은 예수님, 즉 삼위일체 하나님께서 제자들에게 내리신
명령이었습니다. 실제로 제자들은 이 명령대로 예수님의 증인이 되
었습니다. 그런데 우리는 종종 예수님의 제자가 되고 증인이 되는
것에 성급한 나머지, 그 앞부분에 언급된 자격 조건에 대해서는 건
너뛰고 있는 듯합니다. "성령이 너희에게 임하시면"이라는 단계에
대하여 소홀해 보인다는 것입니다.

그 당시 제자들은 예수님께서 승천하시면서 말씀하신 대로 예루
살렘에 머물면서 성령이 임하기를 기다리며 기도에 힘썼습니다. 실
제로 성령께서 강림하시고 제자들은 성령으로부터 권능을 받아 예
수 그리스도의 증인으로 활동을 시작하게 됩니다. 즉 성령으로부터
권능을 받아 표적들을 행함으로 예수 그리스도를 확실히 증거하게
되었습니다.

"제자들이 나가 두루 전파할새 주께서 함께 역사하사 그 따르는
표적으로 말씀을 확실히 증거하시니라"(막 16:20).

우리가 온전히 충성하려면 땅끝까지 전도하라는 예수님의 명령
을 완수하는 것인데, 그 전도에 앞서 예수님의 명령으로 지켜야 할
것은 성령을 받아 거듭 태어나는 것입니다. 그것이 제자들을 위시하

여 교회에 명령한 내용이며 그리스도의 전도자 또는 선교사로서 갖추어야 할 기본적인 자격 조건입니다.

곧 성령을 받는 것은 예수님께서 내리신 명령의 일부이며 그것이 곧 신약에서 찾아볼 수 있는 충성의 시작이라고 할 수 있습니다. 비유로 이야기하면 군인이 전선에 배치되기 전에 훈련소를 거쳐야 하는 것으로 말씀드릴 수 있겠습니다. 훈련소를 거치지 않고는 전선에 뛰어들어 아무리 충성을 해보려고 해도 전투력의 미비로 포로가 되거나 죽을 수밖에 없는 것과 같은 이치입니다.

이렇게 성령을 받고자 간구하는 내적인 충성을 다할 때 우리는 하나님의 약속에 그 소망이 있게 됩니다. 주님의 은혜로 성령이 임하면 선한 싸움을 할 준비가 되는 것이고 상급을 기대하는 영적 전투에 참여할 수 있습니다. 그 소망의 흔들리지 않는 보증은 우리의 구원이며 영생이기 때문에 우리는 그 소망으로 인하여 목숨을 걸고 전도하는 충성을 할 수 있으며 상급의 기대로 말미암아 기쁨이 넘치는 영적 전투의 삶이 될 수 있습니다.

오늘 하나님의 말씀을 들은 저와 여러분은 성령으로 거듭 태어나는 체험과 함께 예수 그리스도의 말씀과 하나님의 계명, 그리고 하나님께서 이 땅에서 이루신 구속 사역을 잘 알고 또한 기억해서 후손들에게 가르침으로써 하나님 앞에 충성을 다하시는 복된 삶이 되시기를 간절히 축원 드립니다.

탐심(Greed, Convetousness)

"저희에게 이르시되 삼가 모든 탐심을 물리치라 사람의 생명이 그 소유의 넉넉한 데 있지 아니하니라 하시고"(눅 12:15).

오늘 이 말씀은 예수님께서 바리새인이 청한 점심을 같이하신 후에 그 집에서 나오셨을 때 수만 명이나 되는 군중이 모여들었는데 그 군중 중 어떤 한 사람으로 인하여 말씀을 하신 내용입니다.

아마 그 사람의 형 되는 사람이 유산을 다 차지하고 동생에게 나누어 주지 않았는가 봅니다. 그 사람은 예수님에게 자기 형에게 명하여 유업을 나누게 해달라고 부탁을 합니다. 그러자 예수님께서는 이렇게 답변하십니다.

"이 사람아 누가 나를 너희의 재판장이나 물건 나누는 자로 세웠느냐?"라고 말입니다.

그래도 이 사람은 예수님을 존경하는 마음에서 욕심 많은 자기

형에게 명령해서 자기에게 공정한 대우를 해 주라는 부탁을 한 것이었는데 예수님은 조금 언짢게 대답하신 것입니다. 예수님께서는 그 사람에게서 타인의 재물에 대한 탐심을 보시고 마음이 불편하셨습니다. 그래서 오늘 본문과 같은 말씀을 하십니다.

“저희에게 이르시되 삼가 모든 탐심을 물리치라 사람의 생명이 그 소유의 넉넉한 데 있지 아니하니라 하시고”(눅 12:15).

예수님은 이 말씀을 하신 후에 한 부자의 이야기를 비유로 들려주십니다. 이야기의 골자는 어떤 사람이 재물을 쌓는 데 인생을 보내고 앞으로의 인생을 그 쌓인 재물을 사용하며 풍족하게 살려는 계획을 세웁니다.

그런데 그렇게 재물을 모았을 때 하나님께서 그의 생명을 취하면 그 재물이 무슨 소용이 있겠느냐는 것입니다. 곧 이 말씀은 사람이 탐심으로 살다가 하나님으로부터 정죄당하고 영벌에 처해지면 부자로 산들 무슨 소용이 있겠느냐는 말씀이었습니다.

이어서 “무엇을 먹을까, 몸을 위하여 무엇을 입을까 염려하지 말라”고 말씀하셨습니다. 예를 들어, 하늘을 나는 새들이 살아가는 것을 보거나 들에 핀 백합화를 보면서 인생의 지혜를 깨우치라는 것이었습니다.

즉 탐심을 버리라는 말씀이었습니다. 여러분도 살면서 여러 경로를 통해 탐심은 좋지 않다는 교훈을 많이 들었을 것입니다. 그러나 정작 그렇게 살려고 노력은 별로 하지 않고 다른 사람들처럼 조금 더 차지하고 조금 더 우위에 서려는 생각이 우리를 지배하고 있음을 부인하기 어려우실 것입니다. 때로는 이기적인 생각으로 "이 정도면 욕심 없이 사는 것 아니야?"라고 자만할 때도 있습니다.

정말 그럴까요? 예수님을 찾아와서 영생에 관하여 물었던 재물이 많은 청년의 이야기는 우리에게 그런 자만심, 즉 욕심을 다스리며 살고 있다는 자만심에 경종을 울립니다. 예수님께서는 그 부자 청년에게 영생의 길을 알려주셨습니다. 가진 소유를 다 팔아 가난한 사람들에게 나누어 주고 예수님을 좇으라는 것이었습니다.

우선 우리는 이와 같이 소유한 것을 나누어줄 줄 알아야 예수님을 좇을 준비가 된다는 말씀이었습니다. 성경은 우리에게 우리가 인생에서 이루어야 할 것이 예수님을 닮은 삶을 살고 예수님께서 보여주신 순종의 삶을 살아야 한다고 말씀하십니다. 그런데 예수님을 닮기 위해서 우선 준비해야 할 것이 탐심을 버려야 한다는 말씀입니다.

여러분은 예수님의 말씀을 듣고 준행하는 일은 열심히 하고 계실지 모르지만, 예수님의 말씀을 듣고 준행하는 것에 앞서 탐심을 다스리지 않는 한 아직 예수님을 좇을 준비조차 안 되었다는 것을 이 재물이 많은 청년에 관한 이야기로 알 수 있습니다.

탐심에 대해서는 십계명에서도 언급된 아주 중요한 율법의 조항입니다.

"네 이웃의 집을 탐내지 말지어다 네 이웃의 아내나 그의 남종이

나 그의 여종이나 그의 소나 그의 나귀나 무릇 네 이웃의 소유를
탐내지 말지니라”(출 20:17).

✻ 죄

십계명을 어기는 것은 벌을 받아야 하는 중죄입니다. 죄는 하나
님의 뜻에 어긋난 것을 통칭하는 말입니다. 그 죄는 욕심에서 시작
된다고 성경은 말씀하십니다.

“오직 각 사람이 시험을 받는 것은 자기 욕심에 끌려 미혹됨이니
욕심이 잉태한 즉 죄를 낳고 죄가 장성한 즉 사망을 낳느니라”
(약 1:14~15).

즉 욕심은 죄가 되고 그 죄의 형벌은 (영적)사망이라는 것입니다.

✻ 선과 악

죄는 사망을 불러왔습니다. 아담의 불순종이 죄가 되어 사망이
그의 후손인 모든 인류를 지배하게 되었습니다. 아담도 죄인이요,
아담의 후손들도 모두 죄인이 되었습니다. 아담과 하와는 마귀의 꾐
에 빠져 하나님처럼 되어 보려는 교만이 첫째 문제였으며, 보기도
좋고 먹기도 좋아 보이는 그 선악과에 대한 욕심을 자제하지 못해서

불순종의 죄를 짓고 말았습니다. 탐심을 자제하지 못하면 죄가 된다는 것을 명심해야 합니다.

"한 사람이 두 주인을 섬기지 못할 것이니 혹 이를 미워하며 저를 사랑하거나 혹 이를 중히 여기며 저를 경히 여김이라 너희가 하나님과 재물을 겸하여 섬기지 못하느니라"(마 6:24).

하나님의 뜻은 재물과 하나님을 동시에 섬길 수는 없으니, 재물을 우상으로 받드는 마음을 버리라는 말씀입니다. 만일 누구든지 재물을 받들고 살고 있다면 그것은 하나님을 등지고 서는 것이 되기 때문에 죄가 됩니다. 하나님이 아닌 어떤 것이라도 매력을 느껴서 따르거나 숭배하게 되면, 그것은 우상숭배의 중대한 죄가 되는 것이기 때문입니다.

"그러므로 땅에 있는 모든 지체를 죽이라 곧 음란과 부정과 사욕과 악한 정욕과 탐심이니 탐심은 우상숭배니라"(골 3:5).

이렇게 성경은 이 세상에 있는 재물, 돈에 대한 욕심을 경계하고 있습니다. 일상에서 자신과 가족의 구원에 관한 관심보다 돈, 재물에 관심을 더 쏟고 열심을 내는 분이 있다면 오늘 이 말씀을 듣고 회개하시기 바랍니다.

우리 주변을 돌아보십시오. 돈이 없으면 살 수 없는 세상이 우리에게 멍에를 씌우고 있습니다. 그런 멍에를 진 우리의 모습은 재물과 하나님을 겸하여 섬기려 하는 어리석은 모습이며, 하나님이 아닌 재화의 능력을 믿고 경배하는 죄에 노예가 된 모습일 수도 있습니다.

선지자 예레미야는 그 옛날 타락한 이스라엘 백성들을 향해 아래와 같이 하나님의 말씀으로 예언했습니다.

"여호와께서 말씀하시되 내가 그 땅 거민에게 내 손을 펼 것인즉 그들의 집과 전지와 아내가 타인의 소유로 이전되리니 이는 그들이 가장 작은 자로부터 큰 자까지 다 탐욕을 부리며 선지자로부터 제사장까지 다 거짓을 행함이라 그들이 내 백성의 상처를 가볍게 여기면서 말하기를 평강하다 평강하다 하나 평강이 없도다"(렘 16:12~14).

이스라엘 백성들이 잘못한 부분 중 중요한 것은 탐욕을 부린 것이며, 거짓을 행한 것이었습니다. 그들은 우상숭배를 했고, 거짓을 행함으로 악을 행했던 것입니다. 그 당시 백성들이 하나님의 말씀과 어긋나게 행하는 것들, 즉 죄에 대하여 엄중히 처리하지 않고 자신들의 죄를 감추려고 백성들의 죄도 묻어 두고 있었다는 말씀입니다.

하나님의 백성들이 하나님의 뜻에 어긋나게 탐욕을 부리며 살고 있고, 우상숭배의 중대한 죄를 저지르며 살고 있는데도, 자신들의 죄가 드러나는 것이 두려워서 종교 지도자인 선지자와 제사장들이 백성들의 죄를 지적하고 시정해 주려고 하지 않았다는 것입니다.

그러므로 하나님께서는 유다 백성들의 소유를 다른 민족에게 다 빼앗기게 하겠다고 말씀했으며, 이 예언은 이로부터 40여 년 후에 실제로 유다는 바벨론에 멸망하고 그 백성들은 노예가 되는 역사로 나타났습니다.

이스라엘의 역사는 전 인류에게 일어날 구속 역사의 예고편이며 축소판이라고 볼 수 있습니다. 그 당시에 예레미야의 이런 경고는 지금, 이 마지막 때도 똑같이 적용되는 하나님의 경고라고 볼 수 있습니다. 왜냐하면 우리는 재화에 탐심이 만연한 우상숭배의 시대를 살고 있기 때문입니다. 우리는 멸망의 위기에 가까이 와 있으며 우리가 가진 소유, 특히 우리의 가족을 사탄에게 빼앗기는 위험에 가까이 와 있습니다.

조금 실감 나게 이야기하면 전쟁이 벌어진 전쟁터에서 우리가 돈을 벌겠다는 생각을 우리 가족의 안전보다 먼저 생각하게 될까요? 물론 당연히 가족의 안전부터 생각하게 될 것입니다. 가족이 위험에 처했거나 상처를 입었거나 혹은 죽을 지경이 되었다면 그런 상황에서 재화가 무슨 소용이 있겠습니까?

우리는 현재 영적 전쟁터에 살고 있음을 아셔야 합니다. 선과 악의 어느 한편에 속하게 되어 있습니다. 만일 하나님의 뜻과 달리 재화에 대한 탐심을 버리지 못한다면, 그것은 악에 속하는 것입니다. 그것은 하나님의 편이 아니므로 죄인이고, 죄로 인하여 영적 사망에 이르게 되어 있는 것입니다.

이 시대는 하나님의 법에 비추어 죄를 들추어 내려 하지 않고, 감언이설로 성도들에게 죄에 대해 둔감하게 만들고 있습니다. 예를 들면 교회들은 교회 재정에 관한 관심이 고조되어 있습니다. 교인이 몇 명이고, 헌금이 얼마나 걷히는가에 관심이 많은 시대입니다. 하나님의 말씀을 팔아 재화를 쌓기도 하는 시대입니다. 분명 재화를 좇기 때문에 우상숭배의 죄를 짓고 있는 시대인 것입니다.

우리 개인도 마찬가지입니다. 자신의 영혼 구원, 가족의 영혼 구원에 대한 걱정보다는 각 개인의 축재, 출세를 위하여 줄달음치고 있음을 부인할 수 없을 것입니다. 그것은 분명 개인적인 우상숭배로 죄이며, 곧 영적 사망의 원인이 됩니다.

분명 우리는 그 옛날 예레미야가 전한 하나님의 말씀을 귀담아 들어야 할 때이며, 또한 그 말씀을 상기시킨 오늘 본문의 말씀에 따라 인생의 목표를 수정해야 할 때입니다. "부자는 하늘나라에 들어가기가 낙타가 바늘귀를 통과하는 것보다 어렵다."라는 예수님의 말씀도 상기해야 할 때입니다.

오늘 하나님의 말씀을 들은 성도님들은 이 말씀을 들은 이후로는 탐심을 버리시고 매사에 하나님의 구속 사역에 중심을 두고 생각하고 계획하며 이웃 사랑을 실천하여 자신이 구원받고 가족도 살리는 복된 삶이 되시기를 간절히 축원 드립니다.

복음과 청지기(교회의 종들)

"사람이 마땅히 우리를 그리스도의 일꾼이요 하나님의 비밀을 맡은
자로 여길찌이어다 그리고 맡은 자들에게 구할 것은 충성이니라"
(고전 4:1~2).

오늘 본문으로 채택한 고린도전서는 사도 바울이 그가 세운 고린
도 교회에 보낸 서신입니다. 그 당시 고린도는 로마와 그리스의 영향
을 받아서 여러 신을 섬기는 우상숭배 사상과 여러 철학과 사상, 그
리고 성적 문란으로 인해 영적으로 매우 타락한 도시였습니다.

그런 도시에 세워진 교회였기 때문에 교인들도 이단 교리를 좇
는 사람들과 분란이 있었고, 교회 안에서도 성적 문란으로 인해 심
각한 문제가 있었습니다. 사도 바울은 고린도 교회의 성도들에게 영
적 각성을 촉구하기 위하여 이 서신을 썼습니다.

✳ 교회와 청지기

본문에 '그리스도의 일꾼' 이라는 어휘는 원어로 '배 밑에서 노를 젓는 자' 라는 뜻입니다. 사도 바울은 그리스도의 일꾼, 즉 청지기의 직분을 노예와 같은 위치로 낮추어 언급하고 있습니다.

즉 사도 바울은 자신을 포함해 그리스도의 복음을 전하는 사람들은 모두 그리스도 안에서 복종하는 자세로 서로 섬겨야 한다는 뜻으로 이런 표현을 썼다고 볼 수 있습니다. 사도 바울은 교회 안에 교만한 자가 있음을 염두에 두고 자신을 포함해 그리스도의 청지기들에게 이런 표현을 사용했습니다.

그리스도의 일꾼 즉 교회의 청지기는 위로 그리스도께 복종하는 위치이면서 또한 겸손한 자세로 교회를 섬기며 관리해야 하는 자리입니다. 우리가 사는 현시대에 교회의 청지기는 여러 은사로 구분되는 교회의 성도들입니다. 곧 하나님의 교회가 잘 유지되고 성장하도록 헌신, 봉사하는 책임을 맡은 직분입니다. 참으로 영광스러운 직책임이 분명합니다.

✳ 청지기의 충성과 거룩한 부담감

하나님께서 청지기들에게 바라시는 것은 오늘 본문 2절에서 말씀하시는 것처럼 '충성' 입니다.

"그리고 맡은 자들에게 구할 것은 *충성이니라."
* (KJV) a man be found faithful, (NIV) must prove faithful

청지기들에게 바라는 '충성'을 본문에서는 '믿음'에 그 기준을 두고 있습니다. 원어로는 '자신의 모든 것을 바쳐 따른다' 라는 뜻입니다. 이런 충성은 하나님에 대한 전적인 신뢰와 사랑에서 원천을 찾을 수 있으며 그 신뢰와 사랑의 뿌리는 믿음입니다.

요약하면 믿음이 있어야 충성할 수 있다는 말씀입니다. 청지기로서 갖추어야 할 기본 요건은 바로 '믿음'입니다. 교회의 청지기들은 믿음이 증명되어야 하며, 또한 그 '믿음'을 잘 지켜야 합니다. 그것이 청지기로서 요구되는 '충성'의 진정한 의미입니다.

하나님께서는 심판 날에 청지기의 충성도에 따라 상도 주시고, 또는 게으른 종에게는 영벌을 주실 것이라고 아래와 같이 밝히고 계십니다.

* 충성되고 지혜 있는 종이 받을 상급:

"내가 진실로 너희에게 이르노니 주인이 그 모든 소유를 저에게 맡기리라"(마 24:47).

외식하는 자(직책은 청지기인데, 사는 모습은 세상적인 자)의 받을 형벌:

"엄히 때리고 외식하는 자의 받는 율에 처하리니 거기서 슬피 울
며 이를 갊이 있으리라"(마 24:51).

하나님께 선택받아 청지기의 직분을 맡게 되면 이런 양면성을
명심해야 합니다. 즉 상과 벌이 있다는 사실을 알아야 합니다.

또한 청지기로 세움을 받을 때 받았던 은사들에 대하여 아래와
같이 결산도 하실 것이라고 말씀하십니다.

* 청지기의 은사에 대한 결산:

"주인(하나님)의 뜻을 알고도 예비치 아니하고 그 뜻대로 행치 아
니한 종은 많이 맞을 것이요 알지 못하고 맞을 일을 행한 종은 적
게 맞으리라 무릇 많이 받은 자에게는 많이 찾을 것이요 많이 맡
은 자에게는 많이 달라 할 것이니라"(눅 12:47~48).

한 달란트, 두 달란트 그리고 다섯 달란트를 받았던 종들이 바로
그런 비유입니다. 주인은 한 달란트만 돌려주는 종을 게으르고 악한
종이라고 책망하며 어두운 곳으로 내어 쫓습니다. 이 비유가 바로
작은 일에서부터 큰일에 이르기까지 하나님의 일을 맡은 다양한 청
지기의 삶의 결산에 대한 말씀이었습니다. 청지기들이 받은 은사의
종류와 분량은 각자의 충성을 결산하는 잣대이므로 자신이 받은 은

사의 분복에 대한 거룩한 부담도 져야 합니다.

오늘 하나님의 말씀을 들은 저와 여러분은 성령으로 거듭 태어
난 진정한 청지기로 발탁되기를 간구하고, 하나님의 은혜로 청지기
로 선택된 삶을 살게 되면 복음을 전파하고 가르치는 일에 충성을
다해서 마지막 날에 예수님 앞에서 결산할 때 큰 상급을 받는 복된
성도의 삶이 되시기를 간절히 축원 드립니다.

© Karen Baik

"

하나님이 그들이 행한 것 곧 그 악한 길에서 돌이켜 떠난 것을 감찰하시고
뜻을 돌이키사 그들에게 내리리라 말씀하신 재앙을 내리지 아니하시니라. 욘 3:10.

"

중생과 성결

뜻을 돌이키시는 하나님

"하나님이 그들이 행한 것 곧 그 악한 길에서 돌이켜 떠난 것을 감찰하시고 뜻을 돌이키사 그들에게 내리리라 말씀하신 재앙을 내리지 아니하시니라"(욘 3:10).

요나서에 나오는 말씀입니다. 요나는 주전 약 8세기경에 활동한 선지자인데, 그에게 하나님께서 특별한 임무를 맡기십니다. 니느웨라는 도시에 가서 경고하되 그들의 악독이 만연하여 하나님의 진노로 그 성이 무너지게 될 것을 소리쳐 알리라는 것이었습니다.

하나님의 진노의 대상이 된 니느웨는 그 당시 앗수르의 수도였습니다. 앗수르는 북이스라엘을 가장 가까이에서 위협하고 있던 나라였습니다. 실제로 그 이후 북이스라엘은 앗수르에게 멸망 당하게 됩니다.

그러므로 북이스라엘 출신인 요나로서는 적국의 수도에 가서 그

성이 무너지게 될 것이라고 미리 알리라는 하나님의 명령을 내심 내키지 않는 임무로 생각하게 되었습니다.

또한 요나의 입장에서 보면 신앙적으로 니느웨라는 도시는 이방 신을 섬기는 도시였기 때문에 하나님의 선민인 이스라엘 사람 요나로서는 이방인들에게 그들의 멸망을 미리 알리라고 하신 하나님의 명령을 못마땅하게 여겼을 것입니다.

요나는 하나님의 명령을 어기고 욥바에서 다시스로 가는 배를 탑니다. 지도를 보면 니느웨는 이스라엘 동쪽 내륙에 있는 도시이고, 욥바는 이스라엘 서편 끝 해안가에 있는 도시입니다. 그러니까 반대 방향으로 간 것이지요. 그런 요나는 하나님의 징계를 받아 큰 물고기 뱃속에서 죽은 것과 마찬가지로 사흘을 지냅니다. 하나님께 잘못을 빌고 회개한 후 물고기 뱃속에서 나와 니느웨로 향하게 됩니다.

이 요나의 사건처럼 하나님께서는 명령하신 것을 어기는 것에 대해 분명하고 엄중하게 징계하시고 돌이키게 하시는 것을 우리는 성경의 여러 사건을 통해 보게 됩니다.

✳ 회개의 기회를 얻은 요나

하나님께서는 요나에게도 이런 사실을 분명히 알게 하십니다. 요나가 탄 배를 심한 풍랑으로 깨져 침몰할 위기로 몰아넣습니다. 그렇게 요나를 향한 하나님의 징계가 시작되었는데도 그는 배 밑에서 아주 깊은 잠에 빠져 있었다고 합니다. 그것은 요나가 하나님의 명령을 어기고도 그의 죄에 대하여 무감각한 상태였다고 볼 수 있습니다. 즉 그는 하나님의 엄중한 징계를 체험하지 않았기 때문에 하나님의 징계가 무서운 줄 모르고 태평스럽게 잠을 잘 수 있었습니다. 그러나 그가 배의 선원들에 의해 바다에 던져져서 큰 물고기 뱃속에 들어가 죽게 되었을 때는 사정이 달라집니다. 그의 기도입니다.

"내가 말하기를 내가 주의 목전에서 쫓겨났을지라도 다시 주의 성전을 바라보겠다 하였나이다"(욘 2:4).

그는 그가 하나님으로부터 버림받았다고 생각했습니다. 철저히 회개하여 하나님만 의지하여 기도했습니다. 이런 기도를 들으신 하나님께서는 요나를 살려주십니다. 하나님께서는 요나에게 하나님께로 돌아서게 하려고 풍랑과 큰 물고기를 준비하셨습니다. 죽을 고비를 겪은 요나는 이제 하나님께 회개합니다. 그런 사실을 그의 고백에서 알 수 있습니다.

"내가 주의 목전에서 쫓겨났을지라도 다시 주의 성전을 바라보겠나이다."

이것이 하나님께서 택한 사람이 보통 사람과 다른 점입니다. 우리도 우리가 하나님을 잊고 옆길로 잠시 빠져 하나님의 징계가 있을지라도 그런 징계에 낙망하거나 포기하지 말아야 합니다. 요나와 같이 다시 하나님을 향해 기도하고 예배하는 것을 회복해야 합니다. 그렇게 회개할 때 하나님께서는 모든 징계에서 풀려나게 하시고 회복시켜 주시는 것을 요나의 사건을 통해 보여주고 계십니다.

✳ 하나님께 회개했으나 경외하지 않은 요나

이렇게 죽을 고비에서 하나님께 간구하며 회개한 요나는 니느웨에 가서 하나님께서 명령하신대로 그 성이 40일이 지나면 무너진다고 외칩니다. 요나가 하나님의 메시지를 전하자 니느웨성은 발칵 뒤집힙니다.

왜냐하면 니느웨성에는 요나가 하나님의 메시지를 전하기 얼마 전에 큰 전염병이 돌아 많은 사람이 죽었고, 완전 일식(기원전 763년 6월 15일)도 있었습니다. 당시는 일식에 대한 지식이 없었기 때문에 낮에 태양이 가려져서 칠흑같이 어둡게 되는 것을 신의 저주로 생각하고 매우 두려워하던 시대였습니다.

이런 불길한 징조들로 민심이 동요되고 있던 때 하나님을 섬기는 이스라엘의 선지자 요나가 성이 곧 무너질 것이라고 하자 주민들은 그 경고를 듣고 겁을 먹었습니다. 니느웨의 왕은 모든 백성과 육축이 굵은 베옷을 입고 금식하라고 명령합니다. 그들의 회개를 본 하나님께서는 놀랍게도 그들에게 내리려던 재앙을 내리지 않으시고 살려주십니다.

그러자 요나는 하나님을 경배하지 않았던 이방인을 살려주시는 하나님의 결정에 불만을 품습니다. 결과적으로 니느웨 사람들을 멸절하지도 않으시면서 자신을 구태여 니느웨로 보내서 그들에게 경고할 필요가 있었느냐고 하나님께 불만을 표합니다.

또한 요나는 하나님께서는 은혜로우시며 자비로우시며 노하기를 더디 하시며 인애가 크시기 때문에 결과적으로 이렇게 될 것(니느웨가 재앙에서 벗어날 것)을 알았기 때문에, 다시스로 향했던 것이라고 하나님께 교만함을 드러냅니다. 즉 그는 니느웨에 와서 하나님께 회개는 했지만, 그의 마음에는 하나님의 결정에 철저히 순복하는 경외함이 없었습니다.

하나님께서는 이렇게 하나님을 경외하지 않는 요나를 깨우치시기 위하여 박넝쿨을 준비하십니다. 해가 강하게 비칠 때, 박넝쿨의 잎사귀로 요나에게 그늘을 만들어 시원하게 하셨습니다. 그 이튿날 이 박넝쿨을 벌레가 먹어 시들게 하여 그늘을 없애신 다음 요나의 머리 위에 해를 강하게 비추게 합니다. 또한 뜨거운 열풍을 불게 하셔서 요나를 더위에 지쳐 죽는 것이 더 낫다고 생각할 정도로 고통을 주십니다. 그러고는 이런 설명을 요나에게 해 주십니다.

"여호와께서 가라사대 네가 수고도 아니하였고 배양도 아니하였고 하룻밤에 났다가 하룻밤에 망한 이 박넝쿨을 네가 아꼈거든 하물며 이 큰 성읍 니느웨에는 좌우를 분변치 못하는 자가 십이만 여명이요 육축도 많이 있나니 내가 아끼는 것이 어찌 합당치 아니하냐”(욘 4:10~11).

요나는 이 사건이 있기 전까지는 진정으로 하나님을 경외하지 않았습니다. 그는 자신이 하나님이 어떤 분이라는 것을 안다고 생각하고 자비와 인애의 하나님은 결국 니느웨를 멸망시키지 않으실 것이라는 판단까지 하는 교만을 품고 있었습니다. 결과적으로 같은 결과가 되었다고 생각하면서 자신만 그 가운데서 이상한 사람이 되었고, 고생만 한 것이라고 불평했던 것입니다.

그러나 하나님께서는 그런 과정이 없이는 요나도 진정 하나님을 경외하는 선지자가 되지 않을 것을 아셨고 니느웨도 하나님께 회개할 기회를 얻지 못하게 될 것을 아셨습니다. 하나님께서는 요나도 하나님을 경외하게 만들고 니느웨 사람들도 회개하게 하시는 일석이조의 효과를 이 사건을 통해 이루셨습니다. 그것이 요나와 같은 우리 인간들과는 다른 하나님의 생각입니다.

＊ 매 순간이 하나님의 역사이다

우리도 일상에서 어떤 일을 평가할 때, 결과에 집착하고 결과만으로 성과를 따질 때가 많습니다. 예를 들면 우리의 구원 문제도 우리가 예수님의 대속제사와 그를 죽은 자 가운데서 살리신 하나님을 믿는 것으로 구원은 이루어지지만, 그것으로 우리 삶의 과정을 간과할 수 있다는 것입니다.

그러나 우리가 살아가는 매 순간은 하나님의 뜻이 이 땅에서 이루어지는 데 필요한 과정으로 매우 중요하다는 것을 인식해야 합니다. 다윗의 예를 들면 그가 하나님으로부터 그의 죄들(밧세바, 인구조사)을 용서받고 구원되었지만, 하나님께서 원하시는 것은 그를 용서한 결과에만 그 사건의 의의가 있는 것이 아니라 다윗을 철저히 회개시키고 하나님을 경외하도록 연단하시는 데 더 큰 의미가 있었습니다. 그것이 후대에도 교훈으로 전해지기를 바라셨습니다. 이런 하나님의 뜻을 깨달은 시편 기자는 다음과 같이 고백합니다.

"고난 당하는 것이 내게 유익이라 이로 인하여 내가 주의 율례를 배우게 되었나이다"(시 119:71).

공평하시고 정의로우신 하나님께서는 그분의 뜻에 어긋난 모든 죄에 벌을 내리셔야 하지만 회개하고 하나님을 경외하기를 더 바라십니다. 그렇게 회개하고 하나님을 경외하는 자에게는 인자를 베푸십니다. 그 인자하심은 예나 지금이나 그리고 앞으로도 영원히 변하지 않는 하나님의 성품인 것입니다.

"여호와의 인자하심은 자기를 경외하는 자에게 영원부터 영원까지 이르며 그의 의는 자손의 자손에게 미치리니"(시 103:17).

✳ 뜻을 돌이키기도 하시는 하나님

오늘 말씀을 통해 들어본 요나서에 나타난 요나의 개인적 회개와 니느웨성의 집단적 회개 사건은 우리에게 계시하는 바가 큽니다. 이 사건으로 우리가 깨닫게 되는 것은 개인이나 가정, 사회나 국가 또는 어떤 공동체도 하나님을 잊고 살아온 과거로 자책하고 좌절할 것이 아니라, 지금 당장 하나님께 회개하고 하나님을 경외하는 마음을 품을 때 하나님께서는 우리를 귀하게 여기시고 어떠한 죄라도 용서하신다는 사실입니다. 오늘 본문을 통해 하나님께서는 그런 사실을 우리에게 전하고 계십니다.

"하나님이 그들이 행한 것 곧 그 악한 길에서 돌이켜 떠난 것을 감찰하시고 뜻을 돌이키사 그들에게 내리리라 말씀하신 재앙을 내리지 아니하시니라"(욘 3:10).

이방인의 입장으로는 하나님께서 택하신 백성이라는 자부심에 가득 찬 이스라엘의 후손인 요나가 회개한 사건보다는 이방인들이 사는 니느웨성의 구원 사건이 우리에게는 더 큰 의미가 있다고 할 수 있습니다.

왜냐하면 니느웨 사람들은 그동안 악한 길(evil ways, 하나님의 뜻과 다른 길)을 좇고 손으로 강포(violence, 불법과 폭력)를 행했던 대표적인 이방인이었습니다. 그렇지만 그들이 금식하고 그들의 짐승이나 육축까지 금식시키며 반성하고 회개하여 여호와께 부르짖었을 때 하나님께서는 그 성의 모든 사람과 그들의 육축까지도 진멸하시려는 뜻을 돌이키시고 살려 주셨다는 사실입니다.

즉 이 사건은 하나님을 모르고 살아왔던 우리와 같은 이방인들이 역사적으로 하나님께 버림받은 듯이 살아왔더라도 회개하고 하나님께 구원을 부르짖어 구할 때, 그 강청함에 하나님께서는 뜻을 돌이키신다는 사실을 극명하게 보여줍니다.

✳ 성도의 결단

이렇게 니느웨성의 사건을 통해 우리 모두를 사랑하신다는 것을 역사적 사건으로 증명하신 하나님께서는 한 성의 집단적 회개에 대한 용서와는 비교도 되지 않는, 전 인류를 구원하시겠다는 메시지를 예수님을 통해 전하심으로 하나님의 사랑을 재확인시키셨습니다.

"긍휼에 풍성하신 하나님이 우리를 사랑하신 그 큰 사랑을 인하여 허물로 죽은 우리를 그리스도와 함께 살리셨고(너희가 은혜로 구원을 얻은 것이라)"(엡 2:4~5).

우리는 그리스도를 통해 구원하기로 하신 하나님의 사랑(자비)을 깨닫고 니느웨 사람들이 금식(40일 작정)하고 굵은 베옷을 입고 하나님께 구원을 부르짖었던 것처럼 우리도 하나님의 길에서 벗어나

있다고 판단이 들면 죽음을 불사하는 결연한 마음으로 그리스도를
통한 하나님의 용서를 간구하는 회개의 역사가 있어야 하겠습니다.

자신의 과오에 대하여 오늘 하나님의 말씀을 들은 저와 여러분
은 우리의 과거가 어떠했는지에 개의치 말고, 하나님 앞에 육신의
목숨을 바친다는 각오로, 하나님께 부르짖어 하나님으로부터 "내가
너를 아끼는 것이 어찌 합당치 아니하냐? 내가 너에게 내리려던 재
앙을 거두리라."는 응답과 함께 구원의 확신으로 흔들리지 않는 믿
음의 성도님들이 되시기를 간절히 축원 드립니다.

회개와 교회의 지체

"하나님이 혹시 뜻을 돌이키시고 그 진노를 그치사 우리로 멸망치 않게 하시리라 그렇지 않은 줄 누가 알겠느냐 한지라"(욘 3:9).

✻ 니느웨 백성들의 믿음

오늘 이 말씀은 하나님께 죄를 지은 니느웨성이 하나님의 선지자 요나를 통해 그들의 멸망이 다가왔음을 통보받고 회개하는 장면입니다. 그들은 차마 하나님의 용서를 구하는 뻔뻔함을 보일 수 없어, 이렇게 겸손히 하나님의 처분을 기다리고 있었습니다.

그들은 그들의 행위를 뒤돌아보니 멸망할 수밖에 없다고 자책하는 최소한의 지혜는 있었습니다. 즉 그들은 요나가 하나님의 경고를 전하자, 수년 전에 있었던 전염병으로 인한 재앙과 개기일식을 기억해 내고 하나님의 진노에 대한 두려움이 있었다는 말씀입니다.

다시 말씀드리면 자연 재앙과 하늘의 징조를 가볍게 생각하지 않았습니다. 이런 지혜는 과학 문명에 젖어 있는 현대를 사는 우리가 배워야 할 부분입니다. 예수님께서도 마지막 때를 묻는 제자들에게 하늘의 징조를 보라고 말씀하신 적이 있으시기 때문입니다. 우리도 네팔의 대지진을 비롯한 많은 자연 재앙에 대하여 듣고 있으며 붉은 달(Blood Moon)이 떠오르는 등 하늘에 이상한 징조들을 보고 있습니다. 이러한 징조들이 하나님의 진노하심으로 일어난 일일 수도 있지 않을까요?

니느웨에는 많은 사람, 즉 좌우를 분변하지 못하는 사람만 해도 십이만여 명이나 되었다고 합니다. 그들은 나이가 어린 아이이거나 영적으로 깨닫지 못한 영적 유아 상태의 사람들이었다고 볼 수 있습니다.

그러나 그 성의 백성들은 하나님의 경고를 듣자 곧 회개했습니다. 니느웨의 왕도 보좌에서 내려와 조복을 입고 재에 앉아 금식했으며, 성에 있는 모든 백성과 육축에 이르기까지 금식을 명하고 회개를 촉구합니다. 얼마나 대단한 믿음입니까?

현대인들은 세상의 지식과 교훈을 좇으며 세상의 재물을 우상 삼아 살면서도 하나님의 경고를 알아차리지 못하고 자신을 돌아보지 못하기 때문에 회개하지 못하는 안타까운 사람들이 많은데 이와는 매우 대조적인 상황입니다.

✲ 단 한 번의 제사

이렇게 자신의 죄, 즉 하나님의 뜻과 어긋난 생각과 행동에 대한 반성과 회개가 없는 이유는 각 개인이 죄에 대해 내적인 자각을 하지 못하는 것이 한 가지 원인이라면, 다른 한 가지는 교회 또는 교회의 지체들이 무사안일하게 개개인의 죄에 대해 자위적인 망상을 부추기는 것이 그 이유입니다. 구체적으로 이야기하면 예수 그리스도의 대속의 제사가 재범에 대하여 반복 적용되는 듯이 착각하게 한다는 것입니다.

> "한번 비췸을 얻고 하늘의 은사를 맛보고 성령에 참예한 바 되고 하나님의 선한 말씀과 내세의 능력을 맛보고 타락한 자들은 다시 새롭게 하여 회개케 할 수 없나니 이는 자기가 하나님의 아들을 다시 십자가에 못 박아 현저히 욕을 보임이라"(히 6:4~6).

구약시대, 즉 제사를 지내던 시대는 반복되는 제사를 통해 지은 죄에 대하여 위안을 받던 때였습니다. 그러나 그렇게 반복되는 제사는 그 당시 사람들로 하여금 죄에 대한 심각성을 망각하게 했습니다.

즉 다시 지은 죄에 대하여 또 제사를 드려 용서받으면 되지 않겠느냐는 그릇된 신앙이 뿌리를 내렸던 것입니다. 그렇게 됨으로써 이스라엘 민족을 위시해 이 땅에는 죄가 만연하게 되었습니다. 그렇게 전체적으로 타락한 그 시대의 모든 사람은 노아 때와 같이 다시 진멸할 정도로 죄로 물들어 있었습니다.

그러나 하나님께서는 말라기 이후 예수 그리스도께서 오시기 전까지 침묵하시며 오래 참으셨습니다. 그런 하나님께서는 인류를 진멸하시는 대신 친히 말씀으로 또한 성령으로 이 땅에 예수라는 인간의 모습으로 오셔서 인류를 구원하시려는 역사를 진행하셨습니다.

하나님께서는 반복되는 제사를 폐하시고 단 한 번의 제사로 인류와 다시 화해하시는 역사를 이루셨습니다. 그 제사의 제물은 단 한 분뿐인 성자 예수이시기 때문에, 반복해서 드릴 수 있는 제사가 아니고 딱 한 번뿐인 제사였습니다.

우리가 잊지 말아야 할 것은 예수 그리스도의 속죄 제사로 우리의 죄가 사해졌다는 것은 진리이지만, 그렇게 죄를 사하여 주신 후에 다시 죄를 지으면 속죄 제사를 다시 드릴 수 없어서 죄를 다시 깨끗하게 할 방법이 없다는 것입니다. 예수님께서 간음한 현장에서 붙잡혀 온 여인에게도 그런 사실을 강조하셨습니다.

"……나도 너를 정죄하지 아니 하노니 가서 다시는 죄를 범치 말라"(요 8:11).

즉 모르고 지은 죄는 용서받을 기회가 주어지지만, 용서받은 자가 또 죄를 지을 때는 다시 용서해 줄 방법이 없다는 것입니다. 이 사실을 성경은 분명히 말씀하고 계신 것이며 이 사실을 성도들도 꼭 명심해야 합니다.

✳ 중생

즉 믿어 용서를 받은 후에 또 타락하게 된다면 다시 회개하게 할 방법이 없으므로 성령과의 동거를 사모하며 절대로 성령께서 떠나지 않도록 경건한 삶을 유지해야 합니다. 아직 성령께서 역사하시는 것을 체험한 적이 없으시다면, 성령께서 우리와 동거하실 수 있도록 우리 자신이 경건한 삶을 추구하고 실천해야 합니다. 회심 또는 거듭남의 체험은 각 개인이 분명히 알 수 있습니다. 성령께서 역사하심으로 놀라운 내적 변화를 체험하게 됩니다.

그런 변화는 외적으로도 나타납니다. 이런 사실을 가늠해 볼 방법은 "내 삶에 전과는 다른 획기적인 변화가 일어났는가?"로 알 수 있습니다. 그런 변화는 우선 참회의 눈물, 감사의 눈물이 증거로 나타납니다. 그렇게 회개하고 나면 가치관, 역사관이 달라지고, 또한 성경 말씀이 꿀송이처럼 달게 느껴지며 하루도 기도하지 않고서는 마음이 편치 않은 상태로의 변화가 일어나게 됩니다.

여러분 중에 혹시 사람들로부터 신앙인으로서 인정받고는 있지만 아직 구속의 확신이 없어 불안해하시는 분이 있다고 할지라도 크게 걱정하실 필요는 없습니다. 그것은 오히려 희망이 있다고 할 수 있습니다. 성령으로 거듭 태어날 소망이 있기 때문입니다.

문제는 성령으로 거듭 태어난 사람이 다시 타락하는 것입니다. 실제로 성령의 내주하심으로 성전이 된 사람이 그 성전을 더럽히는 것이 문제이지 아직 성령의 내주가 확실하게 느껴지지 않는 사람, 즉 성령 체험을 확실히 하지 않는 사람은 성령의 역사하심으로 철저한 회개의 과정과 함께 성전이 될 기회가 있는 것입니다.

✱ 교회의 지체

성전이 되었다는 말은 성령을 모시고 사는, 즉 성령과 동거하는 삶이 된 것을 의미하며 실제로 살아있는 예수님이 머리인 교회의 지체가 되었다는 것을 의미합니다. 이 세상에 많은 교회가 있지만, 예수님이 머리인 하나님의 교회란 건물로서의 교회를 의미하는 것이 아닙니다. 세상에 가시적인 교회 건물은 간판이 교회인 건물일 뿐입니다. 이를 이해하는 방법은 우리 몸을 생각하면 됩니다.

예를 들어 우리 혀가 단 것을 느껴서 우리가 맛에 대한 즐거움을 느끼게 된다면, 우리 몸 전체가 그 즐거움을 공유(공감)하게 됩니다. 진정한 교회의 지체가 된 성도의 삶은 이와 같은 원리로 하나님의 교회에 소속되어서, 즉 그리스도 안에서 범우주적으로 상호 직접적인 영향을 받고 끼치게 되어 있습니다.

"내가 너희에게 이르노니 이와 같이 죄인 하나가 회개하면 하늘에서는 회개할 것 없는 의인 아흔 아홉을 인하여 기뻐하는 것보다 더하리라"(눅 15:7).

하나님께서는 우리 한 사람, 한 사람을 이토록 범우주적인 하나님의 교회에 큰 영향을 주는 너무나 소중한 존재로 생각하시기 때문에, 죄인이 한 사람 회개하는 것으로 인하여 매우 기뻐하시게 됩니다. 하나님의 교회의 지체로 새롭게 접붙여져서 하나님의 나라를 풍성하게 할, 한 성도를 고대하고 계신다는 말씀입니다.

그러므로 하나님 교회의 지체가 된다는 것은 예수님의 몸인 우주적 교회에 엄청난 영향력을 지닌 성도가 되었음을 의미합니다. 그런데 만일 그렇게 전 우주에 엄청난 영향력을 미치는 성도에게 악이 발붙이고 죄라는 병이라도 든다면, 마치 우리 몸에서 치유할 수 없는 암세포를 도려내야 하는 것처럼 그 회개하지 않는 성도를 하나님 교회라는 몸에서 도려내야 할지도 모릅니다.

✴ 성결

하나님의 교회에 지체로 산다는 것은 우리의 성결을 전제로 합니다. 하나님이 택정하신 초대에 응하여 하나님의 말씀을 알아듣게 된 성도에게는 성결의 역사가 일어나게 됩니다. 하나님의 초대는 성령을 통해 일어나며 하나님의 은혜로 말미암아 성령으로 거듭 태어난다면, 중생의 씻음으로 인해 하나님의 지체로서 살아가게 됩니다.

이런 하나님의 지체들은 성령을 통해 생명수를 공급받아 건강한 지체로 유지되는 것이 중요합니다. 만일 그 생명수인 성령의 공급을 방해하는 세력에 굴복하거나 타협하여 생명수를 공급받는 것이 방해되거나 중단된다면, 생명수의 결핍으로 느끼게 되는 영적 고갈과 영적 부패를 면할 수 없게 됩니다. 그런 상태가 지속되면, 결국 부패하고 타락하게 되어 예수님의 몸 된 교회에서 잘려 버려질 수밖에 없습니다.

"나는 참 포도나무요 내 아버지는 농부라 무릇 내게 붙어있어 열매를 맺지 아니하는 가지는 아버지께서 그것을 제거해 버리시고 무릇 열매를 맺는 가지는 더 열매를 맺게 하려하여 그것을 깨끗하게 하시느니라"(마 12:31~32)

우리는 우리 자신이 예수님의 몸 된 교회, 살아있는 교회의 지체인지를 돌아보는 것이 중요합니다. 즉 회개하고 하나님의 은혜로 중생의 씻음을 받고 깨끗한 지체로 생명수를 공급받고 있는지를 돌아보아야 합니다.

✶ 회개와 교회의 지체

오늘 본문의 배경이 된 니느웨의 회개 사건은 바로 하나님께서 고대하시던 죄인의 회개 사건이었기 때문에 하나님께서 기뻐하시고 멸망시키고자 하셨던 그 성을 구원해 주셨던 것입니다.

바로 이 점을 우리는 잊지 말아야 합니다. 우리의 회개가 하나님의 결정을 바꿀 정도의 호소력이 있다는 것을 잊지 말아야 합니다. 언제든지 믿음의 회개는 값진 것이며 그 회개는 우리를 구원으로 이끌 견인차가 될 수 있습니다.

사랑하는 여러분. 혹시 여러분 중에 아직 회개하지 않으신 분이 계신다면 지체하지 마시고 회개하시기 바랍니다. 하나님 앞에 진정으로 회개의 기도를 드리시기 바랍니다. 죽을 수밖에 없는 죄인임을 인정하고 하나님의 긍휼과 자비를 구하시기 바랍니다.

반면에 성령 체험을 하고 회개한 것이 확실하다면, 하나님의 지체가 된 성도로서 하나님을 경외하고 교회의 머리 되시는 예수님께 철저히 순종하는 믿음을 지킴으로써 끝까지 교회의 지체로 보존 받고 믿음의 결국인 구원에 이르시기를 간절히 축원 드립니다.

예수와 큰 구원 1

"심판 때에 니느웨 사람들이 일어나 이 세대 사람들을 정죄하리니 이는 그들이 요나의 전도를 듣고 회개하였음이어니와 요나보다 더 큰 이가 여기 있으며"(마 12:41).

앞서 아래 본문의 말씀으로 은혜를 나눈 적이 있습니다.

"하나님이 혹시 뜻을 돌이키시고 그 진노를 그치사 우리로 멸망치 않게 하시리라 그렇지 않은 줄 누가 알겠느냐 한지라"(욘 3:9).

지난주에도 말씀드린 것처럼 이 말씀은 하나님께 죄를 지은 니느웨성이 하나님의 선지자 요나를 통해 그들의 멸망이 다가왔음을 통보받고 회개하는 장면입니다. 그들은 그들이 하나님 앞에 지은 죄가 막중함을 깨닫고는 하나님의 진노에 겁을 먹고 두려운 마음에 니느웨의 왕을 위시해 모든 백성과 육축에 이르기까지 금식하며 회개했습니다. 그렇게 하나님을 경외하는 마음으로 하나님의 자비를 기다리는 모습을 보였습니다. 하나님께서는 뜻을 돌이키시고 니느웨성의 백성들을 용서해 주셨습니다.

✳ 니느웨성의 사건에 나타난 하나님의 경고와 회개

우리는 성경에서 죄에 대하여 때때로 우리의 판단과는 다른 결과가 나타나는 것을 보곤 하는데, 이 니느웨성에 대한 하나님의 죄 사함도 그중 하나입니다. 하나님께서는 선지자 요나를 택하셔서 하나님의 진노하심과 그들의 멸망을 예고하기로 하십니다. 그리고는 니느웨에 가기 싫다는 요나를 큰 물고기 뱃속에 넣었다가 사흘 만에 꺼내시는 복잡한 과정을 거치면서까지 요나를 니느웨의 멸망을 알리는 사자로 보내십니다. 그런데 멸망시키시겠다는 예고와는 달리 니느웨성을 용서하시는 것으로 이 사건은 끝을 맺습니다.

요나서에 나타난 니느웨성의 회개는 우리에게도 큰 감명을 줍니다. 성에 있는 모든 사람뿐 아니라 모든 육축까지 금식하고 죽을 것을 각오한 회개의 모습을 상상해 보십시오. 니느웨성의 백성들이 보여준 그 회개와 용서에 대한 믿음(하나님의 사랑에 대한 신뢰)은 시대를 뛰어넘어 믿음의 본보기가 된다는 것을 예수님은 오늘 본문을 통해 말씀하고 계십니다.

"심판 때에 니느웨 사람들이 일어나 이 세대 사람들을 정죄하리
니 이는 그들이 요나의 전도를 듣고 회개하였음이어니와 요나보
다 더 큰 이가 여기 있으며"(마 12:41).

이 말씀으로 예수님께서는 니느웨 사람들의 본 받을 만한 믿음
을 들어 예수님 당시의 사람들을 판단하고 죄에 대하여 물을 자격이
니느웨 사람들에게 있다고 인정하고 있는 것입니다. 니느웨 사람들
이 보여준 회개가 예수님 당시의 사람들에게 본이 된다는 이야기였
으며 곧 회개하기를 촉구하셨던 것입니다.

성경은 니느웨성의 회개 사건을 중요하게 말씀하십니다. 그 이
유는 구약시대의 성경에 기록된 모든 사건이 그렇듯이 이 사건도 우
리에게 일어날 심판과 구원에 대한 예표이기 때문입니다.

우리는 복음(율법과 계명, 법도와 새 계명, 심판과 구원)을 전해
듣게 되면 우리가 저지른 죄와 우리의 원죄에 대하여 자각하게 되
어 있습니다. 복음을 듣고 하나님을 알게 되면서 우리는 양심이 회
복되기 시작하기 때문에 그런 죄들을 인식하게 되고 죄의식을 가지
게 됩니다.

그렇게 죄를 깨닫는 순간이 오면 죄의식으로 실망하거나 자책하
지 마시고, 이 니느웨 백성들에게 베푸신 하나님의 용서를 기억하시
기 바랍니다. 간혹 이런 죄의식을 가진 분 중에 '죄'에 대하여 말씀
을 들으면 그 죄에 대한 기억이 떠오르기 때문에 기피하는 경우를

종종 봅니다.

그러나 니느웨성의 백성들이 죄의식으로 인하여 그 성을 버리고 도망하지 않고 적극적으로 금식하며 회개한 것을 본받으시기 바랍니다. 그런 회개가 여러분의 심령에서도 일어나기를 간절히 축원 드립니다. 하나님께서는 그런 신령과 진정한 회개의 예배를 받으시고 기꺼이 우리 죄를 용서해 주실 것입니다.

❋ 새로운 경고와 약속

예수님께서는 요나의 사건에서 요나가 맡은 역할이 표적(miraculous sign)을 나타내는 것이라고 하십니다.

"예수께서 대답하여 가라사대 악하고 음란한 세대가 표적을 구하나 선지자 요나의 표적밖에는 보일 표적이 없느니라"(마 12:39).

요나는 인간으로서는 불가능한 일들을 보여주었습니다. 첫째는 큰 물고기 뱃속에 들어갔다가 사흘 만에 살아서 나온 것이며, 둘째는 그 큰 니느웨성(인구 몇십만 명: 약 60만 명으로 추산됨)이 회개함으로 모두 생명을 건지게 된 것입니다.

그러나 예수님께서 맡으신 역할은 이보다 더 큰 일이라는 것을 오늘 본문을 통해 말씀하셨습니다.

"심판 때에 니느웨 사람들이 일어나 이 세대 사람들을 정죄하리 니 이는 그들이 요나의 전도를 듣고 회개하였음이어니와 요나보 다 더 큰 이가 여기 있으며"(마 12:41).

첫째는 큰 물고기에 갇혔다가 살아 나오는 것보다 더 극적으로 죽었다가 사흘 후에 다시 살아날 것이며, 둘째는 몇십만 명이 아니 라 온 인류를 구원하는 역할을 맡으셨다는 사실을 말씀하고 계신 것 입니다.

요나의 경고를 들은 니느웨성의 회개와 용서의 사건은 바로 예 수 그리스도께서 교회를 통하여 이 땅에서 펼치고 계신 회개와 구속 의 역사에 대한 예표입니다.

우리가 할 일은 무엇입니까? 요나의 경고를 듣고 회개하여 하나 님으로부터 용서받았던 니느웨성의 백성들처럼 하나님 앞에 무릎을 꿇고 죽기를 각오하고 회개해야 하지 않을까요?

니느웨성에도 자칭 또는 사람들로부터 인정받았던 의인이 몇 명 은 있었지 않았을까요? 있었을 것입니다. 지금 이 시대에도 구원을 자칭 확신하는 그런 사람과 사람들이 인정하는 믿음 좋은 사람들이 있는 것처럼 말입니다. 하나님께서 인정하신 것이 아니라, 자칭 또 는 사람들로부터 인정받는 의인들 말입니다.

니느웨 사람들이 특별했던 이유는 왕부터 육축에 이르기까지 모 두가 금식하며 회개하는 경외함을 보였다는 것입니다. 지위고하나 존귀와 천함을 막론하고 하나님의 경고 앞에서 금식하고 소유한 육축까지도 금식시키면서 회개했습니다. 그리고 용서받았습니다.

* 스스로 의인이 될 사람은 하나도 없다

소돔과 고모라 성의 멸망 사건을 아시지요? 그때 아브라함이 여호와께 부탁하고 여호와께서 약속합니다. 의인 열 명만 있어도 그 성을 멸망시키지 않겠다고 말입니다. 그러나 어땠습니까? 의인 열 명도 그 성에 있지 않았다는 것이 증명되었습니다. 지금 이 시대는 다릅니까? 성경은 아래와 같이 확언합니다.

"기록된 바 '의인은 없나니 하나도 없으며'"(롬 3:10).

즉 스스로 의인이 될 수 있는 사람은 한 사람도 없다는 것입니다. 단지 예수 그리스도를 믿음으로 나타나는 하나님의 의로움에 의지하는 방법밖에는 없다는 것입니다. 예수님께서는 너나 할 것 없이 죽을 수밖에 없는 땅 위에 모든 죄인을 의롭다 하심을 얻게 하려고 오셨으며, 회개하는 사람들은 모두 구원해 주시러 오셨습니다. 한 성이 아니라 지구촌에 있는 온 인류를 구원하기 위하여 회개를 촉구하러 오셨습니다. 그래서 예수님께서 줄곧 강조하신 것이 "회개하라!"였습니다.

니느웨성의 백성들은 용서의 약속이 보장되지 않은 상황에서도 용서해 주실지도 모른다는 믿음을 가지고 회개했습니다. 그러나 지금 우리는 용서의 증표를 이미 예수님의 구속 사역으로 받은 상태입니다. 이렇게 확실히 용서해 주신다는 증표를 받고도 믿지 않고 회개하지 않는다면 얼마나 어처구니없는 일이 되겠습니까?

우리는 "그렇지 않은 줄 누가 알겠느냐?"라고 용서를 반신반의했던 니느웨 사람들보다는 확실한 용서의 보장이 되어 있는 상황입니다. 즉 예수를 믿고 회개하면 용서가 보장되는 상황입니다.

✱ 회개의 능력

사도행전에 보면 베드로가 성전 미문에서 앉은뱅이를 고친 후에 솔로몬의 행각이라는 곳에서 설교합니다. 이 설교를 듣고 남자만 5천여 명이 예수 그리스도를 믿게 되었다고 합니다. 이 설교의 요지는 아래 성경 말씀으로 집약할 수 있습니다.

"그러므로 너희가 회개하고 돌이켜 너희가 죄 없이 함을 받으라 이같이 하면 유쾌하게 되는 날이 주 앞으로부터 이를 것이요"(행 3:19).

남자만 5천여 명이 회개하게 한 베드로의 설교 내용은 회개하고 죄 사함을 받으라는 내용이었습니다. 어떻게 회개합니까? 하나님의 뜻을 따르는 방향으로 마음을 돌이켜야 합니다. 그것은 옛 선지자들을 통해 예언된 예수님을 그리스도로 믿는 방향으로 돌아서라는 것입니다.

그것이 회개입니다. 그렇게 구세주 예수를 믿는 것으로 죄 사함을 받으라는 것입니다. 이 내용이 바로 예수님께서 이 땅에 오셔서 전하신 복음의 핵심입니다.

하나님께서는 이 땅에 그 복음, 회개와 죄 사함에 대한 말씀을 전하게 될 홀씨(전도자)들이 필요했습니다. 베드로의 설교로 믿고 회개한 사람들이 그 복음을 전할 홀씨(전도자)들이 되었습니다. 그렇기 때문에 베드로의 설교로 남자만 5천여 명이 믿고 회개하도록 성령께서 역사하셨던 것입니다. 지금 이 시대에도 하나님께서는 회개하여 복음 전도의 홀씨가 될 성도들이 한없이 필요하십니다.

오늘 하나님의 말씀을 들은 저와 여러분은 요나의 이야기에 나오는 회개사건을 거울삼아 예수님께서 전하신 긴급한 경고, 멸망의 경고를 명심하여 믿고 회개하여 죄를 용서받고 구원받아야 합니다. 우리 모두의 앞날에는 죽음이 기다리고 있고 죽음 후에 부활하여 최후 심판의 날에 심판받게 되리라는 것이 성경이 전하는 진리입니다.

우리는 이런 진리를 직시하고 예수 그리스도께서 우리의 죗값을 죽음으로 치르셨다는 사실을 믿고 하나님을 경외하는 자세로 회개해야 합니다. "누가 알겠느냐?"가 아니라 확신을 가지고 예수 그리스도를 마음으로 영접하고 우리 생명의 주로 시인함으로써 구원의 확신을 가지고 복음 전도의 일꾼들이 되시기를 간절히 축원 드립니다.

예수와 큰 구원 2

"여호와께서 가라사대 네가 수고도 아니하였고 배양도 아니하였고 하룻밤에 났다가 하룻밤에 망한 이 박 넝쿨을 네가 아꼈거든 하물며 이 큰 성읍 니느웨에는 좌우를 분변치 못하는 자가 십이만여 명이요 육축도 많이 있나니 내가 아끼는 것이 어찌 합당치 아니하냐"(욘 4:10~11).

앞에서는 예수님의 사역이 요나의 사역과 비교할 때 더 큰 일이라는 사실에 대하여 아래 본문의 말씀으로 은혜를 나누었습니다.

"심판 때에 니느웨 사람들이 일어나 이 세대 사람들을 정죄하리니 이는 그들이 요나의 전도를 듣고 회개하였음이어니와 요나보다 더 큰 이가 여기 있으며"(마 12:41).

요나는 하나님의 말씀을 대언하는 선지자요, 요즘 말로 하면 선교사라고도 할 수 있습니다. 그의 선교 사역으로 니느웨라는 성(장차 앗수르의 수도가 되는 큰 성)의 수십만 명의 사람(약 60만 명으로 추산)이 소돔과 고모라처럼 멸망할 위험에서 벗어나 구원을 받게 되었습니다. 선교라는 것은 이렇게 하나님의 긴급한 말씀(회개와 구원)을 전할 때 그 사역의 의미가 있는 것이고, 또한 그 빛을 발하게 됩니다.

예수님께서도 이 땅에서 하신 사역은 사람들을 회개시키는 것이었고, 그 이후 지금까지 그리고 앞으로 재림하실 때까지 사람들을 회개시키는 것에 초점이 맞추어져 있는 것을 우리는 성경을 통해 알게 됩니다.

즉 예수님의 구원 사역은 한 개의 성 정도가 아니라 지구의 온 인류가 그 대상이며, 시대를 망라한 이 세상 끝날 때까지의 사역입니다. 그러므로 예수님의 구원 사역은 예수님 이전이나 이후에 어떤 선교 사역보다도 큰 사명을 띠고 있으며, 당연히 큰 구원을 이루게 되어 있습니다. 예수님의 구속 사역은 지구 역사상 최대의 선교 사역이며 곧 최대의 표적(miraculous sign)입니다.

오늘 본문은 예수님의 큰 구속 사역의 예표가 되었던 요나서의 마지막 두 절의 말씀입니다.

"여호와께서 가라사대 네가 수고도 아니하였고 배양도 아니하였
고 하룻밤에 났다가 하룻밤에 망한 이 박 넝쿨을 네가 아꼈거든
하물며 이 큰 성읍 니느웨에는 좌우를 분변치 못하는 자가 십이
만여 명이요 육축도 많이 있나니 내가 아끼는 것이 어찌 합당치
아니하냐"(욘 4:10~11).

오늘 말씀은 요나가 니느웨의 회개로 그 성이 하나님의 진노로
부터 구원을 받자 그가 하나님께 불평한 것에 대한 하나님의 답변입
니다. 어떻게 불평했는가 하면:

"여호와여 원컨대 이제 내 생명을 취하소서 사는 것보다 죽는 것
이 내게 나음이니이다"(욘 4:3).

요나는 죄인인 이방 민족의 구원을 기뻐하지 않았습니다. 왜냐하
면 그들은 요나의 고국인 이스라엘의 이웃 나라로 늘 위협적인 존재
이며 하나님의 선지자인 요나의 기준으로 보면 하나님께 불경스러웠
기 때문에 저주받아 마땅한 나라라고 판단되었기 때문이었습니다.

요나의 조국 이스라엘은 하나님께 불순종할 때마다 하나님으로
부터 징계를 받아왔던 것을 요나는 잘 알고 있었습니다. 하나님께서
는 그런 징계를 통해 이스라엘을 회개시키고 다시 하나님의 은혜 안
에 끌어안으셨던 것도 잘 알고 있었습니다. 가나안 정복 당시 전쟁
마다 거의 다 승리를 했지만, 이스라엘의 회초리가 되었던 그 주변

국가(블레셋, 미디안 등)들을 남겨 놓으셨던 하나님을 기억하고 있었습니다.

이번에도 니느웨성이 회개하고 하나님께 잘못을 빈다면 살아남을 수도 있을 것이라는 판단을 했던 요나는 이스라엘을 위협하는 적 앗수르의 가장 중요한 성인 니느웨가 살아남을 기회, 즉 멸망의 경고를 하고 싶지 않았습니다.

그래서 요나는 니느웨성으로 가는 내륙 길에 반대되는 욥바라는 항구 도시로 가서 당시 세계의 끝이라 여겨지던 서반아(스페인)의 남쪽 항구인 다시스로 가는 배를 타고 될 수 있는 한 멀리 도망가려고 했습니다.

그런 그가 하나님의 집요한 독촉(큰 물고기 사건)으로 말미암아 니느웨에 할 수 없이 가게 되어 그들의 멸망을 경고하게 되었기 때문에 그는 마음에 불만이 가득했습니다. 즉 니느웨에 경고를 하지 않으면, 반드시 멸망할 터인데 경고를 해서 회개를 할 경우는 자비로우신 하나님께서는 용서해 줄 수도 있다는 가능성을 우려했던 것입니다. '사촌이 땅을 사면 배가 아프다'는 그런 느낌입니다. 아무튼 요나는 하나님께 그런 마음을 진솔하게 고백했습니다.

"요나가 심히 싫어하고 노하여 여호와께 기도하여 가로되 여호와여 내가 고국에 있을 때에 *이러하겠다고 말씀하지 아니하였나이까 그러므로 내가 빨리 다시스로 도망하였사오니 주께서는 은혜로우시며 자비로우시며 노하기를 더디 하시며 인애가 크시사 뜻을 돌이켜 재앙을 내리지 아니하시는 하나님이신 줄을 내가 알았음이니이다 여호와여 원컨대 이제 내 생명을 취하소서 사는 것보다 죽는 것이 내게 나음이니이다 여호와께서 이르시되 너의 성냄이 어찌 합당하냐 하시니라"(욘 4:1~4).

*나름대로 하나님의 자비와 인애를 믿기 때문에, 굳이 경고하지 않아도 결과는 그들이 회개하느냐 안 하느냐에 따라 달라질 것을 알기 때문에 니느웨에는 가지 않겠노라고. 제가 경고하는 것이 무슨 큰 영향을 미치겠는가 하고 생각하면서…….

요나는 기도로 하나님과 대화하던 사람이었습니다. 그는 다시스로 도망가기 전에 하나님께 기도로 위와 같은 내용, 자신의 결정을 말씀드렸습니다. 그때 하나님께서는 아마도 아무 응답이 없으셨던 것으로 보입니다.

요나서 처음 부분에 니느웨에 가서 경고하라고 하실 때 하나님의 말씀이 요나에게 임했고 두 번째는 큰 물고기 뱃속에서 죽을 고비를 넘기고 사흘 만에 물고기 밖으로 나왔을 때 하나님의 말씀이 임했다는 기록이 이를 뒷받침해 주고 있습니다.

그러니까 요나는 자신이 기도드린 내용에 대하여 하나님의 답변이 없자, 자신의 결정대로 다시스로 가는 배를 탔다고 볼 수 있습니다. 하나님께서는 요나가 니느웨성의 구원에 대하여 심하게 불만하며 기도드렸을 때 아래와 같이 응답하십니다.

이와 비슷한 경우가 구약시대에도 있었는데 아브라함 시대에 소돔과 고모라 성의 멸망 사건입니다. 그런데 다른 점은 아브라함은 그 진멸되어야 마땅한 성의 백성들을 위하여 여호와께 의인 열 명이 그 성에 있으면 진멸하지 말아 달라고 부탁했지만, 요나는 진멸되지 않은 것에 불만을 품은 것이 다른 점입니다.

즉 요나는 그때만 해도 성경에서 말씀하시는 의인의 축에는 들지 못하는 성품의 소유자였던 것입니다. 니느웨 사건 이후로는 변했을 것으로 짐작은 가지만 말입니다.

아무튼 하나님께서는 니느웨성의 회개를 촉구하고 그들이 회개한다면 얼마든지 살려 두실 뜻이었는데, 요나는 그런 하나님의 뜻을 알면서도 니느웨성의 회개와 구원을 기뻐하지 않았던 편협한 사고의 소유자였습니다.

이 시대에도 교회에 출석하고, 예수님을 믿는다고 고백하면서 교회 밖에 있는 사람들은 절대로 구원을 받으면 안 된다고 생각하는 편협한 구원 의식을 소유한 사람들이 있습니다.

이런 요나에게 하나님의 뜻을 깨닫게 하려고, 또한 후세대의 사람들에게 하나님의 진정한 뜻을 알리기 위하여 하나님께서는 요나를 통해 그 뜻을 체험적으로 알게 하십니다. 성을 통과해 나온 요나가 뜨거운 햇볕이 내리쬐는 성 동편에 그늘막을 짓고 성이 어떻게 되나 보고 있었는데, 하나님께서 그 위에 박 넝쿨을 자라게 하십니다. 박 넝쿨로 해를 가리게 해서 시원하게 해 주십니다.

요나가 지은 초막은 햇볕을 충분히 막아낼 수 없었으나 박 넝쿨로 인하여 햇볕의 뜨거운 기운을 면하게 해 주셨습니다. 그 이튿날에는 새벽에 벌레를 준비하시고 박 넝쿨을 씹게 하셔서 박 넝쿨이 시들게 하십니다. 박 넝쿨이 시들자 뜨거운 햇볕이 그늘막을 덥히고 있었습니다.

그런데 하나님께서는 설상가상으로 열풍을 요나에게 불게 하십니다. 그러자 요나는 햇볕도 뜨겁고 뜨거운 열풍에 거의 죽을 지경이 됩니다. 요나는 박 넝쿨이 너무나 소중했다는 생각이 들었을 것입니다. 박 넝쿨이 없으니 이렇게 뜨겁구나 하면서 말입니다. 그러자 여호와께서 오늘 본문과 같이 교훈하십니다.

"여호와께서 가라사대 네가 수고도 아니하였고 배양도 아니하였고 하룻밤에 났다가 하룻밤에 망한 이 박 넝쿨을 네가 아꼈거든 하물며 이 큰 성읍 니느웨에는 좌우를 분변치 못하는 자가 십이만여 명이요, 육축도 많이 있나니 내가 아끼는 것이 어찌 합당치 아니하냐"(욘 4:10~11).

요나는 하나님께서 세상 만물을 사랑하시는 줄을 충분히 깨닫지 못하고 있었습니다. 그래서 하나님을 경배하지 않고 우상을 따르는 이방 민족이라면 진멸되는 것이 당연하지 않을까 생각했던 것입니다. 그러나 하나님께서는 만물을 사랑하신다는 더 깊은 뜻을 이 니느웨성의 사건을 통해 계시하셨습니다.

신약에도 이와 비슷한 선교의 역사가 기록되어 있습니다.

"또 소리가 있으되 베드로야 일어나 잡아먹으라 하거늘 베드로가 가로되 주여 그럴 수 없나이다 속되고 깨끗치 아니한 물건을 내가 언제든지 먹지 아니 하였삽나이다 한 대 또 두 번째 소리 있으되 하나님께서 깨끗케 하신 것을 네가 속되다 하지 말라 하더라"(행 10:13~15).

이 말씀은 예수님께서 승천하신 후 제자들이 성령 세례를 받고 전도에 힘쓸 때 일어난 일 중 하나입니다. 그 당시 고넬료라는 이방인 백부장이 있었는데 그는 하나님을 알게 되었고, 하나님을 경외하는 사람이었습니다(베드로가 있던 욥바〈Joppa=Jaffa〉로부터 고넬료가 있는 가이사랴〈Caesarea〉까지는 약 70km의 길입니다. 보통 장정 걸음으로 적어도 18시간 정도는 걸리는 거리입니다).

그 당시만 해도 유대인들은 그들 외에 다른 민족, 즉 이방인들을 하나님의 구원에서 제외된 사람들로 생각했습니다. 그런 유대인들과 같은 생각을 하고 있던 베드로에게 주님께서 환상을 통해 그 이방인을 주님께서 깨끗하게 생각하신다고 말씀하셨습니다. 이방인을 속되고 타락했다고 하지 말고 이방인 선교에 나서라는 말씀이었습니다.

실제로 이 환상 후에 천사의 지시를 받은 베드로는 고넬료의 집을 방문해 설교했고, 그 말씀을 들은 그 집 모든 사람이 성령 세례를 받게 됩니다. 이 사건은 예루살렘 회의에서 이방인에게도 복음을 전해야 한다는 결의를 하게 하는 결정적인 사례가 됩니다.

요나도 이방인들이 사는 니느웨성에 가서 하나님의 경고를 전하는 것은 개인적으로나 그 당시 유대인의 정서로 볼 때 절대로 그렇게 할 수 없다고 생각했습니다. '죽으면 죽었지, 어떻게 그 속되고 타락한 이방인들에게 가서 하나님의 말씀을 전하겠는가' 하고 생각했습니다. 이런 반응은 그로부터 700여 년이 지난 베드로에게도 똑같이 일어났습니다.

"베드로가 가로되 주여 그럴 수 없나이다 속되고 깨끗치 아니한 물건을 내가 언제든지 먹지 아니 하였삽나이다 한대."

그러나 요나 때도 그랬듯이 베드로 때도 주님께서는 똑같이 유대인들이 품은 편협한 생각을 바로잡아 주셨습니다.

요나서에 기록된 요나의 선교 기록은 예수님께서 표적의 대표적인 사건으로 일컬으셨습니다. 그만큼 이 요나의 선교에 대한 기록은 예수님께서 행하실 구속 사역의 예표로서 중요했기 때문입니다.

즉 이방인 선교가 이루어져야 함을 예표 했습니다. 그리고 회개

한 이방인을 구원하신 하나님을 역사 속에 나타나게 함으로써 지금
이 시대에도 회개하는 만민을 구원해 주신다는 하나님의 뜻을 분명
하게 전하셨습니다.

오늘 하나님의 말씀을 들은 저와 여러분은 이렇게 요나서를 통
해, 그리고 예수님과 제자 베드로를 통해 분명히 말씀하시고 구원의
증거를 보여주신 것처럼 우리 이방인들도 회개함으로 구원에 이른
다는 확실한 믿음을 갖게 되시기를 간절히 축원 드립니다.

© Karen Baik

역경과 소망

"네 하나님 여호와께서 이 민족들을 네 앞에서 점점 쫓아내시리니 너는 그들을 급히 멸하지 말라 두렵건대 들짐승이 번성하여 너를 해할까 하노라"(신 7:22).

이 말씀 속에 스며 있는 하나님의 역사하심을 보겠습니다. 이스라엘 민족들이 하나님의 은혜로 가나안을 점령해 들어갈 것인데 그때 주변 국가를 바로 멸망시키지 않으실 것을 예고하신 내용입니다. 즉 그들을 다 멸망시키는 것이 결코 하나님의 뜻이 아니라는 것입니다.

그 이유는 그들 주변 잔존 민족들이 이스라엘 민족이 정착하여 살게 될 가나안 땅 주변의 황폐나 야생동물이 번성하여 해가 되는 것을 막아 줄 것이기 때문입니다. 우리가 어디 낯선 숲속에 가서 살게 되었는데 이웃이 없고 황량한 곳에 우리 가족만 살고 있다고 상상해 보십시오. 어두운 밤이 오면 늑대의 울음소리가 매일 밤 들리고 수시로 늑대들이 집에서 기르는 가축들을 공격하곤 한다고 상상해 보십시오. 그 일로 얼마나 불안하고 근심이 되겠습니까? 그러나 낯설지만 이웃이라도 있으면 덜 불안할 것입니다. 바로 그런 상황입니다.

하나님께서 가나안 주변에 이방 민족 국가들을 남겨둔 이유 중에는 그런 이유가 있었습니다. 그들이 있음으로써 들짐승이 더 먼 곳으로 물러가게 되고 게다가 그 나라들 외곽에 있는 이름도 모르는 이방 민족과의 접촉을 막아 주는 역할도 하게 하셨습니다.

✳ 하나님의 경륜

실제적인 예로 이스라엘을 가까이에서 늘 위협하는 앗수르라는 나라가 있었습니다. 그 나라는 후에 북이스라엘을 정복했던 나라입니다. 그런데 이 앗수르도 요나 당시 북방의 신흥 국가 아라랏과의 전쟁으로 북이스라엘을 쳐들어올 상태가 아니었습니다. 앗수르라는 나라와 아라랏이라는 나라가 전쟁을 하는 동안 북이스라엘(여로보암 2세 재위 기간)은 앗수르의 위협을 벗어나 다윗 이후 제2의 전성기를 구가할 수 있었습니다.

앞서 말씀드린 니느웨의 회개 사건에서도 이스라엘을 간접적으로 보호하시려는, 언뜻 알아차리기 힘든 하나님의 경륜을 우리는 엿볼 수 있습니다. 요나의 경고로 회개한 니느웨성은 하나님의 용서를 받고 살아남게 됩니다. 이렇게 결과적으로 살아남은 니느웨성으로 말미암아 앗수르라는 나라는 건재할 수 있었고 북쪽에 신흥 국가 아라랏이라는 나라를 계속 견제할 수 있었습니다.

요나는 적국이라고 할 수 있는 앗수르라는 나라의 니느웨성을 우호적으로 생각하지 않았습니다. 그러나 니느웨성이 멸망하지 않음으로써 앗수르라는 나라는 국력을 유지하게 되었고, 결과적으로 신흥 국가인 아라랏이라는 나라와 전쟁을 하는 동안 이스라엘은 평안을 누릴 수 있었습니다. 이런 하나님의 섭리는 우리뿐 아니라 선지자 요나로서도 절대로 생각할 수 없었던 하나님의 경륜 중 일부분이었습니다.

오늘 본문에서 우리는 바로 이런 점에 대하여 우리에게도 교훈하고 계신 것을 깨닫게 됩니다. 즉 근시안적인 시각으로 성급하게 행하지 말고 하나님의 뜻에 순종하라는 것입니다. 오늘 본문입니다.

"네 하나님 여호와께서 이 민족들을 네 앞에서 점점 쫓아내시리니 너는 그들을 급히 멸하지 말라 두렵건대 들짐승이 번성하여 너를 해할까 하노라"(신 7:22).

＊ 하나님의 예정하심

이스라엘 백성을 향한 하나님의 특별한 배려를 밝히시는 내용입니다. 가나안 침공을 하게 되면 하나님께서 함께하심으로 전쟁마다 승리하게 될 것을 알고 계신 하나님께서는 이스라엘 백성이 그 여세를 몰아 주변 국가들을 철저히 진멸하려 할 것을 우려하셨습니다.

왜냐하면 주변 국가를 다 멸하는 것은 하나님의 뜻도 아니지만, 이스라엘에 결국은 득이 되는 일이 아니었기 때문이었습니다. 표면 적으로는 들짐승으로부터의 보호가 첫째 득이 되는 일이지만, 다른 이유는 이스라엘 백성들이 하나님을 잊고 타락할 때 주변 국가들을 사용하여 이스라엘 백성들을 벌주고 회개시켜야 했기 때문이기도 했습니다.

주변 국가들을 살려 두는 것이 훗날 화근이 되리라는 것이 일반 적인 판단이지만, 하나님의 경륜으로는 이스라엘을 끝까지 버리지 않고 품어야 하므로 이스라엘이 하나님의 뜻을 버리고 다른 길, 즉 우상들을 섬김으로써 멸망의 길로 가려고 할 때 이스라엘을 돌이켜 야 하셨던 것입니다.

그렇게 돌이키게 할 때 사용할 사랑의 매로 주변 국가들을 남겨 두는 것이 하나님의 뜻이었습니다. 사람은 매를 맞지 않아도 잘할 것 같은데 성경은 그렇게 말씀하지 않습니다.

“내 아들아 주의 징계하심을 경히 여기지 말며 그에게 꾸지람을 받을 때에 낙심하지 말라 주께서 그 사랑하시는 자를 징계하시 고 그의 받으시는 아들마다 채찍질하심이니라”(히 12:5~6 중에 서 잠언 3:12절을 인용한 부분).

실제로 그런 일들이 이스라엘 역사에 여러 차례 일어나는데 그런 사실을 성경은 아래와 같이 전합니다.

"곧 그들이 여호와를 버리고 바알과 아스다롯을 섬겼으므로 여호
와께서 이스라엘에게 진노하사 노략하는 자의 손에 넘겨 주사
그들이 노략을 당하게 하시며 또 주위에 있는 모든 대적의 손에
팔아 넘기시매 그들이 다시는 대적을 당하지 못하였으며 그들이
어디로 가든지 여호와의 손이 그들에게 재앙을 내리시니 곧 여
호와께서 말씀하신 것과 같고 여호와께서 그들에게 맹세하신 것
과 같아서 그들의 괴로움이 심하였더라"(삿 2:16).

이와 같이 우리의 인생에서 겪게 되는 문제들 때문에 하나님의
사랑을 의심해서는 안 됩니다. 오히려 문제를 만나면 그 문제 속에
서 나의 죄를 깨닫게 하시고 회개시키려 하시는 것이 무엇인지를 찾
는 것이 지혜로운 성도의 자세입니다.

"지혜로운 아들은 아비의 훈계를 들으나 거만한 자는 꾸지람을
즐겨 듣지 아니하느니라"(잠 13:1).

그것이 믿음을 지닌 성도가 일상에서 무슨 일을 만나든지 기쁨
과 위안 속에 평안을 누리게 되는 이유입니다. 당장의 어려움 즉 멸
시, 조롱, 핍박에 실망하거나 악으로 보복하거나 하나님을 원망하지
말고, 역경 너머에 준비된 승리의 면류관과 풍성한 상급에 대한 소

망으로 끝까지 순종함으로 선한 길로 행하며 기뻐하시기 바랍니다.

✳ 역경과 순종

예수님께서 붙잡히시고 십자가에 달리시기까지 보여주신 것이 바로 환란 중 소망을 두고 순종하는 모습이었습니다. 제자들은 그때까지만 해도 예수님께서 붙잡히시지 않을 거야, 또는 붙잡히시더라도 커다란 기적을 행하시며 이 불의한 자들을 멸하실 거야, 라는 생각을 했습니다.

그러다가 예수님께서 정작 돌아가시자 제자들은 실망을 마음에 안고 뿔뿔이 흩어졌습니다. 예수님께서 부활하셨지만, 자신의 눈앞에 계신 부활하신 예수님을 뵙고도 믿지 않는 제자도 있었습니다. 그들의 생각은 다윗과 같이 그 당시 그들을 속박하고 있던 로마인을 물리치는 것이 그들이 기대했던 메시아의 모습이었습니다.

그러나 예수님께서는 이곳저곳을 다니시며 복음을 전하시는 선생이나 선지자의 모습이었습니다. 그들이 보는 앞에서 로마군의 채찍을 맞고, 십자가에 못 박히고 창에 옆구리를 찔린 채 돌아가셨습니다.

그때도 그들은 예수님의 죽음과 부활이 이렇게 2000년이 넘게 온 인류의 역사에 영향을 끼칠 거라는 것은 상상도 못 했습니다. 엄청나게 피를 많이 흘리게 하면서 이룩한 강력한 다윗의 통일 이스라엘 왕국도 100년이 안 되어 분열했고, 그 분열한 국가가 모두 망하는 데는 300~400년밖에 걸리지 않았습니다. 그 이후 원래 영토를 회복하지 못하고 현재는 아주 작은 영토만을 지키고 있습니다.

그와는 달리 예수님께서는 무력한 모습으로 피를 흘리고 돌아가 셨지만, 예수 그리스도가 세운 그리스도 왕국은 지금까지도 계속되고 있으며 마지막 때까지 지속될 것입니다.

우리의 인생 문제도 마찬가지 원리입니다. 우리가 역경에 처했을지라도 하나님을 믿고 소망 중에 순종하는 것이 우리 문제의 궁극적인 해결책이며 영원히 해결 받는 가장 좋은 방법입니다. 하나님께서는 우리가 저지른 죄의 문제를 해결하시기 위하여 시험하고 연단하시는 것이고, 결국은 가장 좋은 방법으로 우리를 구원으로 인도하실 것입니다.

오늘의 말씀은 우리가 겪는 인생의 고난들을 근시안적으로 보아서는 안 된다는 것이며, 신실하신 하나님을 절대적으로 믿어야 한다는 것입니다. 하나님께서는 우리에게 연단을 통해서라도 우리가 거듭 태어나 구원에 합류하기를 바라시기 때문입니다.

오늘 하나님의 말씀을 들은 저와 여러분은 세상에서 받는 핍박이나 우리 죄로 인하여 받게 되는 징계로 시험, 환란을 당하더라도 절대로 실망하거나 인생의 역경을 겁내지 말고, 믿음과 소망을 품고 이를 극복하여 믿음의 결국인 구원에 이르시는 복된 성도님들이 되기를 간절히 축원 드립니다.

복음과 성전

"너희 몸은 너희가 하나님께로부터 받은 바 너희 가운데 계신 성령의 전인 줄을 알지 못하느냐 너희는 너희의 것이 아니라 값으로 산 것이 되었으니 그런 즉 너희 몸으로 하나님께 영광을 돌리라"(고전 6:19~20).

오늘 본문은 사도 바울이 고린도 교회 성도들에게 보낸 서신 중 일부입니다. 그 당시 고린도 교회는 그 교회가 있는 고린도라는 도시의 타락한 문화에 영향받아 하나님의 계명을 모르고 저지르는 죄들로 만연했습니다. 그런 죄들을 제대로 인식하지 못했던 교인들 때문에 고린도 교회는 내부적으로 문제를 안고 있었습니다. 사도 바울은 교인들 스스로 하나님의 계명을 지키며 살아야 한다는 사실을 가르치면서 그 근본적인 이유는 우리의 몸이 성전이기 때문이라는 것을 강조했습니다.

성경 기록으로 보면 역사적으로 존재했던 성전 중 다윗 왕이 준비하고 솔로몬 왕이 세운 솔로몬의 성전이 유명합니다. 그 전에는 광야 시대 때 '성막'이라고 해서 성전이지만 이동할 수 있는 성전으로 천막으로 짓게 되어 있었습니다. 솔로몬이 건축한 성전이 성막 이후 건물의 모양을 지닌 최초의 성전이었습니다.

예루살렘성이 바빌론에게 함락당하고 성전은 파괴되었다가 포로로 잡혀갔던 스룹바벨이 바사왕 고레스의 허락을 받아 재건하게 되었습니다. 그 성전을 제2 성전이라고 부릅니다. 이 성전은 로마(폼페이우스 장군)에 의해 파괴됩니다. 그 이후 헤롯왕 때 복원, 증축되었다가 다시 로마(디도 또는 티투스 황제)에 의해 파괴됩니다. 그리고는 현재에 이르고 있습니다.

이스라엘 민족에게 성전은 하나님의 영광이 임하는 곳이라, 아주 중요하게 생각하는 곳입니다. 현재도 그들은 성전이 재건될 날을 기다리면서 성전을 향해 경배하기를 멈추지 않습니다.

제가 쿠웨이트에서 일할 때 이스라엘 엔지니어와 함께 일한 적이 있었습니다. 그는 일정 시간이 되면 자그마한 양탄자를 깔고 사무실에서 예루살렘을 향해 엎드려 경배를 드리곤 했습니다. 이처럼 그들에게 예루살렘 성전은 매우 신성시되는 소중한 곳입니다.

여러분은 예수님께서 사마리아 여인과 성전에 대하여 주고받은 대화를 기억하실 겁니다. 사마리아 여인은 예수님께 예배드리는 곳에 대해 여쭈어보는데 그 대화를 통해 우리는 그 여인은 그녀의 동족인 사마리아인들이 예루살렘 성전이 아니고 다른 산당(그리심산)에서 예배드리고 있었음을 발견하게 됩니다. 그 여인이 물어보았던 이유는 왠지 마음이 편치 않았기 때문일 것입니다. 그때 예수님께서는 아래와 같이 답변하셨습니다.

"여자여 내 말을 믿으라 이 산에서도 말고 예루살렘에서도 말고 너희가 아버지께 예배할 때가 이르리라"(요 4:21).

이어 "하나님은 영이시니 예배하는 자가 신령과 진정으로 예배할지니라"(요 4:24)라고 말씀하십니다.

예수님께서는 이제 그렇게 건물이 서 있는 성전을 중요시하는 시대는 지났고, 마음의 성전이 중요한 시대가 왔다고 말씀하셨던 것입니다. 하나님께서는 이제 만민에게 예수 그리스도를 통해 구원의 밝은 빛을 비추어야 할 때가 되었기 때문에 하나님의 영광이 임하는 곳은 성전만이 아니라 만민에게 직접 임하는 것이라고 말씀하셨던 것입니다.

즉 영이신 하나님께서는 어느 곳에나 계시기 때문에 유대인들이 생각하는 것처럼 예루살렘 성전에만 하나님의 영광이 임하신다는 생각은 예수 그리스도께서 오신 시점을 기준으로 바뀌어야 했습니다.

곧 지금 이 시대도 특정 장소에서만 예배드릴 수 있다는 생각은 바꿔야 합니다. 성경에 의하면 구약의 성막과 성전은 하늘나라에 있는 것들의 그림자요 모형이라고 합니다. 그 실체는 하늘나라에 있는데 그곳에 대제사장으로 계신 분이 바로 예수님이십니다.

"예수께서 만일 땅에 계셨더라면 제사장이 되지 아니하셨을 것이니 이는 율법을 좇아 예배를 드리는 제사장이 있음이라 저희가 섬기는 것은 하늘에 있는 것의 모형과 그림자라 모세가 장막을 지으려 할 때에 지시하심을 얻음과 같으니 가라사대 삼가 모든 것을 산에서 네게 보이던 본을 좇아 지으라 하셨느니라"(히 8:4~5).

구약시대의 제사와 성막, 성전은 죄를 용서받기 위하여 제사를 지냈지만, 그것들은 실제를 본뜬 모형들이었습니다. 즉 실제로 용서받으러 가야 할 곳은 하늘에 있는 성전의 대제사장이신 예수님이 계신 곳입니다.

이 땅에서 아무리 성전에 가서 짐승의 피를 뿌려 죄를 깨끗하게 한다고 해도 그것은 반복되는 행사에 불과한 것이며, 구원과 관련된 궁극적인 죄의 씻음은 하늘에 계신 대제사장이신 예수님을 통해서만 가능합니다. 왜냐하면 이 땅의 제사 형태들은 모형에 불과하며 실제로 하나님 앞에서 제사를 드리는 분은 예수님이시기 때문입니다. 예수님께서는 만민의 죄를 자신의 피로 깨끗하게 하셨습니다. 그것은 모형이 아닌 실제로 일어난 일입니다.

이 땅의 성전이 속죄 제사를 드리는 곳의 모형인 것처럼, 실제로 우리의 죄를 용서받고 구원에 이르는 것도 성전이라는 곳에서 이루어져야 합니다. 그 성전의 실체는 바로 우리 자신이라고 오늘 본문은 전하고 있습니다. 우리 자신이 제사를 드리는 곳이고, 그 제사의 대제사장은 하늘 보좌의 오른편에 계신 예수님이라는 것입니다.

> "너희 몸은 너희가 하나님께로부터 받은 바 너희 가운데 계신 성령의 전인 줄을 알지 못하느냐 너희는 너희의 것이 아니라 값으로 산 것이 되었으니 그런 즉 너희 몸으로 하나님께 영광을 돌리라"(고전 6:19~20).
> (NIV) therefore, honor God with your body.
> (KJV) therefore, glorify God in your body, and in your spirit, which are God's.

우리가 바로 삼위일체 하나님의 성령이 임하는 곳, 즉 성전입니다. 그 성전의 실체인 우리의 몸과 영혼은 예수 그리스도가 피를 흘려 사신 것이기 때문에 하나님께 영광을 돌려야 한다는 것입니다. 예수 그리스도께서 피 흘려 사신 우리 몸을 하나님께서 기뻐하시는 산 제사로 드리는 것이 영적이며 합당한 예배라 했습니다.

> "……너희 몸을 하나님이 기뻐하시는 거룩한 산 제사로 드리라 이는 너희의 드릴 영적 예배니라"(롬 12:1).

✻ 성전이 되었는가?

여기서 우리는 궁금한 점이 생깁니다. 우리 자신이 성령께서 실제로 계시는 성전이라는데 과연 우리가 그럴까? 라는 것입니다. 성령의 임재는 수동적이기 때문에 우리 마음대로 결정할 수 있는 문제가 아닙니다. 그러다 보니 우리의 의문은 쉽게 풀리지 않습니다. 사실 성전이 되었는가? 라는 문제는 곧 우리의 구원과 밀접한 관계가 있습니다.

구약의 성전 구조를 보면 성소에 들어가는 곳에 물두멍이 있습니다. 물두멍에서 제사장들이 손과 발을 씻어야 했습니다. 그렇지 않으면 죽을 것이라고 경고하셨기 때문입니다. 그만큼 성전이라는 곳은 정결이 우선되어야 한다고 가르치시는 부분입니다.

예수님께서 하루는 예루살렘 성전에 가셨다가 성전에서 제물을 파는 잡상인들과 환전하는 장사치에게 호통을 치시고 채찍을 휘두르시면서 쫓아내신 적이 있습니다. 즉 성전은 만민이 기도하는 집인데 그곳이 장사하는 곳이 되었기 때문에 정화 작업을 하셨던 것입니다. 장사하는 사람들이 있어서는 기도하는 장소, 즉 하나님과 대화할 수 있는 곳, 하나님의 영이 임재할 수 있는 곳이 될 수 없다고 말씀하셨던 것입니다.

이와 비교해서 우리 안에 있다는 성전은 어떻습니까? 우리가 기도한다는 것은 하나님과 대화하기 위해서인데 하나님을 만나는 장소인 우리 마음에 세상의 재리에 대한 욕심과 염려로 가시덤불이 자리 잡고 있지는 않나요? 성령께서 나와 동거하실 정도로 깨끗해져 있나요? 이 문제도 그리 쉽게 대답할 문제는 아닐 것입니다.

＊ 중생의 씻음

디도서에 보면 다음과 같은 말씀이 나옵니다.

"우리를 구원하시되 우리의 행한 바 의로운 행위로 말미암지 아니하고 오직 그의 긍휼하심을 좇아 중생의 씻음과 성령의 새롭게 하심으로 하셨나니"(딛 3:5).
(KJV) washing of regeneration and renewing of Holy Ghost
(NIV) washing of rebirth and renewal by Holy Spirit

우리 마음의 성전은 거듭 태어나는 것으로 깨끗해지고 성령께서 그 성전에 임하심으로 우리의 심령이 새로워진다는 말씀입니다. 외적인 성전의 모습을 우리의 언행으로 표현한다면, 하나님의 영광이 임하시는 성소는 우리의 영혼이 있는 곳이라고 표현할 수 있습니다.

곧 우리의 언행은 거듭 태어남으로 깨끗해질 수 있고 우리의 영혼은 성령께서 임하심으로 새로워질 수 있다고 생각할 수 있습니다. 즉 물로 세례받는 것이 겉으로 나타난 중생의 표현이라면, 성령으로 새롭게 되는 것은 영적으로 새 생명을 받는 것(수여)이라고 할 수 있을 것입니다.

> "예수께서 대답하시되 진실로 진실로 네게 이르노니 사람이 물과 성령으로 나지 아니하면 하나님 나라에 들어갈 수 없느니라"(요 3:5).

성령으로 거듭 태어난다는 것은 영적인 새 생명을 받는 것입니다. 곧 하나님의 은총이며 선물입니다. 하나님의 은총은 받고자 하는 자에게 주어지는 것입니다. 곧 예수 그리스도께서 우리의 대제사장이심을 믿고 받고자 하는 자에게 주어지는 선물입니다.

> "영접하는 자 곧 그 이름을 믿는 자들에게는 하나님의 자녀가 되는 권세를 주셨으니 이는 혈통으로나 육정으로나 사람의 뜻으로 나지 아니하고 오직 하나님께로서 난 자들이니라"(요 1:12~13).
> (KJV) born of the will of God
> (NIV) born of God

예수를 생명의 주로 시인하고 믿는 자들은 구원받는 하나님의 자녀가 될 것인데 그런 사람들은 하나님께서 베푸시는 은총에 기인한다는 것입니다. 그런 구원의 은총은 믿는 자에게 돌아갈 것인데, 그 구원의 조건이 혈통에 의한 것(아브라함, 이스라엘 민족)이 아니고 육신적인 노력이나 사람의 의지도 아니며 오직 하나님의 의도하심에 따라 결정된다는 것입니다. 하나님의 의도하심이란 믿는 자가 되도록 하셔서 하나님의 자녀로 삼아 주신다는 뜻입니다.

이제 앞에서 우리에게 물어보았던 질문을 다시 해 봅시다.
"성전이 되었습니까?"
이 질문을 이제까지 풀어서 설명한 구체적인 질문으로 바꾸어 질문해 봅시다.
"우리는 거듭 태어남의 씻음(물세례)으로 정결해지고 성령의 내주하심으로 새로운(renewal) 피조물이 되는 은총을 받았습니까?"

오늘 말씀을 들은 우리 성도님은 이 질문에 꼭 "네, 하나님의 은총으로 성령께서 나와 함께 살고 계십니다."라는 대답을 하게 되시기를 간절히 축원 드립니다.

내 집은 만민의 기도하는 집

"저희가 예루살렘에 들어가니라 예수께서 성전에 들어가사 성전 안에서 매매하는 자들을 내어 쫓으시며 돈 바꾸는 자들의 상과 비둘기파는 자들의 의자를 둘러엎으시며 아무나 기구를 가지고 성전 안으로 지나다님을 허치 아니하시고 이에 이르시되 기록된 바 내 집은 만민의 기도하는 집이라 칭함을 받으리라고 하지 아니하였느냐 너희는 강도의 굴혈을 만들었도다 하시매 대제사장들과 서기관들이 듣고 예수를 어떻게 멸할까 하고 꾀하니 이는 무리가 다 그의 교훈을 기이히 여기므로 그를 두려워함일러라"(막 11:15~18).

오늘 본문은 예수님께서 예루살렘에 들어가셔서 성전 상인들을 쫓아내신 사건 기록입니다. 예수님께서 성전을 깨끗하게 하신 이 사건은 4 복음서(마태복음, 마가복음, 누가복음, 요한복음)에 모두 기록된 것으로 보아 매우 중요한 사건인 것은 물론이고 하나님께서 이 사건을 통해 우리에게 전하시고자 하는 중요한 메시지가 있는 것이 분명합니다.

* '만민의 기도하는 집' 이 의미하는 것

물론 얼른 알 수 있는 주제는 만민이 기도하는 성전에 장사하는 사람들로 인해 경건한 분위기를 해쳐서 되겠나? 하는 것이지만, 예수님께서 인용하신 "기록된 바 내 집은 만민의 기도하는 집이라 칭함을 받으리라(미래형)" 이 말씀은 이사야서 56장 7절을 인용한 말씀입니다. '만민' 이라는 단어는 영어로 'all nations' 로 '모든 민족' 을 뜻합니다.

즉 이 말씀에 함축된 의미는 이방인의 예배를 하나님께서 받으실 것이라는 의미를 함축하고 있다고 해석됩니다. 곧 이방인들과의 화해와 구원을 약속하신 중요한 말씀입니다.

이사야서가 기록된 당시만 해도 하나님께 드리는 제사는 성전에서만 드리게 되어 있었고, 그 성전에는 이방인들이 들어갈 수 없게 되어 있었습니다. 그러므로 이사야의 이런 예언적 선포는 예수님께서 오신 이후에 그 성취가 이루어졌다고 볼 수 있습니다.

실제로 예수님께서 승천하신 후, 사도 바울이 이방 선교에 쓰임 받음으로 말미암아 이방인인 우리도 복음을 듣고 하나님을 모시고 예배드리게 되었습니다. 성전의 의미도 성경을 통해 예루살렘 성전에 제한되지 않고 하나님의 집, 곧 사시는 곳, 우리와 동거하시는 우리 자신으로 확대, 해석해야 하는 것도 알게 되었습니다.

오늘 본문에서 소개하고 있는 성전 청결 사건을 기록한 요한복음에서 예수님께서는 다음과 같은 말씀을 하십니다.

"너희가 이 성을 헐라 내가 사흘 동안에 일으키리라"(요 2:19 중에서).

그 당시 예루살렘 성전은 헤롯 왕이 유대 민족의 환심을 사기 위하여 짓기 시작해 46년 만에 완성한 성전이었는데 그런 거대한 성전을 단 3일 만에 다시 세울 수 있다고 말씀하신 것입니다. 그러나 이 말씀에서 성전은 예수님께서 돌아가시고 3일 만에 부활하심으로 말미암아 이 세상에 세워질, 보이지 않는 성전(교회)을 말씀하셨던 것입니다. 실제로 예루살렘 성전과는 비교도 되지 않는 거대한 우주적 성전(교회)이 예수님의 부활과 동시에 세워져 지금까지 존속하고 있습니다.

예수님께서는 일찍이 선지자 이사야를 통해 전하신 하나님의 뜻대로, 만민이 기도하는 하나님의 집, 후에 교회라고 불리게 될 성전에 대한 실체를 분명히 알리고자 하셨습니다.

＊ 성전의 실체

예수님께서는 성전을 '하나님의 집'이라고 말씀하셨습니다. 하나님께서 사시는 곳, 머무시는 곳입니다. 그런데 만민, 즉 이 지구의 모든 사람이 예루살렘 성전에 와야만 하나님께 경배할 수 있다면 그것은 매우 비현실적인 이야기입니다. 예루살렘 성전만 고집한다는 것은 하나님의 뜻과는 다릅니다.

여러분은 예수님께서 사마리아 여인과 성전에 대해 주고받은 대화를 기억하실 것입니다. 사마리아 여인은 예수님께 예배드리는 곳(성전)에 대해 여쭈어보는데 그 대화를 통해 우리는 그녀의 동족인 사마리아인들이 예루살렘 성전이 아니고 다른 산당(그리심산)에서 예배드리고 있었음을 발견하게 됩니다.

그 여인이 물어보았던 이유는 진짜 성전은 어디에 있는 것인가를 알고 싶었다고 볼 수 있습니다. 다르게 이야기하면 예루살렘 성전과 사마리아인들의 산당 중 어느 곳에 하나님께서 임하시는 곳인지를 궁금하게 생각했다고 볼 수 있습니다. 그때 예수님께서는 아래와 같이 답변하셨습니다.

"여자여 내 말을 믿으라 이 산에서도 말고 예루살렘에서도 말고 너희가 아버지께 예배할 때가 이르리라"(요 4:21).

이어서 이렇게 말씀하셨습니다.

"하나님은 영이시니 예배하는 자가 신령과 진정으로 예배할지니라"(요 4:24).

즉 예수님께서는 이제 그렇게 건물이 서 있는 성전을 중요시하는 것은 하나님의 뜻이 아니고 공간의 제한을 받지 않는 성전을 언급하셨던 것입니다.

"이 산에서도 말고 예루살렘에서도 말고 *너희가 아버지께 예배할 때가 이르리라."

바로 이런 설명이 성전에 관해 설명하신 부분입니다. 하나님의 성전은 공간의 제한을 받는 것이 아니고 우리 각자가 성전 됨을 암시하셨던 것입니다.

*너희가 아버지께 예배할 때가 이르리라
: a time is coming when you will worship the Father.

이 말씀은 우리가 직접 하나님께 예배드리게 된다는 말씀입니다. 다시 본문을 봅시다.

"기록된 바 내 집은 만민의 기도하는 집이라 칭함을 받으리라."

성전의 실체는 하나님께서 예배를 받으시는 곳으로 그 존재를 정의할 수 있습니다. 그곳이 만민이 기도하는 집이라고 칭함을 받는다는 뜻은 장소의 구애를 받을 수 없다는 것을 암시하셨던 것입니다.

＊ 성전과 하나님의 나라

하나님의 집이란 하나님의 소유이며 그분의 통치 아래 있는 영역을 의미한다고 볼 수 있습니다. 하나님의 나라와 동일한 의미로도 볼 수 있습니다. 그 하나님의 나라에 대해 예수님께서는 아래와 같이 말씀하신 적이 있으십니다.

하나님의 나라가 우리 안에 있다는 의미는 우리도 하나님의 소유이며 그분의 통치권 안에 있음을 말씀하시고 계신 것입니다. 곧 우리 안에 그분의 통치 능력이 내재하고 있다는 것을 의미하며, 우리의 생각과 뜻을 감찰하고 계신다는 것을 의미하는 것입니다.

즉 우리가 마음에서 진정으로 기도하며 하나님께 경배드리고자 한다면 하나님께서는 우리의 기도와 경배를 우리 안에 있는 그분의 영광을 통해 받으시게 됩니다. 우리가 드리는 기도나 예배가 어느 특정한 장소, 지금 시대로 보면 교회 또는 기도원에 가야만 하는 것은 아니라는 것입니다.

그러나 이 말씀을 오해하지는 마시기 바랍니다. 교회나 기도원을 기피하라는 말씀은 절대로 아닙니다. 단지 가장 중요한 것은 성도 각자의 마음의 성전을 믿어야 한다는 뜻입니다. 만일 마음의 성전은 믿지 않고 어떤 교회나 기도원에 가서 성전의 의미를 찾아보려고 한다면 그것은 잘못된 신앙이라는 뜻입니다. 분명한 것은 여러 성도가 함께 모여 기도하는 곳은 그 모임을 더욱 거룩하게 합니다.

"백성을 모아 그 회를 거룩하게 하고……"(욜 2:16).

✳ 청결해야 하는 마음의 성전

즉 우선 각 개인이 마음에 성전을 인식하고 믿어야 하며 예수님께서 직접 행동으로 보여주신 것처럼 그 성전을 청결하게 하는 열심이 있어야 합니다. 하나님께서 계신 우리 마음의 성전은 거룩한 곳이기 때문에 성결하고 거룩해야 합니다.

"너희가 하나님의 성전인 것과 하나님의 성령이 너희 안에 거하시는 것을 알지 못하느뇨 누구든지 하나님의 성전을 더럽히면 하나님이 그 사람을 멸하시리라 하나님의 성전은 거룩하니 너희도 그러하리라"(고전 3:16~17).

즉 우리 각자는 하나님께서 친히 사용하시는 성전입니다. 얼마나 거룩한 지체들인지 모릅니다. 우리는 거룩한 존재로 보존되어야 합니다. 거룩하게 지어진 우리는 우리 스스로 하나님의 계명을 어겨서는 안 됩니다.

예수님께서 예루살렘 성전에 장사하는 사람들을 쫓아내신 것처럼, 우리도 우리 마음의 성전에 하나님 외에 다른 우상(세상의 재물, 출세에 대한 욕심, 이생의 자랑을 위한 명예욕, 일신의 편안함을 위한 욕심, 낭만과 희락의 추구 등)이 있는지 돌아보시고, 혹시 있다면 예수님께서 하셨던 것처럼 우리도 하나님의 성전을 청결하게 하는 결단을 하셔야 합니다.

오늘 말씀을 들은 성도님들은 우리와 같은 이방인들도 하나님께서 예배를 받으시겠다고 하셨고, 그 예배를 장소의 구애됨이 없이 우리 안에 있는 성전을 통해 받으신다는 진리의 선포를 믿고 그 성전이 늘 청결하게 유지되도록 경건한 삶을 사셔서 하나님과 동거하시는 삶이 되기를 간절히 축원 드립니다.

중생의 씻음과 성령의 새롭게 하심

"우리를 구원하시되 우리의 행한 바 의로운 행위로 말미암지 아니하고 오직 그의 긍휼하심을 좇아 중생의 씻음과 성령의 새롭게 하심으로 하셨나니"(딛 3:5).
(KJV) washing of regeneration and renewing of Holy Ghost
(NIV) washing of rebirth and renewal by Holy Spirit

우리는 우리가 하나님의 전, 즉 성전(성령의 전)이라는 사실을 깨닫고 예수님께서 채찍을 만들어 성전에서 장사하는 사람들과 돈 바꾸어 주는 사람들을 쫓아내신 것처럼 우리의 내면에 잔재해 있는 세상의 재리를 좇는 옳지 않은 것들을 마음에서 제거해야 한다는 말씀을 알게 되었습니다.

오늘은 이어서 예수님께서 예루살렘 성전을 깨끗이 하셨던 것처럼 우리 자신의 성전, 즉 마음을 깨끗하게 하는 실제적인 방법은 무엇일까? 마음의 성전이 깨끗해진 것은 무엇으로 확인되는 것일까? 그런 내면적 변화와 외적인 변화는 구원과 어떤 관계성이 있을까? 이렇게 우리가 떠올릴 수 있는 의문들에 대해 생각해 보려고 합니다.

✳ 의로운 행위는 깨끗한 양심과 올바른 마음에서 비롯된다

우리 각자의 성전, 즉 우리 내면을 깨끗이 한다는 말은 실제적으로는 우리의 양심과 마음을 올바르게 하는 것이라고 할 수 있습니다. 성경에 의하면 우리는 태어날 때 이미 양심과 마음에 흠이 있는 상태, 즉 더러운 것이 낀 상태로 태어난다고 합니다. 그렇게 태어나서 죽을 때까지 우리는 우리 양심과 마음에 낀 더러워진 것을 제거하기 위하여 사는 것이라고 합니다.

우리는 자의든 타의든 인생을 열심히 살지만, 모두 죽게 되어 있고 죽을 때는 육신을 포함한 모든 것을 남기고 영혼만 이 세상을 떠나 어디론가 가게 됩니다. 우리의 인생을 지나 최종적으로 우리의 존재를 규정짓게 되는 것은 우리의 영혼입니다. 그 영혼은 소멸하지 않는 생명을 지닌 영생하는 것임을 성경은 또한 말씀하십니다.

생명책에 기록된 자들: 새예루살렘 성에 들어가(계 21:27 중에서), 세세토록 왕노릇하리로다 (계 22:5 중에서).

생명책에 기록되지 않은 자들: 불못에 던지우더라(계 20:15 중에서), 불못: "거기에서는 구더기도 죽지 않고 불도 꺼지지 아니하느니라"(막 9:48).

즉 우리는 최후 심판으로 새 하늘 새 땅에서 살게 되거나, 불못에 던져지거나 영원히 죽지 않는 존재로 남게 되어 있습니다. 그 영혼이 육신을 지니고 있을 때의 행위대로 심판을 받게 된다고 합니다.

"각 사람이 자기의 행위대로 심판을 받고"(계 20:13 중에서).

우리가 하는 행위는 모두 우리의 양심으로 판단하고 마음으로 결정한 것을 우리 육신이 움직임으로써 나타나는 것입니다. 올바른 행위는 올바른 양심과 올바른 마음을 반영하는 외적 모습입니다. 인생의 열매를 보면 그 사람의 양심과 마음의 상태를 알 수 있게 된다는 말씀입니다. 그러므로 깨끗한 양심과 올바른 마음은 누구에게나 필요한 것이고, 태어나면서 더러워져 있고 오류가 있는 우리를 깨끗하게 하고 올바르게 회복시켜야 할 필요가 있습니다.

즉 하나님께서 성령을 통해 우리 안에 함께 계시지만, 우리의 양심과 마음이 깨끗해지고 회복이 되지 않고서는 그곳에 하나님의 영광은 빛을 제대로 발하지 못하게 되고, 그 생명의 원동력도 선하지 않은 행위로 나타나게 됩니다. 그러므로 우리는 깨끗해져야 하며 또한 그 오류가 있는 곳이 원상 복구되어야 합니다.

이 말씀이 오늘 본문의 말씀입니다.

"우리를 구원하시되 우리의 행한 바 의로운 행위로 말미암지 아
니하고 오직 그의 긍휼하심을 좇아 중생의 씻음과 성령의 새롭
게 하심으로 하셨나니."

우리의 의로운 행위는 우리의 깨끗해진 양심과 회복된 마음에서
기인하는 것입니다. 그런 자발적인 의지로 나타난 의로운 행위로 구
원받는 것이 아니고 오직 은혜로 받게 되는 거듭 태어남으로 깨끗해
진 양심과 마음, 그리고 성령으로 완전히 새로운 피조물이 되게 하
심 때문에 구원받는다는 말씀입니다.

"우리를 구원하시되 우리의 행한 바 의로운 행위로 말미암지 아
니하고……."

✳ 하나님의 긍휼하심으로
양심의 청결과 마음의 회복이 이루어진다

그런데 양심과 마음의 청결과 회복은 우리 의지로 될 일이 아니
라는 데 문제가 있습니다. 우리가 의지의 채찍을 들어 굴복시킬 수
있는 것은 육신일 수 있지만, 육신은 무릎 꿇고 있어도 생각과 뜻은
통제할 수 없는 것을 우리는 우리의 내면을 보면 알 수 있습니다.

겉으로는 선한 척해도 마음속으로는 악한 마음을 품고 여러 가지 죄악된 것들을 생각할 수 있다는 것입니다. 그러므로 예수님께서는 마음으로 저지르는 죄에 대해서 아주 강하게 경고하셨습니다.

"옛 사람에게 말한 바 살인치 말라 누구든지 살인하면 심판을 받게 되리라 하였다는 것을 너희가 들었으나 나는 너희에게 이르노니 형제에게 노하는 자마다 심판을 받게 되고 형제를 대하여 라가라 하는 자는 공회에 잡히게 되고 미련한 놈이라 하는 자는 지옥 불에 들어가게 되리라"(마 5:21~22).
"또 간음치 말라 하였다는 것을 너희가 들었으나 나는 너희에게 이르노니 여자를 보고 음욕을 품는 자마다 마음에 이미 간음하였느니라"(마 5:27~28).
"또 네 이웃을 사랑하고 네 원수를 미워하라 하였다는 것을 너희가 들었으나 나는 너희에게 이르노니 너희 원수를 사랑하며 너희를 핍박하는 자를 위하여 기도하라"(마 5:43~44).

즉 겉으로 나타난 행위로는 선악을 판단할 수 없으며 곧 마음으로 생각하고 있는 상태(작심한 것)가 중요하다는 말씀이었습니다. 곧 우리 사이에는 알아차리지 못할 수도 있는 마음의 죄를 유발하는 악을 제거해야 한다는 말씀이기도 합니다.

그러나 이 마음의 상태를 죄를 짓는 악한 상태에서 선한 일을 하는 상태로 되돌리는 일은 우리의 의지로 되는 것이 아니라 하나님의

긍휼하심으로 이루어지게 됩니다. 오늘 본문의 후반부가 그런 말씀
을 전하고 있습니다.

"우리를 구원하시되 우리의 행한 바 의로운 행위로 말미암지 아
니하고 오직 그의 긍휼하심을 좇아 중생의 씻음과 성령의 새롭
게 하심으로 하셨나니."

✽ 중생의 씻음과
성령의 새롭게 하심의 역사

하나님께서 우리를 긍휼하게 생각하시면서 우리에게 베푸신 은
혜는 '중생의 씻음과 성령의 새롭게 하심'입니다. 우리의 의지로는
겉으로 선한 행위들을 할 수 있지만, 우리의 양심과 마음이 동의하
여 행해지는 선한 행위는 양심과 마음의 깨끗함을 받은 절대적인 회
복이 없이는 일어날 수 없습니다.

그렇게 양심이 깨끗해지는 것은 우리가 거듭 태어나는 역사로
가능하며, 마음이 선하게 회복되는 역사는 성령께서 우리의 마음을
새롭게 해 주셔야 합니다.

"오직 그의 긍휼하심을 좇아 중생의 씻음과 성령의 새롭게 하심
으로 하셨나니."

니고데모라는 관원이 어느 날 밤, 예수님을 찾아와서 예수님으로부터 사람이 거듭 태어나지 않고서는 하나님 나라를 볼 수 없을 것이라는 말씀을 듣게 됩니다. 그러자 니고데모는 "사람이 어떻게 다시 모태로 들어가서 다시 태어날 수 있습니까?"라고 묻습니다.

그러자 예수님께서는 "물과 성령으로 거듭 태어나는 것"을 말하는 것이라고 설명해 주십니다. 바로 이렇게 예수님께서 말씀하신 '물과 성령으로 거듭 태어나는 것'을 오늘 본문은 인용하고 있습니다.

중생의 씻음(washing of regeneration):

물로 세례받음으로 과거의 모든 자범죄를 용서받고 새로운 생활을 시작하는 것을 의미합니다. 중생의 체험은 새로운 생활이 외적으로 나타납니다. 세례를 받고 이런 외적 변화가 일어나지 않는 이유는 믿음이 없이 세례를 받기 때문입니다. 곧 중생의 씻음을 받으면 생활에 외적인 변화가 뚜렷이 나타나게 됩니다.

성령의 새롭게 하심(renewal: 갱신, reset의 개념):

성령이 우리의 영혼을 새롭게 하시는 것을 의미합니다. 마치 바이러스로 오작동하던 컴퓨터에 바이러스 백신 소프트웨어로 치유되어 올바르게 작동하는 컴퓨터와 같이 우리의 양심과 마음이 성령의 역사하심으로 어두운 곳은 성령의 빛으로 밝아지고 왜곡된 곳은 펴지며 더러운 곳은 깨끗해지는 역사가 일어나는 것을 의미합니다. 곧 인간의 내면적 갱신을 의미합니다.

이와 같이 외적 변화와 내적 변화가 일어날 때 우리는 구원에 이를 수 있게 됩니다. 그 순서는 믿음으로 세례를 받아 거듭 태어나고 성령으로 새로워짐으로써 그 증거가 삶 속에서 나타나게 됩니다.

구원은 내적 변화를 일으키는 믿음으로 이루어집니다. 그 구원 받은 믿음의 증거가 성도의 삶 속에서 선한 일을 행하는 것으로 나타나게 됩니다. 선한 일을 행하는 것은 믿음의 결과적 산물이며 구원의 실제적 증거입니다.

오늘 하나님의 말씀을 들은 저와 여러분은 하나님의 사랑을 믿고 간구하심으로 믿음으로 거듭 태어나고 성령으로 새롭게 하심을 받아 새 하늘 새 땅에서 영생을 누리게 되시기를 간절히 축원 드립니다.

용서와 의
(Forgiveness and Righteousness)

"그러므로 율법의 행위로 그의 앞에 의롭다 하심을 얻을 육체가 없나니 율법으로는 죄를 깨달음이니라 이제는 율법 외에 *하나님의 의가 나타났으니 율법과 선지자들에게 증거를 받은 것이니라 곧 예수 그리스도를 믿음으로 말미암아 모든 믿는 자에게 미치는 하나님의 의니 차별이 없느니라"(롬 3:20~22).

* Righteousness from God

여러분은 태어나서 지금까지 하나님, 천사 또는 마귀 등의 단어들을 복음을 통해서가 아니더라도 수없이 들어오셨을 것입니다. 그런 존재들을 본 사람이 우리 주변에는 없는데 왜 그런 존재들에 관한 이야기는 끊임없이 이어져 내려오고 있을까요?

우리는 기록된 인류의 역사 외의 시대와 역사가 있었을 것이라는 짐작은 할 수 있습니다. 왜냐하면 화석이나 땅속 또는 바닷물 속에 가려졌던 옛 문명의 유적(자취)들을 발견함으로써 분명 인류가 기록으로 남겨 놓은 역사 외에 많은 역사가 존재했음을 알 수 있기 때문입니다.

하나님의 존재도 마찬가지 원리로 복음이 전해지지 않은 곳의 사람들도 먼 옛날 선조들로부터 전해지는 전지전능하신 하늘에 계신 누군가를 향해 경배드림으로 하나님의 존재를 알고 있음이 간접적으로 증명되고 있습니다. 이와 마찬가지로 우리가 이런저런 경로로 마귀에 관한 이야기를 듣게 되는 것으로 마귀도 존재한다는 것을 알 수 있습니다.

"아니 땐 굴뚝에 연기 나랴?"라는 속담이 있습니다. 결과적으로 나타난 이 세상의 현상에는 그 원인이 반드시 존재한다는 뜻입니다. 복음을 전해 듣지 못했던 우리의 조상들도 아주 다급한 상황이 벌어지면 "아이고, 하나님!"하고 하늘에 계신 그분께 하소연도 하고 도와 달라고 빌기도 합니다. 그 초인간적인 존재의 실체는 모르지만, 어쨌든 그 초인간적이고 천지를 다스리는 누군가를 우리의 아주 먼 선조들은 알고 있었다고 생각할 수 있습니다.

마귀도 마찬가지입니다. 우리의 선조들은 물론 지금도 마귀의 농간을 의식하여 굿도 하고 부적도 만들어서 사용하는 이들이 있습니다. 이 경우도 아주 먼 선조들로부터 마귀라는 존재를 전해 들어 왔다고 추측할 수 있는 것이며, 그 마귀라는 것의 존재에 대한 증거를 뒷받침한다고 말할 수 있는 것입니다. 아무도 보지 못하고 알지 못하는 마귀라는 존재를, 성경도 없는 그 먼 옛날부터 알고 있다는 것이 바로 그런 증거입니다.

다른 식으로 이야기하면, 우리의 아주 먼 선조들은 아담의 후손이었을 것이고 하나님을 아는 그 아담, 마귀를 아는 그 아담으로부터 우리의 먼 조상들은 그 이야기를 듣고 후손들에게 전해주었던 것이라고 말할 수 있는 것입니다.

이 세상에는 분명히 하나님께서 존재하시고 마귀와 그들의 수괴인 사단(Satan)이 있다고 성경에도 기록되어 있습니다.

"하루는 하나님의 아들들이 와서 여호와 앞에 섰고 사단도(Satan)도 그들 가운데 왔는지라"(욥 1:6).

그렇기 때문에 아래 성경에서 말씀하시는 내용처럼 온 인류는 하나님의 자녀와 마귀의 자녀로 구분되어 내려왔다는 것이 믿어지는 것입니다.

"이러므로 하나님의 자녀들과 마귀의 자녀들이 나타나나니 무릇 의를 행치 아니하는 자나 또는 그 형제를 사랑치 아니하는 자는 하나님께 속하지 아니하니라"(요일 3:10).

하나님께 대적하는 그 마귀들이 호시탐탐 노리는 것은 하나님의 자녀들입니다. 하나님을 대적하는 것의 최종 목표는 곧 하나님의 자녀들을 타락, 멸망시키는 일입니다. 부모로서 가장 마음 아픈 일은 자녀들이 부모에게 순종하지 않고 불손하게 행동하는 것입니다.

이와 마찬가지로 마귀가 하나님의 마음을 아프게 하는 가장 강력한 수단으로 사용하는 것이 하나님의 자녀를 실족하게 하여 죄인으로 타락시키는 것입니다. 마귀는 이 세상 끝날까지 하나님의 자녀, 하나님의 계명을 지키는 자들을 찾아 멸망시키려고 안간힘을 쓰게 될 것이라고 성경은 증언하고 있습니다.

"용이 여자에게 분노하고 돌아가서 그 여자의 남은 자손 곧 하나님의 계명을 지키며 예수의 증거를 가진 자들로 더불어 싸우려고 바다 모래 위에 섰더라"(계 12:17).

이 세상에서 하나님의 계명을 100% 지킬 수 있는 사람은 없습니다. 그러나 죄에 대하여 용서받고 의롭다고 인정받는 방법을 하나님께서는 마련해 주셨습니다. 바로 예수 그리스도의 대속제사를 믿고 그 대속제사를 통해 우리의 죄가 용서받았음을 믿는 것입니다. 그렇게 용서를 받았다고 믿음으로 수여되는 것이 바로 하나님께서 주시는 의(righteousness)입니다.

이 의는 율법을 지켜서 이루어지는 것이 아닙니다. 율법을 다 지킬 수 있는 사람은 없을 뿐 아니라 우리의 원조상인 아담의 죄가 씻어지지 않은 상태에서 우리 후손들이 태어났기 때문입니다. 하나님께서 의롭다고 인정하지 않은 상태로 태어났다는 말입니다.

그것을 우리는 원죄라고 부릅니다. 우리의 원조상인 아담이 지은 죄를 해결하는 방법은 예수 그리스도의 보혈의 피로 대가를 치르는 방법밖에는 없습니다. 죄는 하나님과 인간과의 관계에서 해결해야 할 문제입니다. 잘못을 저지르는 인간이 죄를 용서받는 방법은 죄를 용서하시는 하나님의 방법을 따라야 하는 것은 자명한 사실입니다.

하나님께서 우리의 죄를 용서하시는 방법으로 제시한 것이 바로 예수 그리스도의 십자가의 속죄 제사였습니다. 성경이 전하는 진리이므로 우리가 이 속죄 제사를 믿는 것이 죄를 용서받는 유일한 방법이 되는 것입니다.

율법이 아니라 하나님께서 제시하신 방법을 믿는 것으로 의롭다 인정받는 것만이 우리의 죄를 깨끗하게 하는 유일한 방법임을 믿어야 합니다. 그 방법은 이미 오래전 율법의 내용과 선지자들의 증언을 통해 진리임이 증명된 사실입니다. 그 말씀이 오늘 본문의 말씀입니다.

"그러므로 율법의 행위로 그의 앞에 의롭다 하심을 얻을 육체가 없나니 율법으로는 죄를 깨달음이니라 이제는 율법 외에 *하나님의 의가 나타났으니 율법과 선지자들에게 증거를 받은 것이니라 곧 예수 그리스도를 믿음으로 말미암아 모든 믿는 자에게 미치는 하나님의 의니 차별이 없느니라"(롬 3:20~22).

* Righteousness from God

우리는 너나없이 모두 죄인인 상태로 태어나기 때문에 율법에 비추어 보면 모두 다 죄인임을 부인할 수 없습니다. 일반적으로도 죄를 저지른 사람은 그 죄에 해당하는 처벌을 받아 용서받게 됩니다.

그러나 그 죄에 대하여 더 묻지는 않지만, 여전히 그는 전과자로 남아있게 됩니다. 이와 유사하게 우리도 모두 하나님 앞에 죄인인 까닭에 그 죄인인 신분을 용서받는 것이 필요합니다. 그 용서는 하나님께서 마련하신 예수 그리스도의 속죄 제사를 믿는 것으로 받게 되어 있습니다.

그러나 여전히 우리는 죄인인 신분으로 살 수밖에 없는데 그 신분의 변화는 하나님의 의(Righteousness from God)를 받는 것으로 가능합니다. 하나님의 의는 누가 토를 달 수 없을 정도로 완벽합니다. 그 완벽한 하나님의 의를 예수 그리스도를 믿는 모든 사람에게 수여하신다고 말씀하고 계십니다. 믿는 사람에게는 각자의 의가 아니라 다 같은 하나님의 의를 수여하여 하나님의 의로 입혀주신다는 뜻입니다.

오늘 본문을 다시 읽어 드리면,

"그러므로 율법의 행위로 그의 앞에 의롭다 하심을 얻을 육체가 없나니 율법으로는 죄를 깨달음이니라 이제는 율법 외에 *하나님의 의가 나타났으니 율법과 선지자들에게 증거를 받은 것이니라 곧 예수 그리스도를 믿음으로 말미암아 <u>모든 믿는 자에게 미치는 하나님의 의니 차별이 없느니라</u>"(롬 3:20~22).
* Righteousness from God ~to all who believe (NIV)
~unto all and upon all them that believe (KJV)

우리의 행위로는 의롭다 함을 얻을 육체는 없으나 예수 그리스도를 믿음으로 하나님의 의, 완벽한 의를 받아 의로운 자로 인정받을 수 있습니다.

바닥에 울퉁불퉁한 바위가 있는 호수에 물이 차오르면 그 호수는 평평한 수면을 이루어 수면 아래의 모든 울퉁불퉁한 바위가 어떤 모양이든 관계없이 어디나 다 같은 거울 같은 수면이 되는 것처럼 말입니다.

혹시 이 말씀을 듣는 여러분 중 자신이 과거에 지은 죄로 자책하는 분이 있으시다면 오늘 이 말씀으로 위안받으시기 바랍니다. 누구할 것 없이 하나님의 말씀 앞에 죄인이며 오직 하나님의 의로 깨끗이 용서받게 되어 있습니다. 그렇게 하나님의 의를 받는 방법은 우리를 위해서 십자가에서 돌아가신 예수님을 믿는 것임을 마음에 새기시고 소망으로 붙드시기 바랍니다. 그 소망이 마귀가 날뛰는 이 험한 세상에서 우리가 넉넉히 이기게 할 것입니다.

　　예수 그리스도가 우리의 죄를 씻기 위하여 하나님께서 제시하신 방법대로 대속제물로 자신의 몸과 피를 드렸습니다. 하나님께서는 그 제사를 받으시고 우리에게 거룩하신 하나님의 의를 입혀 주시기 위하여 손을 내밀고 계신다는 사실을 잊지 마시기 바랍니다.

　　오늘 하나님의 말씀을 들은 저와 여러분은 오늘의 말씀을 소망 삼아 이 세상을 살아가면서 이제 실망과 좌절, 후회와 낙심의 자리에서 벌떡 일어나서 손을 내밀어 하나님께서 수여하시는 의를 받으시기를 간절히 축원 드립니다.

죽음과 구원

"나의 간절한 기대와 소망을 따라 아무 일에든지 부끄럽지 아니하고 오직 전과 같이 이제도 온전히 담대하여 살든지 죽든지 내 몸에서 그리스도가 존귀히 되게 하려 하나니 이는 내게 사는 것이 그리스도니 죽는 것도 유익함이니라"(빌 1:20~21).

우리 민족은 대대로 추석 명절을 지켜 왔습니다. 추석은 음력으로 8월 15일이고, 보름달이 유난히 큰 날입니다. 즉 달이 지구에 가까이 접근하는 날입니다.

추석의 중요한 의미는 큰 보름달을 보면서 소망을 품게 되는 것이고, 또 풍요로운 수확을 주신 하나님께 감사하는 것입니다. 빼놓을 수 없는 의미는 가족이 모여서 가족 간의 정을 나누고 조상님들을 기리는 일입니다.

간혹 기독교인 중 죽은 사람들의 시신에 대하여 경하게 여기고 심지어는 장례식장에서 우는 것을 믿음이 없어서 그렇다는 식으로 이야기하는 분들이 있습니다. 그것은 잘못된 신앙에서 기인하는 것임을 오늘 말씀으로 깨닫게 되기를 기원합니다.

＊ 묘지의 중요성

창세기에 믿음의 조상 아브라함이 그의 아내 사라를 장사 지내기 위해서 가족 묘지를 마련하는 이야기가 나옵니다.

"아브라함이 에브론의 말을 좇아 에브론이 헷 족속의 듣는데서 말한 대로 상고의 통용하는 은 사백 세겔을 달아 에브론에게 주었더니 마므레 앞 막벨라에 있는 에브론의 밭을 바꾸어 그 속의 굴과 그 사방에 둘린 수목을 다 성문에 들어온 헷 족속 앞에서 아브라함의 소유로 정한지라 그 후에 아브라함이 그 아내 사라를 가나안 땅 마므레 앞 막벨라 밭 굴에 장사하였더라(마므레는 곧 헤브론이라) 이와 같이 그 밭과 그 속의 굴을 헷 족속이 아브라함 소유 매장지로 정하였더라"(창 23:16~20).

곧 아브라함은 그가 사고자 했던 땅의 주인(또는 권리자)으로부터 그들 중에 거하는 하나님의 (방백)종이라는 이유만으로도 원하는 땅에 대가 없이 매장할 권리가 있다는 이야기를 듣습니다. 그러나 아브라함은 굳이 돈을 주고 매장지를 사고 그 곳에 가족 묘실을 준비합니다.

곧 아브라함은 에브론의 배려가 후대에는 잊히게 될 것을 예견했다고도 볼 수 있습니다. 그렇게 함으로써 아브라함은 후손들에게 대대로 가족 묘실을 보존할 명분을 마련해 줍니다. 즉 가족 묘지 또는 선산이라고 불리는 곳이나 요즈음의 공원묘지 등은 성경적으로도 매우 중요하게 보존되어야 하는 장소들입니다.

✳ 가족 묘지의 중요성

성경에서 가족 묘지의 중요성에 관한 이야기를 여러 곳에서 찾아볼 수 있는데, 우선은 야곱의 장례 이야기를 들 수 있습니다. 야곱이 죽은 땅은 아들 요셉이 총리로 있는 애굽이었습니다. 아들 요셉이 총리로 있는 애굽에서 성대한 장례식과 함께 훌륭한 묘실을 장만하여 묻힐 수 있었던 야곱이었습니다.

그러나 야곱은 할아버지 아브라함과 부친인 이삭이 묻힌 가족 묘지에 본인을 장사 지내 달라고 유언합니다. 유언할 때 자신의 시신을 가나안 땅의 가족 묘실에 안치할 것을 아들인 요셉에게 맹세시킨 바 있습니다. 그만큼 이스라엘의 조상인 야곱에게는 자신의 시신이 가족 묘지에 묻히는 것이 중요했습니다. 이 사실을 성경은 아래와 같이 기록으로 전하고 있습니다.

"우리 아버지가 나로 맹세하게 하여 이르되 내가 죽거든 가나안

땅에 내가 파서 둔 묘실에 나를 장사하라 하였나니 나로 올라가
서 아버지를 장사하게 하소서 내가 다시 오리이다 하라 하였더
니”(창 50:5).

애굽의 바로도 묘지의 중요성, 조상에 대한 중요성을 인식하고
있었던 사람이었기 때문에 요셉이 부친 야곱을 장사 지내러 다녀오
도록 허락합니다. 대단한 일 아닙니까? 요셉이 애굽의 총리이고 그
의 온 가족이 애굽에 이주해서 사는 상황에서 가족 묘지에 장사 지
내기 위하여 막중한 국가 대소사를 막론하고 가나안으로 긴 여행을
다녀오도록 허락했으니 말입니다.

＊ 장례식에서 우는 문제

요셉의 부친 야곱이 죽었을 때 애굽 사람들이 칠십 일 동안 곡을
했다고 성경은 전합니다. 즉 하나님의 사람 요셉도 부친과의 이별의
슬픔을 공식적으로 표현했습니다. 그가 부친을 장사 지내기 위하여
가나안에 도착했을 때 아래와 같이 애곡했다고 전합니다.

“그들이 요단강 건너편 아닷 타작마당에 이르러 거기서 크게 호
곡하고 애통하며 요셉이 아비를 위하여 칠 일 동안 애곡하였더
니”(창 50:10).

믿음의 사람을 꼽으라면 빼놓을 수 없는 요셉은 부친의 시신을 두고 이렇게 슬프게 칠 일을 울었습니다. 요셉과 같은 영적 거장도 부모의 죽음 앞에 심적, 영적 충격을 받지 않을 수 없었던 것이며, 눈물과 애곡은 오히려 자제할 수 없는 자연스러운 표현이었다고 말할 수 있습니다.

저도 개인적으로 어머님의 소천 소식을 들었을 때 다리에 힘이 풀려 그 자리에 주저앉았던 기억이 생생합니다. 호주에서 한국의 장례식장으로 가는 여정 내내 멈출 수 없었던 눈물과 슬픔을 지금도 기억합니다.

✳ 믿음의 사람들과 가족 묘지

'작은 그리스도' 라고까지 일컬어지는 믿음의 거장, 요셉도 이 땅의 육신적 삶과 죽은 시신에 대한 중요성을 유언을 통해 아래와 같이 강조했습니다.

"요셉이 또 이스라엘 자손에게 맹세시켜 이르기를 하나님이 정녕 너희를 권고하시리니 너희는 여기서 내 해골을 메고 올라가겠다 하라 하였더라 요셉이 일백십 세에 죽으매 그들이 그의 몸에 향 재료를 넣고 애굽에서 입관하였더라"(창 50:25~26).

요셉도 자신의 유골을 가나안의 가족 묘지에 안치해 달라는 유언을 함으로써 가족 묘지의 중요성을 강조하고 있습니다. 실제로 400년 후에 출애굽 할 때 그의 유골을 후손들이 수습하여 아브라함이 마련했던 가나안 가족 묘지에 안장시켜 줍니다. 죽음으로 영혼은 육신을 떠나 하나님의 손에 맡겨집니다.

그러나 이 땅에 남겨진 육신은 결코 소홀히 취급되어서는 안 됩니다. 영혼이 떠난 시신은 그 사람 생애의 육신적인 열매를 상징한다고 볼 수 있습니다. 그래서 죽은 시신의 표정을 살펴보고 이런저런 평가를 하기도 하는 것이 아닐까요?

✽ 생애의 열매로서의 시신

다윗은 그가 이룬 통일 이스라엘의 상징이었던 다윗성에 왕족의 묘실을 마련하여 그 자신과 후대들의 가족 묘지를 준비합니다. 다윗, 솔로몬 그리고 르호보암 등 대대로 이 다윗의 묘실에 시신을 보관합니다. 그러나 왕족의 계보 중 다윗의 묘실에 들어가지 못하는 왕들도 있었던 것을 성경은 또한 전합니다.

그들은 모두 공통점이 있는데 그것은 하나님의 뜻에 어긋난 행동을 한 사람들이었습니다. 즉 하나님에 대한 믿음이 없는 왕들은 그들의 열조의 묘실에 들어가지 못했습니다.

그중 한 예로 여호람이라는 왕이 있었습니다. 그는 자기 형제들을 죽이고 하나님이 보시기에 악을 행하였습니다. 그가 창자에 큰 병이 들어 죽었는데 그는 열왕의 묘실에 들어가지 못했습니다.

"여호람이 삼십이 세에 즉위하고 예루살렘에서 팔 년 동안 다스리
다가 아끼는 자 없이 세상을 떠났으며 무리가 그를 다윗성에 장
사하였으나 열왕의 묘실에는 두지 아니하였더라"(대하 21:20).

여호람은 생애의 육신적인 열매라고 할 수 있는 시신이 호의적
인 대접을 받지 못했습니다. 그의 생애에서 거둔 육신적인 열매는
소중한 것으로 취급되지 못했습니다. 우리가 죽음으로 이 땅에 남길
시신도 마찬가지입니다. 우리가 육신을 입고 사는 동안에 하나님과
의 관계와 사람들 사이의 화목함이 우리 영혼이 떠난 육신이 받게
될 처지가 될 것입니다.

* 영혼과 육신의 관계

곧 우리와 돌아가신 조상과의 연결 끈은 하나님께서 관여하시는
일이나 이 땅의 일(장사, 묘)은 사람에 관한 일이니 이것도 중히 여
기고 저것도 중히 여겨야 합니다.

오늘 본문 말씀은 바로 우리가 영혼과 육신에 대하여 어떻게 생
각하고 살아야 할지에 대하여 말씀하고 계십니다.

"나의 간절한 기대와 소망을 따라 아무 일에든지 부끄럽지 아니
하고 오직 전과 같이 이제도 온전히 담대하여 살든지 죽든지 내
몸에서 그리스도가 존귀히 되게 하려 하나니 이는 내게 사는 것

이 글을 기록한 사도 바울은 예수 그리스도에 대한 믿음을 가지고 죽는 것이 유익한 일임을 알고 있었지만, 한 편으로는 그렇게 죽는 것은 자신이 육신적으로 살아서 하나님의 영광을 나타내고 은혜를 전하는 일이 종식된다는 것 때문에 고민했습니다.

그래서 그는 사는 것도 죽는 것도 다 그의 몸을 통해 나타나는 그리스도의 존귀를 나타내는 일이라는 것을 전하고 있습니다. 곧 사는 것도 죽는 것도 모두 그리스도를 위한 일임을 역설했습니다.

우리도 마찬가지입니다. 우리가 믿음을 지키고 있을 때 죽으면 좋겠다고 생각할 수도 있으나 죽어 천국에 가는 것만이 능사는 아닙니다. 육신을 지니고 이 세상을 사는 것도 그리스도를 위하여 사는 것으로 큰 의미가 있습니다.

믿음은 우리의 구원을 약속합니다. 믿음의 실천은 우리의 상급을 약속합니다. 곧 우리는 육신을 지니고 사는 동안에 믿음의 실천을 하는 것이 성도의 올바른 자세이며 현명한 일입니다.

곧 예수를 위하여 죽는 것도 유익한 일이지만, 살아서 예수를 존귀하게 하는 일에도 열심을 다해야 합니다. 영적인 삶도 중요하게 생각하고 실제적인 삶에서도 믿음의 실천을 이루며 살아야 합니다.

조상님들과의 관계도 마찬가지입니다. 영혼적인 문제는 하나님의 권한에 속한 일입니다. 그러나 이 땅에 남겨진 조상들의 시신과 묘지에 대한 문제는 우리가 실천해야 할 일들입니다. 성경적으로 그 일은 매우 중요한 일이며, 정성을 들여야 하는 일입니다. 요셉은 부친 야곱의 시신을 향 재료를 넣어 준비하는 데 사십 일이 걸릴 정도로 세심하게 정성을 다하도록 지시했습니다. 국민장에 버금가도록 애굽 사람들이 칠십 일을 곡하도록 했습니다.

오늘 이 말씀을 들은 저와 여러분은 이를 마음에 새기고 선조들이 두고 간 육신과 그분들이 묻힌 묘소를 진심으로 중요하게 생각하고, 하늘에서 곧 만날 선조들을 인식하고 사시기 바랍니다. 그것이 곧 '네 부모를 공경하라' 는 하나님 계명의 연장이며 믿음의 실천임을 깨닫고 사시는 복된 성도의 삶이 되시기를 간절히 축원 드립니다.

성경과 효도

"만일 어떤 과부에게 자녀나 손자들이 있거든 저희들이 먼저 자기 집에서 효를 행하여 부모에게 보답하기를 배우게 하라 이것이 하나님 앞에서 받으실 만한 것이니라"(딤전 5:4).
(NIV) But if a widow has children or grandchildren, these should learn first of all, to put their religion into practice by caring for their own family and so repay their parents and grandparents, for this is pleasing to God.

성경에는 가족 이야기가 참 많습니다. 그만큼 가족이라는 공동체 단위는 하나님께도 중요합니다. 인류 역사는 아담과 하와라는 부부로부터 시작한 것으로 미루어 가족이 가장 원초적인 공동체로서 중요하다는 것을 알게 됩니다.

실제로 부부로 이루어진 한 가정으로 땅을 정복하고 모든 생물을 다스리는 일들을 이루시기에 부족하지 않았다는 역사적인 사실로 미루어 가정의 생명력은 이 땅에서 하나님의 뜻을 이루는 아주 중요한 근간임을 증명하고 있습니다.

하나님께서는 성경의 가장 핵심적인 부분(구약)을 이스라엘 민족의 역사로 채우셨습니다. 이스라엘이라는 민족은 아브라함과 이삭을 조상으로 하는 부모의 뜻을 따랐던 야곱이라는 한 사람의 가족들이며 후손들입니다. 성경은 종종 예수 그리스도에 관한 내용이라고도 하는데 예수님도 인간적 계보로는 아브라함의 후손이요, 야곱의 후손입니다.

성경 대부분은 한 가족의 이야기로 채워져 있다고 해도 과언이 아닙니다. 우리 가정의 일상에서 일어나는 변화무쌍한 사건들에는 바로 하나님의 뜻이 내재되어 있습니다. 곧 어떤 가정이라도 하나님으로서는 하나님의 역사를 대행하는 중요한 역할을 하고 있다는 것입니다.

오늘 채택한 하나님의 말씀은 그 당시 사도 바울이 에베소 교회에서 목회하던 디모데에게 목회 지침으로 보낸 서신의 일부입니다. 사도 바울이 활동하던 초대 교회 시대에는 아직 기독교 교리가 잘 정립되지 않은 상태였기 때문에 어설프게 전해 들은 복음을 잘못 전하는 이단도 많았고, 공동체에서도 일종의 종교개혁으로 인한 오해의 여지가 많았기 때문에 이 서신을 보내게 되었습니다.

오늘 본문은 공동체에서 나이가 육순이 넘어 혼자가 된 과부를 교회가 어떻게 대해야 하는가에 대한 지침입니다. 간단히 이야기하면 과부의 가족이 있는 경우에는 그 가족이 과부를 돌보는 것이 지극히 당연하다는 내용입니다. 오늘은 이 말씀을 통해 그렇게 해야 하는 것이 왜 당연한지를 듣고 또 현실적으로는 어떻게 대처해야 하는지에 대하여 피차 은혜를 나누고자 합니다.

오늘 본문을 보면 "하나님 앞에 받으실 만한 것이니라."라고 끝맺고 있습니다. 이 부분을 영어 성경으로 보면 그 뜻이 조금 더 와닿습니다.

NIV: This is pleasing to God.
KJV: That is good and acceptable before God.

곧 하나님께서 좋은 일이라고 인정하시기 때문에 기뻐하시는 일이라는 뜻입니다. 무엇이 그렇게 하나님께서 좋게 여기셔서 인정하시고 기뻐하시는 일인지는 오늘 본문 앞에서 설명하고 있습니다.

"먼저 자기 집에서 효를 행하여 부모에게 보답하기를 배우게 하라."

이 말씀도 영어 성경으로 보면 그 뜻이 더 확실하게 전달됩니다.

NIV: these learn first of all, to put their religion into practice by caring for their own family and so repay their parents and grandparents.

KJV: let them learn first to show piety at home, and to requite their parents.

곧 부모와 할머니 할아버지에게 효를 행하고 보답하며 사는 것을 후손들에게 배우게 하는 것이 하나님께서 선하게 생각하셔서 인정하시고 기뻐하시는 일이 된다는 것입니다.

우리나라도 전통적으로 가정에서 효를 가장 중요한 덕으로 꼽는데 하나님께서도 부모님께 효도할 것을 먼저 원하고 계신 것입니다(헌신과 헌물도 하나님께서 기뻐하시는 것이 되려면 부모 공경부터 해야 합니다).

예수님께서도 그 당시 형식을 중요시하는 바리새인과 서기관들에게 이 부분에 대해 교훈하신 적이 있으십니다.

하루는 바리새인과 서기관들이 보는 앞에서 제자들이 손을 씻지 않고 음식을 먹는 것을 지적하여 흉을 봅니다. 예수님은 그런 형식에 매인 바리새인과 서기관들에게 비유적인 예를 들어 교훈하십니다. 그 당시 그들의 법으로는 예물을 하나님께 드리는 것이 최우선이었기 때문에 그 드리려는 예물이 부모님에게 꼭 필요한 것인데도 불구하고 우선 하나님께 드리곤 했나 봅니다.

예수님께서는 예를 들어 그렇게 부모님께 드리면 좋은 예물을 하나님께 갖다 드린다고 제단에 드리는 것은 옳지 못한 것이라고 교훈하십니다. 사람들이 만든 법과 규칙을 하나님의 계명인 "네 부모를 공경하라."라는 계명보다 우선하여 지키려 하는 것은 잘못된 것이라는 교훈이었습니다.

사람들이 세운 법보다 하나님의 뜻을 먼저 헤아리는 지혜가 필요하다는 말씀이었습니다. 하나님의 뜻은 십계명에 부모 공경을 사람들 사이에서 지켜야 할 첫 번째 계명으로 언급하신 것으로 효도의 중요성을 분명히 천명하고 계신 것입니다.

우리가 크리스천이라고 한다면, 그래서 하나님을 믿는 자로 살려고 한다면, 우리는 우리 자신에게 "부모 공경의 계명을 잘 지키고 있는 것일까?"라고 자문하고 점검해 보아야 합니다.

우리 자신이 효도를 받으려면 우리가 효도를 솔선수범해야 하며, 효도하는 것이 하나님의 명령이라는 것을 세대 간에 함께 인식하는 것이 필요합니다. 우리 모두 나이가 들어 노인이 되고 또한 배우자가 먼저 세상을 떠나 혼자가 될 때가 있을 텐데 그때 우리 자신을 자식들에게 의탁하게 되는 것은 자연스러운 것이며 자녀들에게 하나님의 계명을 지키게 하는 일도 된다는 것을 세대 간에 공감해야 합니다.

그것은 체면이나 의무감의 문제가 아니라 바로 하나님의 명령이기 때문입니다. 우리도 그렇게 부모 공경을 실천해야 하고 자녀들에게도 그것이 옳은 것이고 하나님께서 기뻐하시는 일이라는 사실을 교육할 필요가 있습니다. 부모를 공경하라는 계명을 좀 더 구체적으로 이해하고 이해시킬 필요가 있다는 것입니다.

이런 의미를 생각하면서, 오늘 본문을 함께 읽도록 합시다.

"만일 어떤 과부에게 자녀나 손자들이 있거든 저희들이 먼저 자기 집에서 효를 행하여 부모에게 보답하기를 배우게 하라 이것이 하나님 앞에서 받으실 만한 것이니라"(딤전 5:4).

성경에서는 하나님 말씀을 자녀들에게 잘 가르치는 것이 바로 후손들이 복 받게 하는 방법이라고 말씀하십니다(신 6:5~7).

"너는 마음을 다하고 성품을 다하고 힘을 다하여 네 하나님 여호와를 사랑하라 오늘날 내가 네게 명하는 이 말씀을 너는 마음에 새기고 네 자녀에게 부지런히 가르치며 집에 앉았을 때에든지 길에 행할 때에든지 누웠을 때에든지 이 말씀을 강론할 것이며."

즉 하나님의 말씀으로 훈육하는 삶이 후손들에게 귀중한 유산이 된다는 말씀입니다. 그도 그럴 것이, 천지를 지으시고 우주를 주관하시는 하나님을 알게 되어 경외하고 순종해야 하나님의 법칙대로 순조로운 삶이 되고 종국에는 구원에 이르게 될 것이기 때문입니다. 그만한 복이 이 세상에 또 있을까요?

오늘 본문은 매우 간단한 말씀입니다. 부모는 부모 공경을 자녀들에게 가르치라는 것입니다. 부모가 어려운 상황이 되었을 때, 더 그렇게 하라는 말씀입니다. 과부가 자식들에게 신세 지는 것이 그리

떳떳해 보이지 않을 수도 있고 불편한 점도 없지 않을 것입니다.

그렇지 않아도 시어머니와 며느리 사이는 그리 쉬운 사이가 아닌데 혼자가 되어 이것저것 신세를 지는 것은 마음이 편치 않은 일입니다. 때로는 친정어머니로서 딸 집에 사위와 함께 사는 것도 사돈 관계 등 마음고생이 됩니다. 그렇게 좋지 않은 상황에서도 자녀들에게 가르쳐야 하는 것은 효도이며 그것은 하나님의 명령입니다.

이제 효도가 하나님의 뜻이라는 것은 어느 정도 알게 된 것 같습니다. 그러나 현실은 그리 쉬워 보이지 않습니다. 우선 가정에서 자녀들과 대화가 충분하지 않게 된 것이 우리가 당면한 문제 중 심각한 문제입니다.

자녀들이 집을 따로 쓰는 예도 있고 같이 사는 경우도 있지만, 부모들과 대화를 나누는 시간이 점점 줄어들고 있습니다. 부모에게서 들어야 할 생명의 말씀보다는 당장에 재화를 얻기 위한 지식이나 넘쳐나는 오락에 시간을 더 할애하고 있기 때문입니다. 거룩하고 경건한 삶보다는 세상의 유행에 따라 부귀영화의 허상과 쾌락을 추구하고 있기 때문입니다.

이 시대에는 범람하는 정보들이 각 개인의 스마트폰을 통해 전달되고 있어 자녀들이 부모에게서 듣고 배우는 지식보다 인터넷을 통해 더 권위 있고 신뢰할 만한 정보들을 얻습니다. 인터넷 정보가 부모의 교훈으로부터 자녀들을 멀어지게 하는 것이 현실입니다.

그러한 세상의 풍조는 우리 자녀들이 부모와 연결된 끈을 하나씩 놓게 하고 있습니다. 이런 상황을 만들어가고 있는 세력은 두말할 것 없이 사탄이며 적그리스도입니다.

우리 주변에서 사탄이 어떻게 영적으로 승리하고 있는지 한 예를 들어보겠습니다. 처음에는 신용카드 사용을 꺼렸지만, 요즘은 신용카드를 사용하는 데 경계하지 않고 사용합니다. 서명(sign)하지 않아도, 카드의 내장된 칩만 갖다 대도 결제가 이루어집니다. 그만큼 신용 사회가 되었다고도 볼 수 있지만, 다른 한편으로는 우리가 전자 결제를 수행하는 기계와 은행 시스템을 신뢰함으로 전자 결제에 익숙해졌다고도 볼 수 있습니다.

우리는 이제 화폐를 사용하기보다는 전자 결제에 점점 더 익숙해지고 있는 형편입니다. 아마도 머지않아 화폐는 사라질 수도 있을 것입니다. 톨게이트에 유인 창구가 사라진 것처럼 말입니다. 대형 마트에 무인 계산대가 점점 늘어나고 있는 것을 보아도, 전자 결제는 점차 확산하고 있습니다. 전자 결제의 결과는 부부와 자식 간에도 얼굴을 대하고 용돈을 주고받는 것을 사라지게 했습니다.

자녀 세대들은 집에서 머무는 시간 대부분을 인터넷과 게임 오락을 하며 보내는 것이 현실입니다. 이것이 우리가 당면한 문제입니다. 우리는 하나님의 말씀을 자녀들에게 들려주고 가르쳐야 하는 조바심에 염려와 걱정을 하고 있지만, 우리의 환경은 그런 기회들을 점점 빼앗고 있습니다. 영적으로 미숙한 우리 자녀들은 점점 악의 수렁으로 끌려 들어가고 있는 형국입니다. 인공지능 컴퓨터의 발달은 인간을 컴퓨터가 통제하려는 발판을 마련해 가고 있습니다(예:

이세돌과 알파고의 대국으로 시작하여 챗GPT까지).

컴퓨터의 우월성을 보여줌으로써 컴퓨터를 신뢰하게 하고 결국 컴퓨터가 각종 중요한 역할(판단하는 일, 예: 은행 대출이나 판사)을 사람 대신에 할 수도 있을 것입니다. 이렇게 사탄, 적그리스도는 우리 가정에서 많은 부분을 빼앗고 통제하기 시작한 것입니다.

우리는 가정에서 벌어지고 있는 영적 전투를 느껴야 합니다. 현재 우리를 점점 개인 위주의 생활로 격리시키고 완벽한 통제를 하기 위하여 악한 영은 맹공격하고 있습니다. 우리가 거룩하고 경건한 삶을 살거나 하나님의 말씀을 우리 자녀들에게 전하지 못하도록 말입니다.

우리는 가정에서 우선 이 영적 전투를 공감해야 합니다. 그래야 하나님의 말씀이 전파되고 가정이 생명을 회복할 수 있습니다. 하나님의 뜻대로 행하지 않는 가족 구성원은 병들거나 죽은 것과 마찬가지입니다. 그들은 구원받을 수 없을 뿐 아니라 이 땅에서도 하나님의 자녀로 살고 있지 않기 때문에 이 세상에서 사탄의 꼭두각시로 살고 결국은 영벌을 받아 불행할 수밖에 없습니다.

"나더러 주여 주여 하는 자마다 천국에 다 들어갈 것이 아니요 다만 하늘에 계신 네 아버지의 뜻대로 행하는 자라야 들어가리라"(마 7:21).

우리 자녀들이 부모에게 효도하도록 가르치는 게 곧 하나님께서 기뻐하시는 일이고, 그것이 곧 하나님의 뜻이라고 하나님께서는 오늘 본문을 통해 우리에게 말씀하십니다. 하나님의 뜻대로 행하는 것이 곧 천국에 이르는 길이므로 우리 가족 구성원들이 하나님의 뜻대로 행해야 합니다. 먼저 공감해야 할 일은 외부로부터 영적 공격이 있다는 사실과 가족 각자가 영적 전투의 현장에 있다는 것을 공감해야 합니다.

실제로 일상에서 영적 신앙생활에 방해가 되거나 훼방하는 것들(문명의 이기로 가장하고 다가오는 비성경적 영화, 비디오, 게임 등과 그런 것들을 전달하는 매개체들)을 경계하는 일에 동참해야 합니다.

사탄의 목적은 가족 간의 대화를 단절시켜서 가족 간에 하나님의 뜻을 한마음으로 받들고 실천하지 못하도록 합니다. 하나님 말씀으로 주 안에서 연합(일치)하지 못하도록 하고 있습니다. 예수 그리스도가 머리인 교회의 지체가 되지 못하도록 하고 있습니다. 그것은 곧 불신앙의 가정이 되는 것이고, 잘린 나뭇가지와 같이 되어 마르고 죽을 수밖에 없습니다. 곧 하나님의 뜻대로 행하지 않게 함으로써 우리 가정을 영적 사망에 이르게 하고 있습니다.

이런 사탄의 계략을 우리는 물리쳐야 합니다. 그것은 기도로 성령 충만함을 받는 것으로 가능하며, 또한 하나님의 말씀과 믿음으로 무장하는 것으로만 가능합니다. 그러므로 가족 구성원들이 함께 이런 영적 전투의 같은 편에 서서 원수 마귀를 대적하도록 설득하고 권면해야 합니다. 무엇보다 중요한 것은 먼저 깨달은 자가 은밀히

하나님께 기도함으로써 하나님께서 가족들이 믿음으로 연합하도록
해 주시기를 간구해야 합니다.

브리태니커 백과사전과 성경의 다른 점은 브리태니커 백과사전
은 인터넷 위키 백과사전에 자리를 내어주고 계속 업데이트(변경)되
고 있지만, 성경은 성경이 작성된 지 수 천년이 지나도 업데이트되
지 않는다는 점입니다. 그러므로 진리인 것입니다.

우리의 영적 전투 무기는 바로 성경입니다. 혈과 육의 싸움이 아
니고, 총칼의 싸움이 아니고, 재물로 맞서야 하는 싸움도 아닙니다.

브리태니커 백과사전이 온라인으로 대체되는 것과 같이, 눈에
보이고 손으로 만질 수 있는 것(이 세상의 재화)들은 모두 사라질 것
들입니다. 세상 재화에 현혹되지 말고 영원히 변치 않고 소멸하지
않을 하나님의 말씀으로 양식 삼고, 계명을 지키는 것으로 우리 영
의 생명을 지켜야 합니다.

우리 가정을 지킬 때, 물질로서 지키려 한다면 마치 한국전쟁 때
인천상륙작전을 모르고 낙동강 전선에 몰두하던 인민군이나 중공
연합군처럼 지고 말 것입니다.

오늘 하나님의 말씀을 들은 저와 여러분은 우리 가정의 영적 전
투의 전세에 대하여 점검해 보시는 기회가 되었으면 합니다.

이 세상의 것들이 아닌, 기도함으로 성령의 후원을 받아 전력을
정비하고 보강하고, 하나님의 말씀으로 양육하여 자녀들을 사탄의

공격으로부터 보호하고 부모에 대한 효를 실천할 수 있도록 바로 가
르치려는 결단의 계기가 되었으면 합니다. 그렇게 함으로써 하나님
께서 기뻐하시는 가정을 이루고 가족 모두 천국에 이르게 되시기를
간절히 축원 드립니다.

© Karen Baik

항암치료(키모테라피)로 몸무게는 14kg이 빠져서 거울에 비친 내 모습은 어깨뼈가 선명히 드러나고, 갈비뼈가 보이는 정도가 되었다. 직장과 대장 부위를 약 30cm 제거하는 대수술을 받은 뒤, 내가 깨어난 곳은 아주 차가운 스테인리스 침대 위였다. 집사람은 아침 10시에 들어간 사람이 저녁 8시 30분이 되어도 나오지 않아 발을 동동 구르며 안타깝게 기다리고 있었다.

그때, 나는 따뜻한 회복실이 아닌 몹시 추운 냉장 병실의 스테인리스 침대 위에서 깨어났다. 온몸을 사시나무 떨듯 떨면서……. 간호사에게 나도 모르게 말을 걸었다.
"왜 이렇게 춥지요?"

"당신 이름이 뭐예요? 내가 지구(earth)에 돌아와 처음 만난 사람이라 이름을 알고 싶어요."

그 간호사의 이름은 이상하게도 기억이 나지 않는다. 마치 어린 아이의 기억이 지워진 것처럼.

다시 잠에 빠졌다가 따뜻한 회복실의 포근한 침대에서 눈을 뜨니, 집사람이 반갑게 웃어 주었다.

잠시 뒤 찾아온 수술 집도 의사는 "Miracle!"이라고 말하며 내 손을 잡아 주었다. 전에 성령 체험 후 치유의 은사를 경험한 바 있지만, 이 수술 후 회복하는 과정에서 느낀 통증과 싸울 때는 내 손을 아픈 부위에 올리지 않고 온전히 순종하는 마음으로 하나님께 맡긴다는 결심으로 기도만 했다.

"나의 원하는 바가 아니라 하나님의 뜻대로 하시옵소서."

그 후 간에까지 전이되었던 암세포까지 사라졌다는 완치 판정을 받고 현재까지 10년이 지났지만, 몸무게가 많이 나가는 것을 걱정할 정도로 건강하게 지내고 있다.

내 암 치료에 관여하시고 역사하신 하나님(성령님)께 감사드립니다.